재혼부부를 위한 10가지 실천 매뉴얼
재혼 수업

/ 지은이 / 테리 가스파드 Terry Gaspard

　이혼, 재혼, 가족 분야에서 30년간 임상 경험을 쌓은 치료사이자 대학교수이다. 또한 다양한 매체에 글을 기고하는 작가인 동시에 인기 블로거이며, 경연자로서도 활발히 활동 중이다. 재혼가정에서 성장하였고, 저자 자신이 이혼과 재혼을 경험하며 재혼이라는 주제에 대해 깊이 빠져들었다. 특히 재혼부부들이 직면한 문제에 관심이 많다. 저자는 재혼부부들의 건강하고 행복한 관계를 돕고자 3년간 100쌍의 재혼부부를 인터뷰하고 《재혼 수업》을 펴냈다. 다른 저서로 《이혼의 딸들》이 있다.

　홈페이지 movingpastdivorce.com

/ 옮긴이 / 강형은

　연세대학교에서 상담코칭학 석사과정을 마치고 데이브레이크대학교에서 결혼과 가족치료 전공으로 박사과정 중이다. 심리상담사로 활동하면서 재혼부부에게 도움이 될 책의 필요성을 절실하게 느껴서 《재혼 수업》을 번역하게 되었다. 연세봄봄심리상담센터 대표이며 개인상담, 부부·가족상담을 하고 있다.

　silverin77@naver.com

재혼부부를 위한
10가지 실천 매뉴얼

재혼 수업

테리 가스파드 지음 | 강형은 옮김

The Remarriage Manual

Copyright ⓒ 2020 Terry Gaspard
All rights reserved.
Korean translation rights arranged with Sounds True, Inc.
through Danny Hong Agency.
Korean edition ⓒ 2024 by GGUMGYEOL

이 책의 한국어판 저작권은 대니홍 에이전시를 통한 저작권사와의 독점 계약으로 (주)꿈결에 있습니다. 저작권법에 의해 한국 내에서 보호를 받는 저작물이므로 무단전재와 복제를 금합니다.

재혼 수업 : 재혼부부를 위한 10가지 실천 매뉴얼

초판 1쇄 찍은 날 2024년 9월 20일
초판 1쇄 펴낸 날 2024년 9월 27일

지은이	테리 가스파드
옮긴이	강형은
펴낸이	백종민
편 집	최새미나
외서기획	강형은
디자인	이현지·임채원
마케팅	박진용
관 리	장희정
펴낸곳	주식회사 꿈결
등 록	2016년 1월 21일(제2016-000015호)
주 소	서울시 영등포구 당산로 50길 3 꿈을담는빌딩 6층
대표전화	1544-6533
팩 스	02) 749-4151
홈페이지	dreamybook.co.kr
이메일	ggumgyeol@naver.com
블로그	blog.naver.com/ggumgyeol
인스타그램	instagram.com/ggumgyeol

ISBN 979-11-88260-53-9 03300

이 책은 저작권법에 따라 보호받는 저작물이므로, 저작자와 출판사 양측의 허락 없이는 일부 혹은 전체를 인용하거나 옮겨 실을 수 없습니다.

책값은 뒤표지에 있습니다.
주식회사 꿈결은 (주)꿈을담는틀의 자매회사입니다.

《재혼 수업》에 보내는 찬사

90년대 중반 미국에서 가족치료 수련을 받던 시절 '건설적 이혼constructive divorce'이라는 생경한 단어에 놀랐던 기억이 새롭습니다. 이혼은 결혼생활의 파탄이라고만 여겼던 당시 내 편견을 깨고도 남음이 있었습니다. '건설적 이혼'이 의미를 발하기 위해서는 재혼가정의 행복이 반드시 담보되어야 합니다. 재혼가정이 늘어나는 한국사회에 시의적절한 매뉴얼이 출간됨을 기쁘게 생각하고, 친절하고 실제적인 가이드를 제공할 이 책을 강력하게 추천합니다.

___권수영(연세대학교 상담코칭학 교수, 《관계에도 거리두기가 필요합니다》 저자)

가족상담사에게 《재혼 수업》 매뉴얼과 친해지라고 자신 있게 권합니다. 이 책은 재혼부부와 재혼가족을 위한 실질적인 지혜가 가득한 보물섬입니다. 소중한 새 가족을 더 안정적으로 꾸려나가고자 고민하는 분들에게 필수적인 지침이 가득합니다. 필독서입니다!

___박순(서울사이버대학교 가족코칭상담학 외래교수, 《심리전기와 상담》 저자)

이 책은 재혼한 부부들과 재혼을 계획하고 있는 부부들을 위해 정서적인 취약성, 돈 문제, 성 관계, 자녀 양육 문제, 갈등 관리, 사과와 용서 같은 우리가 재혼생활에서 맞닥뜨릴 수밖에 없는 어려운 주제들을 아주

구체적으로 다루고 있습니다. 이 책은 부부상담사인 저자 자신의 모든 것들을 한 데 녹여서, 재혼자들을 위해 가슴으로 써내려간, 저자의 애정이 듬뿍 담긴 재혼 매뉴얼입니다. 이미 재혼하신 부부들이나 재혼을 계획하고 계신 모든 분들께 이 책을 추천해드립니다.

__오제은(서던캘리포니아 데이브레이크대학교 총장, 국제 공인 이마고부부관계치료 임상지도교수,
《오제은 교수의 자기 사랑 노트》 저자)

부부상담사인 저자는 100여 쌍의 재혼부부를 인터뷰하고, 그 결과를 토대로 이 책을 집필하였습니다. 이 책에는 재혼부부를 위한 구체적이며 실용적인 매뉴얼이 담겨 있습니다. 재혼을 앞두고 있거나, 이미 씩씩하게 재혼에 발을 내딛었다면 이 책을 꼭 읽어보시길 권합니다. 행복한 재혼생활에 꼭 필요한 가이드가 되어줄 것입니다.

__유영권(연세대학교 상담코칭학 교수, 《기독(목회) 상담학》 저자)

재혼가족에 대한 이야기는 많아도 재혼부부에 대한 책은 흔치 않습니다. 이 책은 재혼부부 사례를 풍부하게 제시하고 바로 해볼 수 있는 실천적 과제가 가득 담겨 있습니다. 사랑은 저절로 되는 것이 아니요, 부부 중 한 명의 노력으로 완성되는 것도 아닙니다. 이 책은 꼭 배우자와 함께 읽기를 바랍니다. 아울러 함께 손을 마주잡고 여기 나와 있는 열 가지 과제를 하나씩 실천해보기를 권합니다. 이 여정을 통해 부부 간의 깊은 연결이 무엇인지 깨달을 수 있을 것입니다.

__이헌주(연세대학교 미래융합연구원 연구교수, 《너와 내가 그토록 힘들었던 이유 관계심리학에 묻다》 저자)

재혼하고 싶은 사람이라면 꼭 읽어야 할 책. 필수적이고 실용적인 정보, 안내, 지침, 사례와 실천 도구가 가득한 보물 상자입니다.

__로스 로젠버그(《인간 자석 증후군(The Human Magnet Syndrome)》 저자)

재혼은 종종 초혼보다 더 어려운 도전 과제를 부과합니다. 이 책을 통해 부부상담사 테리 가스파드는 예측 가능하지만 위협적인 장애물을 극복하려는 재혼부부에게 공감과 현명한 지침을 전합니다. 이 책을 읽으면 시간 낭비, 두통, 상심을 피할 수 있습니다.

__조슈아 콜먼(《엄마 마음을 왜 이렇게 몰라줄까(When Parents Hurt)》, 《자녀는 왜 부모를 거부하는가(Rules of Estrangement)》 저자)

이 실용적인 매뉴얼은 건전한 조언을 건네며 재혼의 어려운 문제를 함께 다룹니다. 테리 가스파드는 인터뷰 사례를 통해 재혼부부의 공통적인 문제를 발견합니다. 이 책은 재혼을 계획하는 커플이나 재혼부부에게 확실한 도움이 될 것입니다.

__콘스턴스 아론스(《멋진 이혼(The Good Divorce)》, 《우리는 여전히 가족입니다(We're Still Family)》 저자)

당신이 이미 재혼했고 재혼생활을 잘 유지하고 싶다면 잠자리에 들기 전에 배우자와 함께 이 책을 읽어야 합니다. 필자는 연구, 임상 전문 지식, 그리고 자신의 개인적 경험을 통해 재혼부부의 여러 일반적 문제를 설명하고, 그것을 극복하는 실천 방안을 제시합니다.

__버지니아 길버트(《갈등이 심한 이혼 초월하기
(Transcending High-Conflict Divorce)》 저자)

이혼과 재혼 경험이 있는 저자의 현명하고 실용적이며 애정 넘치는 조언이 가득합니다. 서로 비난하면서 사랑이 모든 걸 해결해주리라는 환상을 갖지 말고 이 책을 펴고 재혼생활의 기술을 배워보세요.

__앤드류 G. 마셜(《당신을 좋아하지만 사랑하지는 않아요
(I Love You, but I'm Not in Love with You)》 저자)

이혼한 사람들은 사랑하는 사람을 만나 재혼하면 완벽한 생활이 펼쳐지리라는 순진한 가정을 합니다. 그러나 현실적 로드맵이 없으면 관계는 불안정해집니다. 이 책은 재혼부부가 직면한 독특한 어려움을 극복하는 데 필요한 도구를 제공하며, 사랑이 넘치고 오래도록 함께할 수 있는 재혼을 선사합니다.

__미셸 와이너 데이비스(《이혼 치료(The Divorce Remedy)》 저자)

나에게 사랑, 용기 그리고 이 책을 쓰도록 영감을 준

남편 크레이그와

나의 자녀들 숀, 트레이시, 캐서린에게

이 책을 바칩니다.

차 례

저자의 말 / 11

옮긴이의 말 / 14

들어가기 재혼은 새롭게 시작할 수 있는 기회 / 17

1장 감사, 존중, 관용이 풍부한 가족 문화 만드는 법 / 29

2장 재혼생활을 삶의 최우선 순위에 두는 법 / 69

3장 이전 결혼생활에서 가져온
　　　 마음의 짐을 흘려보내는 법 / 117

4장 돈 문제를 숨기지 않고 개방하는 법 / 147

5장 자신의 취약한 부분을 개방하고
　　　 부부 친밀감을 높이는 법 / 189

6장 성적 매력을 회복하고
　　　 다시 부부의 사랑을 나누는 법 / 223

7장 사소한 일을 크게 부풀리지 않고
　　　 핵심 문제를 다루는 법 / 255

8장 재혼가정의 갈등의 씨앗을 잘 다루는 법 / 285

9장 새부모로서의 역할과 한계를 수용하고
　　　 재혼가정의 긍정적 추억을 쌓는 법 / 315

10장 부부 사이에 진심으로 사과하고 용서하는 법 / 359

감사의 말 / 398

저자의 말

　　재혼 및 재혼가정 연구에 대한 나의 관심은 내 자신의 경험에서 비롯하였다. 나는 재혼가정에서 세 명의 언니와 한 명의 이복 남동생과 함께 자랐다. 그리고 나는 첫 결혼 후 1995년에 이혼을 했고, 그로부터 2년 후에 재혼했다. 재혼이란 주제에 대한 나의 관심은 자연스럽게 커졌다. 나는 아버지와 새어머니가 30년 넘게 함께하며 재혼의 어려움을 성공적으로 헤쳐나가는 것을 지켜봤기 때문에 나 자신도 재혼생활을 잘할 것이라고 생각했다. 그러나 우리 부부는 재혼생활 속에서 힘든 시기를 겪어야 했고, 결국 부모님의 성공적인 재혼을 지켜보았다는 것과 나의 재혼이 성공하는 것은 다른 문제라는 것을 알게 되었다. 그로 인해 많은 재혼한 부부들이 직면하고 있는 문제에 대한 나의 관심은 더 깊어졌다.

나는 재혼부부들의 건강하고 행복한 관계를 돕는 책과 자료를 찾기 시작했는데, 안타깝게도 그것들은 너무 오래전에 쓰여 실정에 맞지 않거나 재혼자녀들에게 초점이 맞추어져 있었고, 정작 재혼부부에게 도움이 될 실용적 내용을 찾는 것은 쉽지 않았다.

이 책을 쓰면서 나는 재혼에 관한 나의 임상적, 개인적 경험을 보완하기 위해서 나의 상담실과 웹사이트, 그리고 동료들의 추천을 통해 수십 명의 재혼부부를 만나고 인터뷰했다. 3년이라는 시간에 걸쳐 100쌍의 부부를 만났는데, 이들은 부부 중 최소 1인이 한 번 이상 이혼했고 두 번 이상 결혼한 경험이 있는 경우였다. 참가자의 평균 연령은 43세였다. 이 사례들이 《재혼 수업》의 기초가 되었다.

앞으로 다루게 될 재혼부부의 사례는 위의 연구에서 가져온 것들이다. 여기에 나오는 이야기는 실존하는 재혼부부의 프로필과 삶을 담고 있다. 다만, 개인 정보 보호를 위해 이름과 세부 사항은 변경하였고 일부 사례는 참여자 보호를 위해 인터뷰의 내용을 각색하였다.

이 책은 전문적인 개인 치료 또는 부부 치료를 대체하기 위한 것이 아님을 밝혀둔다. 대신 재혼과 재혼가족이 마주하는 기쁨과 어려움을 심층적으로 기록하고, 가족 관계를 개선하고 강화할 수 있는 구체적인 방법을 제시하고자 한다. 단순화를 위해 이 책에서는 재혼가족과 혼합가족blended family(각각 자녀를 데리고 재혼한 뒤 둘 사이에 또 자녀를 둔 부부를 중심으로 한 가족: 옮긴이 주)을 모두 지칭하기 위해 재혼가족이라는 단어를 주로 사용할 것이다. 이 책을 읽는 재혼부부가 서로를 위해 존재하는 방법을 배우고, 과거의 관계에서 받은 상처를 치유하고, 세월이 건네는 시험을 견디면서 진정으로 서로 사랑하고 친밀한 유대감을 형성할 수 있기를 소망한다.

테리 가스파드

옮긴이의 말

  이 책을 번역하기 전에 우리나라 통계청 자료를 살펴본 적이 있다. 2020~2023년에 매년 약 20만 쌍이 결혼했고, 약 10만 쌍이 이혼했다. 결혼한 20만 쌍 중 4만 쌍 이상은 재혼이었다. 물론 같은 해에 결혼한 사람 중 절반이 이혼했다고 해석할 수는 없지만 우리 사회의 전반적 추세를 알 수 있는 자료였다. 이혼과 재혼이 늘고 있는 상황 속에서 가장 마음 쓰이는 부분은 재혼의 이혼율이 초혼의 경우보다 높다는 것이다. 이런 사실은 재혼을 준비하는 사람들에게 반복되는 상실에 대한 두려움을 안겨줄 수도 있다. 하지만 나는 재혼가정의 높은 이혼율 뒤에 숨겨진 성공적인 재혼부부들의 이야기가 더 궁금해졌다. 오랜 기간 재혼을 유지하면서 함께 삶을 살아가는 부부들의 특성을 알 수 있다면, 재혼은 두렵기만한 것이 아니라 새로운 삶의 무대에서 부부가 함께 성장하는 기회가 될 것이기 때문이다. 이 책을 찾고 번역하게 된 과정에는 재혼부부를 향한 나의 이러한 바람이 담겨 있다.

많은 재혼부부들은 정서적 취약성을 지닌 채 새로운 출발을 한다. 독자들은 이 책을 통해 부부가 자신들의 취약성을 어떻게 자각하고, 개방하고, 수용할 수 있는지 배우게 될 것이다. 정서적 취약성은 많은 심리적, 행동적 문제를 야기할 수 있기 때문에 이 책 전반에서 취약성을 다루고 있는 것은 의미가 크다고 생각한다. 또한 독자들은 초혼부부와는 다른 재혼부부의 특성을 다루는 각 장들의 주제와 사례들을 통해 부부 친밀감, 성관계, 돈 문제, 갈등관리, 자녀와의 관계, 가족문화 만들기, 용서하고 자비로운 마음 갖기 등에 대해 배울 수 있다. 이 모든 내용은 이혼과 재혼을 경험한 부부상담사인 저자 자신의 이야기이자 100쌍이 넘는 재혼부부와의 인터뷰, 임상 경험 등 저자의 전문성에 토대를 두고 있다.

이 책의 두드러진 특징 중 하나는 재혼생활의 다양한 사례들을 소개하고 있다는 것이다. 이런 사례들을 통해 다른 재혼부부의 삶 속으로 들어가서 경험하고 깨닫는 것들은 당신의 재혼생활에 꼭 필요한 지혜를 선사할 것이다. 더불어 책에 제시된 구체적 실천 방안을 통해 배움을 얻고 이를 행동으로 옮긴다면 당신의 재혼생활에 든든한 자원이 될 것이다.

이혼과 재혼이 지속적으로 증가하고 있지만 재혼부부가 재혼임을 밝히는 경우는 많지 않은 듯하다. 꼭 재혼부부라고 공개해야 건강하다는 의미가 아니라 그만큼 재혼에 대해 함께 이야기하고 마음을 나눌 공간이 부족하다는 것이다. 재혼을 계획하는 커플 역시 재혼에 대해 공부하고 준비할 방법을 찾는 일이 쉽지 않다. 책은 하나의 훌륭한 대안이 될 텐데, 국내에 재혼부부를 위한 도서가 거의 없는 실정 속에 이 책을 번역하게 되어 기쁘고 감사한 마음이다. 《재혼 수업》을 통해 재혼을 준비하는 커플들, 혹은 이미 재혼한 부부들이 공감과 지지를 얻고 재혼생활을 성공적으로 이끌어가기 위한 실질적인 삶의 지혜를 얻기를 소망한다.

2024년 9월

강형은

들어가기

재혼은 새롭게
시작할 수 있는 기회

　　재혼하는 사람들이 가장 많이 하는 착각은 재혼을 하면 가정이 곧바로 자기 자리를 잘 찾아갈 것이라고 기대하는 것입니다. 두 번째 혹은 세 번째로 만난 사랑이기 때문에 재혼은 더 감미롭게 시작될 수도 있지만, 새로운 사랑의 행복감이 희미해지면, 서로 다른 두 세계의 결합이라는 현실이 본격적으로 시작됩니다. 서로 다른 일상과 양육 스타일, 재정 문제, 법률 문제, 전 배우자와의 관계, 자녀와 새자녀와의 관계 등 이 모든 것이 재혼부부의 친밀감을 약화시킬 가능성이 있습니다. 만약 부부가 아직 견고한 연결감을 형성하지 못했고, 갈등에 효과적으로 대처할 준비가 되어 있지 않으며, 단절된 의사소통을 회복시킬 수 있는 도구를 갖고 있지 않다면 결국 서로를 지지하기보다는 비난하는 부부가 될 수 있습니다.

재혼한 지 6년 된 코너(49세)와 타라(48세)는 나와의 첫 부부 상담 시간에 기다란 소파의 양쪽 끝에 서로 멀찌감치 떨어져 앉아 있었습니다. 내가 그들에게 재혼생활에 어떤 어려움이 있는지 물었을 때 코너는 타라로 인해 왜 좌절감을 느끼는지 명확하게 얘기했습니다. 또한 그는 자신이 여전히 타라를 매우 사랑하고 있고 상담을 통해서 어떻게 자신들의 결혼생활이 다시 좋아질 수 있는지 알고 싶다고 했습니다.

코너는 타라에게 다음과 같이 말했습니다. "당신은 우리 가족이 생계를 유지하려면 내가 오랜 시간 일해야만 하는 걸 잊어버린 것 같아요. 3년 전에 마이클이 태어난 뒤로 우리 생활비가 정말 빠듯해요. 물론 내가 아이들을 모두 사랑하는 건 맞지만 애들을 키우는 게 돈이 정말 많이 들잖아요. 그리고 당신이 나를 당신의 전 남편과 비교하지 않았으면 좋겠어요. 그 사람이 당신을 금전적으로 속였다는 건 나도 알지만, 당신은 도저히 그 일을 극복하지 못하는 것처럼 보일 때가 있어요."

타라는 "나는 그게 문제라고 생각해요. 당신한테 우리 둘의 관계는 항상 우선순위의 맨 마지막이에요. 내가 얼마나 외로운지 여러 번 말했는데도 내가 보기에 당신은 우리 부부한테 문제가 없다고 생각하는 것 같아요. 우리가 한 달 넘게 단둘이 보낸 시간이 없었다는 거 알아요? 내가 느끼기에 당신은 게리와 다를 게 없어요. 게리처럼 늘 일만 중요하고 나와 우리 가족을 위해서 시간을 낼 수 없는 그런 사람처럼 보인다고요."라고 말했습니다.

　　이 부부가 겪고 있는 불화의 핵심은 무엇일까요? 대부분의 재혼부부가 그렇듯이, 이 부부도 로맨틱하고 멋진 외식을 할 기회가 없다고 싸우는 것이 아닙니다. 이들은 정서적으로 단절됐다는 느낌을 받고 있으며 그것이 부부 갈등을 야기하는 것입니다. 마찬가지로, 이 책을 쓰기 위해 내가 인터뷰한 재혼부부 대부분은 친밀감을 회복하길 원했지만 어디서부터 시작해야 할지 몰랐습니다. 그들은 재혼생활의 스트레스 요인이 아직 시작되기 전인 재혼 초기에 가졌던 열정과 정서적 연결감을 되살리고 싶어 했습니다. 한 가지 확실한 점은 핑크빛 시절로 돌아가기는 어렵다는 것입니다. 하지만 다시 서로를 소중히 여기는 법을 배울 수는 있습니다. 이는 매일 의도적으로 서로를 우선순위에 두고(이 부분은 계속 자세히 설명할 것입니다), 당신의 모든 요구를 충족해줄 완벽한 배우자에 대한 환상을 버리는 것에서 시작됩니다!

이 책을 쓰게 된 계기

　　42세 때 나는 고통스러운 이혼을 겪었고 2년 후에 평생의 사랑을 만나 재혼했습니다. 나는 크레이그와의 결혼에 대해 희망적이고 낙관적으로 생각했습니다. 우리는 전 배우자보다 정서적으로나 성적으로 더 잘 맞았고, 삶에 대한 가치와 열정이 서로 일치한다는 확신이 들었기 때문입니다. 두 번째 남편을 만나기 전까지 인생이란 나에게 당혹감을 주는 것이었지만 그래도 나는 여전히 결혼에 대한 기대를 갖고 있었습니다. 나는 크레이그를 만나자마자 반했고 우리가 데이트를 시작한 지 4개월 만에 그는 나에게 프러포즈했습니다. 그것은 우리 둘 모두에게 재혼을 의미했습니다. 그는 10년 전에 결혼했다가 이혼했고 자녀는 없었습니다. 나는 이전 결혼생활에서 얻은 9세와 11세 된 두 자녀가 있었습니다. 놀랍게 들릴지 모르지만 크레이그는 새부모(재혼으로 재혼 배우자의 전혼 자녀에게 부모가 되는 것을 새부모로 표기하였다: 옮긴이 주)가 되기를 원했고, 또한 우리는 재혼 후 아이를 더 낳는 것에 대해서도 상의했습니다. 재혼가정을 시작하고 아이를 낳으면서 결혼생활의 첫 몇 년은 정말 바쁘고 재밌게 지나갔습니다.

8년 후, 우리의 결혼생활은 불안한 상황에 놓여 있었습니다. 우리는 전 배우자의 양육 참여, 첫 번째 결혼에서 미해결된 정서적 짐, 재정적 스트레스, 서로 다른 육아 스타일 등 재혼에서 흔히 발생하는 수많은 문제를 다루느라 애쓰고 있었습니다. 우리는 또한 친자녀, 새자녀(재혼 배우자의 전혼 친자녀를 새자녀로 표기하였다: 옮긴이 주), 재혼친자녀(재혼부부가 재혼가정에서 낳은 상호 친자녀$^{mutual\ child}$

를 재혼친자녀로 번역하였다: 옮긴이 주)와 시가와 처가 식구들과 관련된 온갖 질투, 원망, 분노의 감정에 직면했습니다. 아울러 나는 우리가 하나의 행복한 가족이 될 것이라 생각했지만 크레이그는 나의 두 명의 친자녀로 인해 여전히 '외부인'처럼 느끼곤 했습니다. 우리는 친밀한 관계를 키우는 방법을 진정으로 배우지 못하고 있었던 것입니다.

우리 부부는 자주 다퉜습니다. 수년 동안 우리 앞에 펼쳐지는 복잡한 심리적 패턴들을 잘 이해하지 못했고, 사랑스럽고 헌신적인 배우자로서 서로를 지지하지 못했습니다. 결국 우리는 너무 멀어져버려 별거를 논의하는 단계에 이르렀습니다. 하지만 감사하게도 우리는 훌륭한 결혼상담사를 만나 치유를 시작하게 되었고, 시간이 걸리긴 했지만 다시 사랑에 빠졌으며, 서로의 차이를 받아들이고 갈등을 극복하고 관계를 회복하는 법을 배웠습니다. 우리는 이제 재혼한 지 22년이 되었고 이보다 더 행복할 수 없습니다.

그러나 안타깝게도 우리 부부는 예외입니다. 전문가들에 따르면 이혼한 사람들의 대다수가 재혼하지만, 재혼부부가 기존 가족들과의 복잡한 관계의 역사를 잘 수용하고 적응하며 새로운 가정을 꾸리는 것은 무척 어려운 일이기 때문에 결국 재혼이 실패하는 경우가 많다고 합니다. 재혼이 얼마나 복잡하고 힘든 일인지 처음부터 잘 이해하고 시작하는 부부는 거의 없는 것 같습니다.

이 책에서 배울 수 있는 것

재혼에 관해 참고할 만한 책을 찾아보셨나요? 결혼에 관한 책에서는 대부분 재혼부부가 직면하는 독특한 상황을 전혀 다루지 않습니다. 최근에 나온 재혼 관련 책들도 '재혼부부'보다는 '재혼가족'에 더 초점을 맞추는 경향이 있습니다. 또한 많은 책들이 종교적 관점에 중심을 두기도 합니다.

나는 이러한 공백을 메우기 위해 이 책을 썼습니다. 이 책은 당신의 성공적인 재혼을 도울 것이며, 당신의 재혼이 이미 흔들리기 시작했다면 결혼의 기쁨을 되찾을 수 있도록 도울 것입니다. 재혼에 대한 통계가 그다지 긍정적으로 보이지는 않지만 나는 부부가 의도적으로 노력한다면 재혼이 성공할 수 있다고 강조하고 싶습니다. 그러기 위해서는 부부의 열정과 결단이 필요합니다. 저는 이 책을 통해 여러분을 지원할 것입니다.

이 책은 재혼부부가 직면하는 각종 문제들과 효과적인 해결책에 대한 다양한 이야기를 소개하고 있습니다. 나는 앞서 소개한 타라와 코너처럼 정서적 단절과 불신의 문제를 경험하는 서른한 쌍의 부부를 소개할 것입니다. 그들이 거쳐 온 분투와 승리의 이야기를 읽으면서 자신의 관계를 재검토할 수 있고, 배우자에게 느끼는 깊은 사랑의 표현인 정서적, 성적 친밀감이 어떻게 성공적인 결혼생활의 절대적 열쇠가 되는지 배우게 될 것입니다. 이 책에서 사용하는 '친밀감'은 돌봄, 공감, 흥, 즐거움의 정서가 내포된 강력한 사랑의 표현을 의미합니다. 이를 통해 부부는 깊은 연결감을 경험할 수 있습니다. 부부의 유대감은 그냥 주어지거나 저절로 일어나는 것이 아닙니다. 매일 서로를 돌보면서 애써 노력해야 가능한 것입니다.

이 책의 사용법

이 책에서는 재혼한 부부들 사이에서 흔히 나타나는 열 가지 도전 과제를 살펴볼 것입니다. 가슴 아픈 실제 사례와 함께, 즉시 사용할 수 있도록 특별히 고안된 명확한 실천 방안을 제공합니다. 이 책은 배우자와 함께 읽는 것이 이상적이지만 당신이 실천 방안을 배우고 배우자의 협조를 받는다면 혼자 읽어도 도움이 될 것입니다. 이 책 전체에서 '재혼부부'라는 단어는 이전에 다른 사람과 결혼한 경험이 있고, 현재 서로 결혼한 상태인 부부를 의미합니다. 이 책을 읽고 연습하는 것이 때로는 즐겁고 때로는 이를 뽑는 것처럼 아프게 느껴질 수도 있음을 미리 밝힙니다.

이 책을 통한 재혼 여정의 1장은 사랑의 말과 행동을 통해 가족 내에 존중, 감사, 관용의 문화를 만드는 것에 관해 다룹니다. 1장의 진단 도구를 활용하면 당신과 배우자의 강점과 약점을 평가할 수 있고, 필요한 영역을 배우기 위해 몇 장을 읽으면 되는지 알 수 있습니다. 2장에서는 이혼 가능성을 극복하기 위해 재혼생활을 삶의 최우선 순위에 두는 실천 방안을 배우게 됩니다. 3장에서는 마음에 남은 정서적 짐을 치유하고 '지금-여기'에서 배우자를 사랑하도록 도와주는 도구와 실제 사례들, 그리고 입증된 전략들을 제공합니다.

 4장은 돈에 대해 투명성을 유지하고 비밀을 만들지 않는 것의 중요성에 초점을 맞춥니다. 이를 통해 정직성, 진실성 및 재정적 안정을 유지할 수 있습니다. 5장은 자신의 취약한 부분을 배우자에게 개방하고 부부 친밀감을 방해하는 불신의 문제를 극복하는 데 도움을 줍니다. 6장에서는 부부가 정서적, 성적 친밀감을 조성함으로써 어색함을 줄이고 열정적인 성생활의 즐거움을 찾는 방법을 배웁니다. '추격자-도망자 패턴'의 부부가 열정적 성관계를 즐기지 못하는 몇 가지 일반적인 이유를 알게 될 것입니다.

 7장과 8장은 부부가 효과적으로 의사소통하고, 자기 방어에 치중하는 것을 넘어서서, 갈등을 관리하고 관계를 회복하기 위해 '해야 할 일'과 '하지 말아야 할 일'에 관한 강력한 실천 방안을 제시합니다. 9장에서는 새로 구성된 가족이 서로를 지지하기 위해 무엇을 해야 하는지 배우게 됩니다. 이를 통해 '우리는 운명 공동

체'라는 사고방식이 가족에게 스며들어 자녀들이 서로 갈라지거나 경쟁하지 않도록 할 수 있습니다. 새부모의 역할을 받아들이는 것은 재혼부부의 주요 도전 과제입니다. 그렇지만 희망적인 소식은 가족이 함께 즐거운 활동과 좋은 시간을 계획함으로써 긍정적인 추억을 쌓고, 재혼가족의 새로운 모델을 만들 수 있다는 것입니다.

마지막으로 10장은 서로를 갈라놓는 원망의 감정을 품지 않도록, 서로 사과하고 용서하는 것의 중요성을 보여줍니다. 배우자에게 진심 어린 사과를 하는 최선의 방법과 배우자의 사과를 망가뜨리지 않는 방법을 배우는 일은 부부가 자신들의 취약한 부분을 개방하고, 서로 연결되고, 정서적으로나 성적으로 친밀해지는 데 큰 도움이 될 것입니다.

당신은 재혼 계획이 있지만 다시 이혼하게 될까봐 걱정하거나, 이미 재혼했지만 어려움을 겪고 있을 수 있습니다. 이 책은 재혼부부의 관계를 강력하게 만들어 친밀감을 회복하고, 일상 속에서 저지르기 쉬운 실수들을 피하며, 작은 문제가 크게 확산되지 않도록 전문가의 조언과 실용적 도구를 제시함으로써 희망과 영감을 제공합니다. 이를 통해 서로를 바꾸려고 애쓰기보다 서로를 소중히 여기고 있는 그대로 수용하는 것이 왜 그렇게 중요한지 알게 될 것입니다.

각 장에 설명된 실천 방안들은 부부가 재혼에 대한 비전을 공유하고, 정서적 친밀감을 조성하며, 잘못된 소통에서 비롯된 상처를 신속하게 회복하는 데 도움이 될 것입니다. 이를 실천한다면 깊은 신뢰와 사랑 그리고 지속 가능한 관계를 선물로 받게 될 것입니다.

1장

감사, 존중, 관용이 풍부한
가족 문화 만드는 법

제가 다시 결혼할 거라고는 상상도 못했어요.
그래서 제가 캘빈을 사랑하게 된 게 스스로도 놀라웠죠.
하지만 더 놀라웠던 것은 저와 저의 세 아이들을 가족으로 맞이하려는
그의 의지였어요. 그야말로 행복한 놀람이었어요.

_타마라(42세)

　불행하고 적대적인 결혼생활에서 벗어나기 위해 이혼의 과정을 경험한 것은 재혼 배우자를 선택하는 데 도움이 되기도 합니다. 그러한 경험 이후에 사람들은 가족, 가치, 관심사, 심지어 유머 감각에 대한 관점이 유사한 사람을 두 번째 남편이나 아내로 의식적으로 선택합니다. 이러한 의도적 선택은 서로를 있는 그대로 수용하는 가족 문화를 갖게 하고, 서로에 대한 비난과 방어를 줄여줍니다. 이것은 나와 내 남편 크레이그에게도 해당됩니다.

　우리는 40대 초반에 만났고, 의무와 비현실적인 기대보다는 상호존중과 가치 공유를 기반으로 결혼생활을 시작하고 싶다는 강한 욕구가 있었습니다. 예를 들어, 우리는 공통적으로 야외활동과 지역사회 봉사에 열정이 있었고, 정원 가꾸기, 자전거 타기, 비영리단체를 위한 모금 활동에서 큰 즐거움을 느끼는 사람들이었습니다. 그에 비해 전남편과는 이런 부분에서 서로 맞지 않았고, 미래에 대한 관심과 비전도 다르다는 사실을 일찍부터 깨닫고는 결혼생활 내내 서로 독립적인 삶을 살았습니다. 그리고 전혼에서는 두 아이를 위해 사랑이 넘치는 가정을 꾸리겠다는 꿈이 현실적이지 않았습니다. 왜냐하면 우리의 정서적 예민함, 서로 다른 가치관과 성격이 자주 부딪혔기 때문입니다. 서로를 변화시키려는 우리의 노력은 효과를 보지 못했고, 한때 사랑했지만 타협할 수 없는 차이로 결혼생활이 무너졌다는 것을 17년이 지나서야 인정해야 했습니다.

재혼 후 나는 크레이그를 신뢰하고 그에게 감사를 표현하려고 노력했고, 덕분에 두 번째 결혼생활을 더욱 견고하게 다질 수 있었습니다. 우리의 관계는 매일 서로를 우선순위에 두는 것을 전제로 하며 함께하는 시간을 소중히 여기기 위해 최선을 다하고 있습니다. 우리는 삶이 아무리 바쁘더라도 서로에 대해 궁금해하고, 지속적인 사랑을 위해서는 돌봄이 필요하다고 굳게 믿습니다. 말로 표현할 수 없을 정도로 자녀와 가족을 사랑하지만 동시에 우리가 함께 웃고, 삶을 나누고, 어울리고, 서로를 아끼는 부부만의 시간을 보내는 것을 소중하게 여깁니다. 우리는 진정한 동반자입니다.

인터뷰를 위해 만난 40대 후반의 재혼부부인 에린과 론의 경우도 마찬가지입니다. 이들의 사랑은 열정과 그리움으로 가득 찬

평범하지 않은 이야기입니다. 이 부부는 고등학생과 대학생 때 연애를 했고, 그 후에 각자 다른 사람과 만나 결혼과 이혼을 했습니다. 그러다가 예상치 못한 마법 같은 재회를 했습니다.

에린은 다음과 같이 유쾌하게 말합니다. "론을 소셜미디어에서 발견했을 때는 우리가 연락이 끊긴 지 이미 25년이 지난 시점이었어요. 다시 연락할 수 있다는 사실에 얼마나 설렜는지 몰라요. 우리는 학창 시절에 사귀다가 대학생 때 각자의 길을 가기로 했어요. 그런데 론이 이혼하고 본가로 들어갔다는 것을 온라인에서 알게 된 거예요. 다시 만났을 때, 사실 우리는 매우 다른 삶을 살고 있었어요. 론과 나에게는 합해서 총 네 명의 자녀가 있었어요. 그래도 우리는 서로 뜨거운 사랑을 느꼈어요."

소셜미디어를 통해 재회한 후 론은 어느 정도 신뢰가 쌓이고 나서 에린에게 전화번호를 물었습니다. 그들이 열정을 되살리고 서로를 갈망한다는 것을 깨닫는 데는 오랜 시간이 필요하지 않았습니다. 몇 달 동안 데이트한 후 에린과 론은 재혼에 대해 "오케이!"라고 말할 준비가 되었다고 확신했습니다. 해변에서 열린 그들의 결혼식은 네 자녀들과 100명이 넘는 가족과 친구들이 모인 가운데 성대하게 치러졌고, 사람들은 부부가 가진 수용, 존중, 서로에 대한 깊은 이해와 재혼에 대한 믿음을 축복해주었습니다.

에린은 "여기까지 오는 데 오랜 시간이 걸렸어요. 첫 번째 결혼에서 첫아이를 낳은 직후에 전남편과 헤어져야 한다는 걸 깨달앉어요. 하지만 당시 남편에게 이혼하자고 설득하는 데 몇 년이 걸렸죠. 첫 번째 결혼에서는 제가 원하는 게 거의 충족되지 않았어요. 하지만 지금 결혼에서는 제 필요가 거의 모두 충족되고 있어요. 우리 부부는 문제가 있으면 대화를 나눠요. 우리는 일이나 책임 등 모든 면에서 서로 동등한 좋은 친구예요."라면서 첫 번째 결혼과 두 번째 결혼의 차이점을 얘기했습니다.

많은 재혼부부는 전통적이고 시대에 뒤떨어진 부부관계 모델에 얽매이지 않고, 서로 의식적으로 존중하는 방식의 동반자 관계를 원합니다. 에린과 론은 둘 다 그들의 첫 결혼을 갈등이 심했고, 서로 지지하지 않았고, 수용과 관용이 부족했다고 묘사합니다. 그에 비해 에린과 론은 한 팀으로 서로를 지지하고 부부의 관계를 무엇보다 중요하게 생각합니다.

첫 번째 결혼에 대해 깊이 생각해보는 시간은 꼭 필요합니다. 이를 통해 분별력을 가지고 두 번째 결혼을 시작할 수 있습니다. 그래야만 사랑, 열정, 정서적 짐, 자녀, 전 배우자와의 관계, 배우자의 원가족(개인이 태어나거나 입양되어 자라온 가정: 옮긴이 주)들, 재정적 의무 등 자신들이 이전 결혼에서 재혼으로 들고 온 것들을 제대로 인식할 수 있습니다. 그리고 누구나 결함이 있다는 것을 깨닫고 나의 모든 요구사항을 충족하는 완벽한 배우자를 원하는 비현실적 기대를 내려놓을 수 있습니다. 그렇게 한다면 부부는 어려운 일이 닥쳤을 때 서로 배신하거나 비난하는 대신 서로를 돕게 될 것입니다.

예를 들어, 에린과 론의 가장 큰 어려움 중 하나는 에린의 전남편 마크와 공동 양육을 하는 것이었습니다. 마크는 몇 블록 떨어진 곳에 살면서 아들을 키우는 데 적극적인 역할을 하고 있습니다. 마크가 작은아들 콜이 본인 집에서 더 많은 시간을 보낼 수 있게 해달라고 요청했을 때, 에린이 적극적으로 도운 일이 있었습니다. 이를 두고 론은 에린이 전남편에게 너무 협조적으로 행동했다고 쉽게 비난할 수도 있었을 것입니다. 그러나 론은 에린을 지지하기로 결정했고, 그녀가 마크와 타협하는 모습을 바람직한 공동 양육을 위해 애쓰는 것으로 바라보았습니다.

재혼가족으로 일상생활을 영위하는 것은 재혼 1년차 동안 론과 에린에게 힘든 일이었습니다. 에린의 두 아들인 콜(13세)과 토미(15세)는 새아버지를 받아들이는 것을 꺼려했는데, 이는 아들들이 새아버지인 론과 너무 많은 시간을 보낸다며 친아버지인 마크가 불평을 했기 때문이었습니다. 또한 다른 지역에 소유한 론의 집이 잘 팔리지 않아 재정적인 스트레스도 있었습니다. 대학생인 론의 두 자녀가 방학 때는 집에 머물렀는데, 재정 문제 때문에 총 여섯 식구가 지낼 큰 집을 바로 구입하지 못했기 때문입니다. 하지만 에린과 론은 에린의 전남편과 효과적으로 소통하며 두 아들을 재혼가정에서 잘 키워냈고, 두 사람의 낭만적인 사랑과 우정은 여전히 굳건했습니다.

에린은 웃으며 말합니다. "우리는 매일 서로 감사한 마음을 갖고 이를 표현하려고 노력해요! 저는 론에게 많이 고마워요. 론이 저를 대하는 방식이 너무 좋고, 다른 사람들에게 봉사하는 그의 취미가 존경스럽기 때문이에요. 그런데 누구도 완벽하지는 않잖아요. 우리 부부한테도 기복은 있어요. 하지만 그게 우리 부부 관계에 문제가 되진 않아요. 전남편인 마크와 저는 결혼생활 동안 서로 거의 존중하지 않았고 마크는 제가 원하는 평등한 결혼생활에 결코 동의하지 않는 것처럼 보였어요. 그래서 굉장히 많이 싸웠죠. 하지만 론과 저는 서로 합심하면서 함께 성장하고 있어요."

서로 다른 두 세계의 결합

초혼부부이거나 에린과 론처럼 어린 시절을 공유하는 부부와는 달리, 대부분의 재혼부부는 오랜 기간에 걸쳐 서로를 알아갈 여유가 없습니다. 재혼부부는 나이, 외로움의 정도, 가정을 다시 꾸리고 싶은 열망 등으로 인해 연애 기간이 짧은 경우가 많아 어려움을 경험하게 됩니다.

내가 만난 재혼부부인 타마라와 캘빈의 경우, 연애가 급속히 진행되었기 때문에 결혼할 당시에는 타마라의 '불신 문제'가 불거

지지 않았습니다. 하지만 결혼한 지 몇 년 후 문제는 수면 위로 떠올랐습니다. 두 사람 모두 40대 초반이며 지인의 소개로 만나 1년 정도 교제하다 약혼했는데, 타마라는 두 딸과 아들을 둔 싱글맘이었고 캘빈에게는 아이가 없었습니다. 초기 연애 기간 동안 캘빈은 결혼하면 가급적 빨리 아이를 낳았으면 좋겠다고 분명히 밝혔습니다. 타마라는 싱글맘으로 사는 것이 힘들었기 때문에 캘빈이 새 아버지 역할에 열정을 보이는 것이 굉장히 기뻤습니다.

성공적인 건축가인 타마라는 아이들의 조부모님이나 친척들과 다 함께 모여 시간을 보내는 것을 좋아합니다. 그녀는 아이들을 사랑하는 뛰어난 음악가이자 마사지 치료사인 캘빈에게 반했기 때문에 자신의 나이가 40대 초반임에도 불구하고 아이를 낳자는 캘빈의 소망을 기꺼이 받아들였습니다. 그들은 가사 책임을 분담하고 아이들을 어떻게 돌볼 것인지 결혼 전에 충분히 논의했는데도, 재혼가정을 꾸린 후 재혼친자녀의 육아와 10대 자녀들을 양육하는 데 따르게 될 시간 제약 및 재정적 압박 등 잠재적 장애물까지 고려하지는 못했습니다.

타마라는 서로 빠르게 끌려 급하게 결혼하게 된 이유를 다음과 같이 설명합니다. "우리는 만나자마자 즉각적으로 끌림을 느꼈어요. 캘빈은 매우 강하면서도 매력적이고 섬세한 사람이에요. 제 아이들도 바로 그 사람한테 호감을 느꼈고, 우리 가족에게 아기가 생기는 것도 쉽게 상상이 됐어요. 게다가 아이들이 10대였기 때문에 아기가 태어나면 형제가 더 생긴다고 좋아했어요. 열세 살이었던 아들은 남동생이 생기면 좋겠다고 했고, 딸들은 10대 중반이었는데 아기 돌보는 걸 기대했어요."

1년의 연애 기간과 6개월의 약혼 기간을 끝내고 타마라와 캘빈은 결혼했고 새로운 가족을 이루었습니다. 타마라는 42세의 나이에 임신을 목표로 삼았는데, 결혼 4개월 만에 쌍둥이를 임신해 모두를 놀라게 했습니다. 하지만 대부분의 가족구성원이 재혼 몇 달 후에 일상에 적응한 반면 타마라는 적응하는 데 어려움을 겪었습니다. 그녀는 싱글맘 생활에 익숙했는데 재혼 후 많은 것이 달라졌기 때문입니다. 거의 매일 저녁에 남편의 저녁 식사를 준비해야 했고, 쌍둥이 임신으로 인한 피로가 컸으며, 세 자녀가 새아버지와 함께 잘 생활하도록 돕는 것에도 큰 무게감을 느꼈습니다. 그녀는 캘빈을 사랑했지만, 임신한 상태로 세 자녀를 키우며 풀타임 직업을 유지하는 것이 얼마나 어려운 일인지 고려하지 못했습니다. 그것은 상상 속에서 캘빈과 함께하는 '소꿉놀이'와는 전혀 달랐습니다. 타마라는 거절당하는 것과 헤어지는 것을 두려워했기 때문에 자신의 취약한 부분을 드러내 보이고 캘빈에게 서운한 마음을 표현하는 것이 어려웠습니다.

타마라는 "저는 사실 다시 결혼할 생각이 전혀 없었어요. 캘빈을 만나고 그 사람을 사랑하는 마음을 느꼈을 때 사실 스스로도 놀랐어요. 그리고 캘빈이 저와 저의 세 아이들을 거리낌 없이 받아들이려는 의지가 있는 것도 놀라웠어요. 하지만 문제는 제 아이들이 착하긴 해도 사춘기였어요. 아이들을 다루는 게 점점 어려워졌죠. 아이들이 어렸을 때, 친아버지가 다른 여자를 만나서 집을 나갔기 때문에 아이들에게 아버지상이 절실히 필요하긴 했어요. 하지만 캘빈이 아이들에게 한계를 정해주고 훈육하려 할 때마다 애들은 거부 반응을 보였어요. 그리고 제가 풀타임으로 근무했기 때문에 퇴근하고 돌아오면 거의 탈진 상태였어요. 어떤 때는 감당할 수 없을 만큼 너무 많은 일들이 벌어지고 있다고 느꼈어요."

　　타마라와 캘빈이 결혼하기 전에 시간을 내어 상대방이 좋아하는 것, 싫어하는 것, 성격, 기호 등을 알 수 있는 기회를 가졌다면, 재혼가정 생활에 적응하는 데 더 수월했을 것입니다. 전혼자녀가 있는 재혼부부이기 때문에 타마라와 캘빈은 초혼부부와는 달리 서로를 천천히 알아가는 '허니문' 기간 없이 몇 가지 타협해야 할 문제에 바로 직면하게 되었습니다. 저녁에 악기를 연주하면서 시간을 보내고 싶은 캘빈의 기대, 갓 태어난 아기를 키워야 하는 상황에서 캘빈이 외부 공연을 계획하는 것 등은 다정하고 융통성이 있는 타마라도 남편에 대한 원망을 느끼게 했습니다. 다행히 그녀는 이러한 문제에 대해 주인의식을 갖고, 가족과 함께 시간을 보낼 수 있도록 공연 일정을 수정해달라고 캘빈에게 요청할 수 있었습니다.

조화로운 재혼생활

전문직 종사자인 그렉(58세)과 모니카(48세)는 재혼한 지 9년이 되었으며 자녀가 없습니다. 두 사람 모두 성공적인 경력을 쌓았지만 이전 결혼생활로 인해 감정적으로 민감한 상태였습니다. 그렉은 정서적 거리감이 있는 사람이고, 모니카는 그렉이 사랑을 더 많이 확인시켜주고 친밀감도 더 자주 표현해주기를 원합니다. 부부상담 영역에서는 이를 '추격자-도망자$^{pursuer-distancer}$ 패턴'이라고 부릅니다. 두 사람 모두 이혼 직후에 만나서 2년 동안 교제하다 결혼했습니다.

모니카는 "우리 둘 다 첫 번째 결혼생활이 끔찍했기 때문에 둘이 만났을 때 너무 행복했어요. 우리는 사람은 누구나 결점이 있다는 것과 문제가 생기면 받아들이고 해결해야 한다는 것을 인지하고 있었어요. 그런데 그렉은 제가 유대감을 너무 많이 원한다고 느낀대요. 하지만 저는 오히려 남편이 저를 밀어내는 것 같은 느낌이 드는 거예요. 이게 우리 관계에 늘 긴장감을 조성하는 것 같아요. 그래도 저는 그렉을 사랑해요. 제가 확인받고 싶은 욕구가 너무 크다는 것과 우리 생각이 항상 일치할 수는 없다는 것을 깨닫고 있어요."

사실, 재혼부부는 첫 번째 결혼에서 받은 상처가 치유되기 전에 재혼을 하는 경우가 많습니다. 통계에 따르면 조금씩 알아가는 과정을 거친 결혼보다 반발심으로 급하게 한 결혼이 실패할 확률이 더 높습니다. 사람들은 첫 결혼에서 회복할 시간이 필요하고 그렇게 하지 않으면 전 배우자와 특성이 매우 유사한 배우자를 선택할 위험이 있습니다. 간단히 말해서, 부부가 앞으로 직면하게 될 새로운 관계와 장애물에 잘 적응하려면 이러한 '과거의 상처'를 인식해야만 합니다.

예를 들어, 모니카의 첫 번째 결혼은 전남편이 이혼을 요구하는 문자 메시지를 보내면서 갑자기 끝났습니다. 이혼은 갑작스럽고 충격적이었습니다. 전남편은 성적, 재정적 측면에서 모두 배신했고, 모니카는 버림받은 고통과 충격이 심했습니다. 모니카의 전 배우자는 오랫동안 그녀를 속였고 그들의 은행 계좌에 있던 돈을 다 써버렸습니다.

모니카와 그렉은 이혼한 후 불과 1년이 지난 시점에서 만났고, 이전 결혼생활에서 받은 상처와 갑작스러운 이혼의 충격에서 아직 온전히 회복되지 않았다는 것을 알고 있었습니다. 그럼에도 그녀는 그렉이 자신의 취약한 부분을 개방해도 되는 상대임을 인식했고, 자신의 가장 깊은 곳에 있는 생각과 감정 그리고 소망을 공유할 수 있는 사람임을 알아봤습니다.

그들은 수개월에 걸쳐 로맨틱한 끌림에 빠져들었고, 서로의 차이점도 얼버무리고 넘어가지 않았습니다. 그들은 문제가 발생하면 곧바로 모든 우려 사항에 대해 대화를 나눴습니다. 모니카는 자신이 갈망하는 재정적 안정을 그렉에게서 찾을 수 있었고, 그렉은 모니카가 성공적인 기업가라는 점을 좋아했습니다. 그들은 여러 마리의 애완동물을 키우는 것과 자녀를 낳고 싶지 않은 것 등 많은 가치를 공유했습니다. 그들은 입양에는 마음이 열려 있었습니다.

여유로운 연애 기간이 끝나고 스몰웨딩을 한 그들은 공동으로 구입한 집에서 결혼생활을 시작했습니다. 모니카는 첫 번째 결혼에서 불신의 문제를 겪었다는 것을 자각하고 있었기 때문에 불신이라는 감정이 느껴지면 이에 대해 남편과 솔직하게 이야기를 나눴습니다. 예를 들어, 그렉은 퇴근 후 귀가할 때나 모니카와 외식할 때 시간 약속을 잘 지키지 못하는 경향이 있었습니다. 모니카는 "우리가 2년 동안 연애하면서 서로에 대해 알아가는 시간이 충분히 있었어요. 그래서 그렉이 시간 약속을 잘 지키지 못할 때 제가 공격적으로 대응하지 않을 수 있어서 다행이라고 생각해요. 저는 제가 전남편의 배신을 겪고 나서 불신 문제가 있다는 것을 자각하고 있어요. 그리고 어떤 상황에서 그 문제가 저를 힘들게 하는지도 알고 있고요. 저는 그렉이 약속 시간을 어기더라도 저를 화나게 하려는 의도가 없다는 걸 알아요. 그리고 그렉이 약속 시간을 못 지킨다고 해서 전적으로 불성실한 사람이라고 생각하지도 않아요. 저는 남편을 신뢰하기 때문에 불신이라는 감정을 스스로 해결하려고 노력하고 있어요. 저는 제 취약성으로 인해 남편의 기분을 상하게 만들거나 다툼을 일으키지는 않아요. 또 우리 부부가 친밀감에 대해서 서로 다른 기대를 갖고 있다는 것도 알고요."

전 배우자의 실수에 대한 화풀이를 재혼한 배우자에게 하려고 재혼하는 사람은 거의 없을 겁니다. 그렇지만 만약 전 배우자가 바람을 피운 경험이 있다면 현재의 관계 속에서도 쉽게 질투를 느끼거나 통제 욕구가 생길 수도 있고, 전 배우자가 당신의 돈을 모두 탕진하고 반복적으로 거짓말했다면 현재의 배우자를 쉽게 불신할 수도 있습니다.

당신은 빛과 사랑을 다시 보게 해준 재혼 배우자에게 구원자 이미지를 투영할 수도 있습니다. 그렇더라도 재혼이 이혼 과정에서 경험한 고통을 마법처럼 지워주지는 않습니다. 그러나 자신의 취약한 부분이 무엇인지 자신에게 중대한 이슈가 무엇인지를 자각하고 있다면, 비록 그 과정이 험난할 수는 있겠지만 이혼의 고통이 오히려 재혼부부의 결합을 견고하게 하는 기회가 될 것입니다.

예를 들어, 재혼한 배우자가 당신과 열린 대화를 피하고 전 배우자와 건강한 경계를 설정하지 않은 채 연락하고 있다면, 재혼부부는 지속적인 갈등을 경험할 것이고 결과적으로 재혼 관계는 약화될 것입니다. 또한 어떤 사람들에게는 재혼가족과의 생활이 마치 낯선 외국 생활처럼 느껴질 수도 있습니다. 그러나 친밀한 재혼생활이란 무엇인지에 대한 서로의 생각을 잘 나누고 이해해준다면 재혼부부는 더더욱 친밀한 배우자가 될 수 있습니다. 이는 모니카와 그렉처럼 자녀가 없는 재혼부부뿐 아니라 이전 결혼에서 자녀를 데리고 온 재혼부부에게도 해당됩니다.

재혼가족이 직면하는 도전

자녀 양육은 어느 가정에서나 쉬운 일이 아니지만, 재혼부모에게는 특히 어렵습니다. 재혼가정의 자녀 양육은 복잡한 문제라 9장에서는 이 주제에만 초점을 둘 것입니다. 재혼가정에서는 부모 중 한 사람만 자녀가 있기도 하고, 부모 두 사람 모두 자녀가 있는 경우도 있습니다^{혼합가족}. 재혼친자녀는 재혼한 부부 사이에서 태어난 자녀를 지칭하는 용어로 쓰였습니다.

크레이그와 내가 재혼한 지 2년이 채 안 되어 딸 캐서린이 태어났습니다. 영유아 때 캐서린은 우리 부부와 두 형제자매의 사랑을 듬뿍 누렸지만, 그 과정에서 크레이그와 나는 세 자녀를 키우며 함께 보낼 시간이 부족했고 경제적으로 여유롭지 않아 스트레스가 많았습니다. 첫째와 둘째가 대학에 입학해서 등록금을 내던 시기가 특히 힘들었습니다. 크레이그와 나는 각종 지출을 감당하기 위해 투잡을 시작했고, 이로 인해 부부뿐 아니라 자녀, 친구, 부모님과 함께 보낼 시간이 점점 줄어들었습니다.

전문가들은 재혼가정의 형태가 점점 더 복잡해지고 있으며, 양육권과 면접교섭권을 다루는 방법도 다양하다는 데 동의합니다. 특히 재혼부부가 첫 번째 결혼에서 각자의 자녀를 데리고 온 후 재혼친자녀까지 낳기로 결정한 경우는 더 복잡합니다. 다음 장 전체에서 나는 내 연구에서 다양한 가족의 다양한 경험을 반영하기 위해 재혼가정, 계가정, 혼합가족이라는 용어를 같은 의미로 사용할 것입니다. 하지만 이 책의 초점은 자녀나 새자녀보다는 재혼한 부부에 맞춰져 있습니다. 부부는 견고한 재혼가족을 형성하고 가족 내에서 감사, 관용, 존중의 문화를 구축하는 원동력이기 때문입니다.

감사의 문화 만들기

재혼부부가 어떻게 가족구성원들 사이에 감사의 문화를 만들까요? 첫 번째 단계는 각자가 중요하게 생각하는 가치와 재혼가정에 대한 기대에 대해 의논하는 것입니다. 성공적인 재혼은 좋을 때나 나쁠 때, 아플 때나 건강할 때, 부유할 때나 가난할 때 단순히 함께하는 것만으로 이루어지는 것이 아닙니다. 관계 유지와 발전을 위해서는 관계를 구축하고, 강화하고, 회복하는 작업을 해야 합니다. 재혼부부가 세월이 건네는 시련을 견디며 성공적인 관계를 이루기를 원한다면, 그들의 과거와 현재를 포괄하는 가족 정체성을 확립하고 미래를 위한 계획을 세워야 합니다.

재혼가정에서 감사하는 문화를 만들기 위해서는 배우자에 대해, 그리고 재혼생활에 대해 '현실적인 기대'를 갖는 것이 중요합니다. 기대는 배우자의 훌륭한 성격과 고유한 자질을 높이 평가하는 데서 시작되는 것이 아니고, 부부 모두가 불완전하다는 것을 인식하는 데서 출발합니다. 현실적인 기대는 깊은 사랑을 만들어 나가기 위한 핵심입니다. 좋은 관계를 원한다면, 배우자를 수용해야 하고 재혼이 첫 결혼과 다를 수 있음을 알아야 합니다. 배우자에 대해 있는 모습 그대로 감사하는 것은 감사, 존중, 관용의 문화를 구축하는 초석입니다.

우리는 배우자와 가족에게 감사한 마음이 있는데도 표현하는 것을 게을리하는 경우가 많으며, 그로 인해 가족들은 감사를 잃고, 지치고 불행하다고 느낄 수 있습니다. 우리는 고맙다는 생각은 하면서도 "고마워요."라는 말을 입 밖으로 내어 표현하는 것과 가벼운 포옹을 하거나 등을 토닥이며 서로를 격려하는 것을 쉽게 잊어버리곤 합니다.

감사의 표현을 잊는 것은 모든 유형의 관계에서 흔히 발생하며 이를 바꾸려면 사고방식을 급격히 변화시켜야 합니다. 맛있는 음식을 준비하거나, 로맨틱한 메모를 쓰거나, 사랑스러운 말과 몸짓으로 교류하는 등의 친절한 행동을 통해 배우자에게 감사를 표현하는 것은 말처럼 쉽지 않을 수 있습니다. 특히 부모님이 서로를 비난하는 가정에서 성장했다면 더욱 그렇습니다. 하지만 노력한다면 당신이 사는 세상의 변화를 경험할 것입니다.

책을 시작하면서 소개했던 재혼한 교사인 타라는 "저는 코너를 정말 좋아해요. 그 사람은 훌륭한 아빠이자 남편이죠. 하지만 코너는 큰 성취만을 칭찬하는 가정에서 자라서 소소하게 칭찬하는 걸 어색해하더라고요. 그래서 제가 아이들이 좋은 일을 하면 안아 주라고 종종 말해주곤 해요."라고 말합니다.

서로에게 정서적 안정감을 주는 부부들은 재혼생활의 폭풍우를 헤쳐나갈 수 있는 더 많은 자원을 가지고 있는 것과 같습니다. 그들은 화합의 가족 문화를 조성하고 새자녀, 전 배우자들, 전 시가 및 처가, 현 시가 및 처가, 부부가 경험하는 중년기 및 노년기의 어려움 등 복잡한 재혼의 스트레스 요인에 마주할 힘이 있습니다.

배우자가 화분에 물을 주거나 식사를 준비하는 등 사려 깊은 모습을 보일 때, 배우자를 소중히 여기는 당신의 마음을 표현해보세요. 감사함을 표현한다면 좋겠습니다. "이렇게 식사를 준비해 줘서 고마워요. 정말 행복하네요."라고 말하며 감사함을 표현할 수도 있습니다.

관대하고 유연하며
존중하는 재혼가정 만들기

　성공적인 재혼이 선사하는 기쁨 중 하나는 부부가 새로운 시작에 감사하고 매일의 새로움을 인식하는 것입니다. 성공적인 재혼부부는 사랑이 넘치고 회복탄력성이 있는 결혼생활을 결심하는 등 긍정적 의도가 지니는 가치를 알고 있습니다. 사랑, 관용, 존중이 모든 가족구성원에게 확대되면 큰 변화가 일어납니다. 누군가의 의견에 동의하지 않을 수도 있지만 존중을 표현하고 유연함과 관용을 보여주는 것이 중요합니다. 여기에는 당신이 좋아하지 않을 수도 있지만, 배우자의 전 배우자와 이전 시가나 처가를 존중하는 것, 그리고 친자녀와 새자녀가 친구를 집에 데려와서 놀아도 괜찮다는 개방적인 자세도 포함될 수 있습니다.

　서로 다르더라도 관용과 존중을 보여준다면 사랑이 넘치는 가족 분위기를 조성하게 될 것입니다. 그리고 가족 간에 사랑과 돌봄의 관계가 맺어지면 따뜻한 가정이 되고, 가족들은 역할과 책임을 공유하여 유연해질 수 있습니다. 건강한 관계를 맺고 있는 부부는 예측 가능한 행동 패턴(식사하기, 특정 TV프로그램 시청 등)과 변화하는 일정 사이에서 균형 있게 적응하기 위해 노력합니다. 예를 들어, 친자녀나 새자녀가 함께 살지 않는 부모의 집에 놀러 갔다가 예상보다 일찍 돌아와서 배가 고프다며 짜증을 낼 때가 유연합이 요구되는 순간입니다.

가족 간의 갈등이 심하면 집안 전체의 분위기도 나빠지게 됩니다. 누군가의 집에 가서 공기 중에 감도는 긴장감을 느껴본 적이 있나요? 아마도 당신은 이런 환경이 편안하지 않았을 것입니다. 이는 이복 형제자매와 재혼 형제자매가 흔히 겪게 되는 경험입니다. 그들은 자신의 집에서 마치 방문객이나 손님처럼 느낄 수도 있기 때문입니다. 모든 가족구성원을 위해 문을 활짝 열어두고 자녀들이 친구들을 집에 데려오면 금방 준비해서 대접할 수 있는 간식거리를 준비해두는 것도 중요합니다.

정기적으로 긍정적인 의사소통과 활동을 공유하는 데 시간을 투자한다면 혼자 사는 것보다 재혼하는 것이 훨씬 더 행복할 것입니다. 특히 디지털 기술에 주목할 필요가 있습니다. 이는 업무에 필수적이며 정보를 조직화하고 관리하는 데 도움이 되지만, 우리 모두 알고 있듯이 디지털 기술이 자유시간이나 의사소통에서 너무 큰 부분을 차지하면 정서적 거리감을 만들 수도 있습니다.

식사 시간에 전원을 끄는 것

매번은 아니더라도 식사 시간에는 TV를 끄고 모든 가족구성원에게 휴대폰을 치우도록 요청해보세요. 이메일이나 문자는 천천히 확인해도 늦지 않습니다. 부부는 디지털 기술을 사용하여 생활, 계획, 정서적 친밀감을 관리할 수도 있겠지만, 퓨 리서치센터에 따르면 휴대폰 사용자의 25퍼센트는 배우자와 함께 있을 때 휴대폰으로 인해 주의가 산만해진다고 대답했습니다. 실제로 부부나 가족들이 전자기기를 꺼둘 때 대화의 질이 좋아지고 적극적으로 경청하고 지지하는 능력이 향상됩니다.

디지털 기술이 우리 사회를 여러 면에서 향상시켰지만 모든 가족구성원이 효과적으로 의사소통하는 것은 더 어려워졌습니다. 대부분의 부부는 자녀의 스마트폰이나 태블릿과 경쟁하고 있고 대면 의사소통에 어려움을 겪고 있습니다. 50대 초반의 재혼부부인 알라나와 제프리는 식사를 함께 하거나 집안일에 동참하자고 요청할 때마다 세 자녀가 전자기기를 끄는 것을 어려워한다고 말합니다.

제프리와 알라나는 재혼한 지 3년이 되었으며, 각자의 자녀(알라나의 10대 딸 브리아나와 스텔라 그리고 제프리의 열 살짜리 아들 맥스)에 대한 양육권을 완전히 갖고 있습니다. 그들은 매사추세츠주 교외에 살고 있고, 두 사람 모두 금융권에서 풀타임으로 근무하기 때문에 종종 야근을 해야 합니다.

제프리는 "우리 집에서는 아이들과 함께 식사하거나 일상적인 집안일을 돕도록 하는 게 정말 힘들어요. 저녁 식사 후 용돈이

나 아이스크림을 뇌물로 바치지 않으면 아이들 얼굴도 거의 보지 못할 거예요. 브리아나와 스텔라는 인스타그램, 유튜브 등 소셜 미디어에 항상 접속되어 있어요. 제가 잠깐 멈추라고 하면 애들은 저에게 화를 내기도 해요. 맥스의 경우에는 주로 컴퓨터게임을 하거나 친구들과 문자를 주고받는 것에 빠져 있고요."라고 털어놓습니다.

모든 가정이 디지털 기술의 여러 가지 부정적인 측면을 경험하고 있지만, 재혼가정의 경우에는 양육권 조정 및 변경, 상충되는 일정, 아이들과 어른들 사이의 갈등과 경쟁으로 인해 디지털 기술이 더 큰 문제가 되기도 합니다. 그리고 친부모와의 관계나 새부모와의 관계가 긴장될수록 아이들은 화면 뒤에 숨거나 디지털 기술을 과도하게 사용하고 싶은 유혹을 느낄 수 있습니다.

알라나는 딸 스텔라에게 스마트폰을 내려놓고 설거지를 도와달라고 부탁했던 최근 사건을 기억했습니다. 스텔라는 "메시지부터 확인해야 돼요. 지금 안 보면 나중에 일정에 문제가 생겨요. 설거지는 나중에 할게요!"라고 소리쳤습니다.

나는 이 일에 대해 스텔라와 얘기를 나누었습니다. (물론 엄마인 알라나의 허락을 미리 받았습니다.) 스텔라는 "솔직히 인스타그램과 유튜브를 아빠 집보다 엄마 집에서 더 많이 하게 돼요. 저희 집처럼 아이들 세 명과 새아빠가 함께 사는 집은 정말 정신이 없거든요."라고 말했습니다.

알라나는 "제 딸아이들이 아들 맥스에게 분명히 뭔가 화가 나 있는 것 같아요. 그리고 제프리가 딸들한테 집안 규칙을 지키라고 요구하는 거나 새아빠가 물리적으로 집 안의 일정 공간을 차지한 것에 대해 딸들이 아직 적응하지 못한 것 같아요. 우리는 결혼한 지 3년밖에 안 됐으니까 점점 더 수월해질 거라고 생각해요. 제가 시도해보고 싶은 것 중 하나는 저녁 식탁에서나 잠자리에 들기 한 시간 전에 휴대폰을 사용하지 않는다는 '전원 끄기 규칙'이에요. 그렇게 하면 가족 모두가 더 잘 지내는 데 도움이 된다는 걸 어딘가에서 읽었거든요."라고 말했습니다.

이야기를 나누면서, 알라나와 제프리의 가족이 비록 의사소통이 원활하지 않고 사소한 갈등과 불만이 있기는 해도 상당히 화목한 편이라는 것을 확인할 수 있었습니다. 그들은 디지털 기술이 삶에 미치는 부정적인 영향을 다룰 준비가 되어 있는 것처럼 보였습니다.

재혼가정을 위한 '디지털 기술 사용 제한' 네 가지 규칙

1. 휴대폰을 끄세요! 어른들이 먼저 앞장서서 매일 저녁 적어도 한 시간 동안 휴대폰을 꺼둡니다(또는 휴대폰을 다른 장소에 치워 둡니다). 식사 공간과 같이 집에서 가장 중요한 공간을 '디지털 기기 금지 구역'으로 설정하는 것도 좋은 방법입니다. 신속하게 확인해야 하는 일이나 일정 조정과 관련해서는 문자를 사용할 수 있지만, 중요한 문제에 대해서는 직접

얼굴을 마주하여 이야기해야 한다는 것을 꼭 기억하세요.

2. 식사 준비와 집안일의 루틴을 정하세요. 가족들은 번갈아가며 식탁을 차리고 설거지를 하도록 합니다. 모두가 자신의 식기를 설거지하고 식사 시간에는 휴대폰을 끕니다.

3. 주말 2~3시간을 휴대폰 없이 함께 보내세요. 함께 외출하거나, 재미있는 장소를 방문하거나, 집에서 카드놀이, 보드게임 등 소소한 활동을 시도해보세요. 무슨 활동을 하느냐보다 중요한 것은 가족이 연결되는 것입니다.

4. 가능하면 취침 시간 한 시간 전에 휴대폰을 끄세요. 어린 가족구성원은 이를 더 꺼리겠지만 시간이 지나면 독서나 음악 듣기 등을 하면서 적응하게 됩니다.

알라나와 제프리는 이러한 규칙을 시행했으며 가족이 이에 적응하는 데 몇 주가 걸렸습니다. 맥스는 친엄마 집에서는 컴퓨터 게임을 무제한으로 즐길 수 있는데 아빠 집에서는 왜 다른 규칙이 적용되는지 이해할 수 없다고 종종 불평했습니다. 브리아나와 스텔라는 처음에는 잠자리에 들기 한 시간 전에 휴대폰을 끄는 것을 꺼렸지만 얼마 지나지 않아 잠을 더 잘 자고 성적이 향상되고 있다는 것을 알게 되었습니다.

자녀가 없음에도 그렉과 모니카는 문자 메시지를 통해 주로 소통하면서 재혼생활에 큰 혼란을 겪고 있음을 알게 되었습니다. 부부 간 다툼이 있었을 때 그렉은 문자로 사과했는데, 진심이 느껴지지 않는다는 모니카의 말을 듣자 씁쓸하고 화도 났습니다.

모니카는 "평일 밤에는 얼굴을 마주할 시간이 별로 없다 보니 문자로 소통하게 됐는데, 그것 때문에 우리 사이가 더 멀어졌어요. 상황이 악화돼서 급기야 남편이 문자 먼저 보내지 않고 전화부터 하는 걸 자제해달라고 말했을 때 모욕감이 들더라고요. 안 되겠다 싶어서 문자도 줄이고 매일 20분 이상 얼굴 마주하고 대화하려고 노력했는데 결혼생활의 질이 엄청나게 좋아졌어요. 이제는 함께하는 시간이 다정하고 행복해졌어요."라고 말했습니다.

브리검영대학교 연구원인 로리 클러프 셰이드와 조나단 샌드버그가 다른 세 명의 동료와 함께 실시한 2013년 연구에서 진지한 관계를 맺고 있는 청년층 276명을 대상으로 조사한 결과, 지속적으로 문자 메시지를 통해 의사소통하는 커플은 관계의 질이 상대적으로 낮다는 것이 밝혀졌습니다. 실제로 문자를 통해 사과를 받거나 의견 차이를 해결하려고 노력한 여성 참가자들은 더 높은 수준의 불행감을 보고했습니다. 남성 참가자의 경우 문자 메시지를 너무 자주 주고받는 것이 낮은 관계의 질과 관련이 있었습니다. 해결책은 뭘까요? 얼굴을 마주하고 대화하십시오. 그렇게 할 때 더 친밀한 대화를 나누고 가족과의 관계에서 더 큰 성취감을 얻을 것입니다.

재혼가정에서 관용과 존중의 문화를 만드는 열 가지 방법

1. 재혼에 대한 현실적인 기대를 가지세요. 새로운 가족이 처음부터 순조롭게 항해할 것이라고 기대하지 마세요. 가족구성원들은 새로운 현실에 적응할 시간이 필요합니다. 그리고 새로운 사람들과 공간을 공유하는 일도 적응하는 데 시간이 걸립니다.

2. 재혼가정이 합가하기 전에 부부 규칙, 가족 규칙, 일상생활에 대해 미리 논의하세요. 피자를 시켜 먹거나 가볍게 외식하면서 합가 전 미리 합의할 사항이나 기대치 등에 대해 논의하세요. 함께 살기 시작하면 발생할 수밖에 없는 혼란스러운 영역에 대해 의논하면서 향후 불편이 발생할 부분을 미리 대비하는 것이 좋습니다.

3. 적극적으로 자기 의견을 이야기하고 부정적인 감정을 가족과 나누세요. 당신에게 필요한 것이 무엇인지 적극적으로 이야기하고 긍정적 기대감을 가지세요. 다른 사람들이 무엇을 원하는지도 파악하세요. 감정을 묻어두어 가정환경을 적대적으로 만들거나 분노와 원망이 쌓이게 하지 말고 문제가 발생할 때 대화의 자리를 자주 마련하세요.

4. 개인적인 경계나 한계를 설정하세요. 당신과 상관없는 문제에 대해 배우자가 자신의 자녀를 훈육할 때 당신은 한발 물러서세요. 당신이 '내가 언제나 옳다'는 우매한 고집을 버린다면 이는 더 쉬울 것입니다. 가족을 모두 통제할 수는 없으며, 당신이 통제할 수 있는 것은 가족들의 말과 행동에 대한 자신의 반응이라는 것을 기억하세요. 대화가 자신과 관련이 없을 때는 조용히 자리를 비켜주는 지혜가 필요합니다.

5. 부부 모두 전적으로 인간이라는 사실을 떠올리며 논의하세요. 당신의 긍정적인 특성뿐 아니라 모든 불완전함, 약점, 정서적 짐도 다 통합하여 당신이라는 사람이 존재하는 것입니다. 당신과 배우자는 여러 긍정적 모습 외에도 불완전함, 약점, 정서적 짐도 지니고 있습니다. 이 모두가 당신과 배우자의 일부분입니다.

6. 배우자, 친자녀 및 새자녀에게 매일 감사를 표현하세요. 집안일, 재정 등 문제점에 대해 대화할 때도 말과 행동을 통해 감사와 사랑을 표현하세요. "거실을 청소해줘서 정말 고마워요. 너무 보기 좋네요."와 같은 말은 사이가 좋지 않을 때도 가족구성원들 사이에 긍정적인 감정을 불러일으킵니다.

7. 배우자에게 사랑과 애정을 표현하세요. 이것은 배우자가 과거의 삶에서 가져온 정서적 짐 때문에 당신이 스트레스를 받고 힘들 때에도 적용

됩니다. 당신도 당신의 짐이 있다는 것을 기억하세요. 퇴근 후 다시 만났을 때 포옹이나 키스로 유대감을 형성하고 배우자에게 오늘 하루가 어땠는지 안부를 물어보세요.

8. 배우자와 가족구성원을 존중하는 태도를 보여주세요. 그들이 힘든 시간을 지내고 있을 때 공감하고 존중해주며 친절히 대해주세요. 예를 들어 화났을 때에도 배우자를 깎아내리지 않고 친절하게 말하고, 집안일이나 다른 필요한 일을 돕겠다고 제안하거나, 당신이 동의하지 않더라도 상대방을 비난하지 않는 등 매우 다양한 방식이 있을 수 있습니다.

9. 배우자, 친자녀, 새자녀가 자신의 모습을 표현하도록 허용하세요. 때때로 우리는 누구나 짜증나고 힘든 순간이 있습니다. 우리 모두는 실수를 하고, 자녀를 다른 방식으로 양육합니다. 관용의 문화에는 가족에게 지나치게 편협해지지 않고 사랑과 이해의 마음을 전하는 것도 포함됩니다. 잠시 멈춰서 배우자의 의도를 좋게 보고, 눈살을 찌푸리기보다 미소를 지으려 노력해보세요. 그 과정에서 무엇인가 배울 수 있고 배우자와 아이들의 애정도 얻을 수 있습니다.

10. 유머 감각을 가지세요! 어떤 싸움이 싸울 만한 가치는 있는지, 또는 적당히 웃어넘겨도 될지 생각해보세요. 누군가가 당신에게 상처를 입혔더라도 당신의 개인적 행복까지 앗아가게 해서는 안 됩니다. 가족구성

원이 당신의 감정을 상하게 했더라도 당신은 그를 용서할 힘이 있습니다. 상황을 좀 더 여유롭게 바라보고 가벼워지도록 노력해보세요!

감사 활동

당신이 상대방을 이해하고 있음을 배우자에게 알리고 상대방의 관점을 인정하는 것은 결혼생활을 유지하는 강력한 비법입니다. 여기에는 진심을 담아 긍정적으로 감사를 표현하는 것도 포함됩니다. 《성공하는 결혼과 실패하는 결혼 Why Marriages Succeed or Fail》에서 심리학자이자 작가인 존 가트맨은 "무심결에 내뱉는 불평과 비판을 약간의 노력과 공감을 통해 사려 깊은 말로 바꿀 수 있습니다." 라고 했습니다. 부정적인 태도는 모든 결혼생활에 해롭지만 특히 재혼에 있어서는 더 그럴 수 있습니다. 두 배우자가 각자의 정서적 짐과 해로운 관계 패턴을 재혼생활로 가져오곤 하기 때문입니다. 그러나 말, 목소리 톤, 얼굴 표정, 행동을 통해 부드러움을 표현한다면 개인적인 성장과 사랑 모두 가능해집니다. 주어진 상황 속에서 배우자가 가장 듣기 원하는 말이 무엇인지, 그리고 배우자가 마땅히 들을 자격이 있는 말이 무엇인지에 초점을 맞추면 큰 도움이 될 것입니다.

감사란 당신이 배우자에 대해 좋아하는 점이 무엇인지 말하는 것입니다. 이를 위해서 "나는 내 배우자의 어떤 점을 좋아하지?" 또는 "내 배우자의 훌륭한 자질은 뭐지?"라고 스스로에게 질문해보고 그것들에 집중해보세요. 이런 긍정적 감정을 비축했다가 배우자와 힘든 시기를 지낼 때 꺼내본다면 배우자에 대한 실망과 원망을 훨씬 덜 수 있습니다.

배우자에게 감사를 표현하는 가장 좋은 방법은 풍성하게 표현하고, 타인 앞에서 드러내어 표현하는 것입니다. 감사를 많이 표현할수록 더 나은 결과를 얻게 되고, 배우자는 더 많은 사랑과 가치를 느끼게 됩니다. 다음에 나오는 실천 방안은 배우자에게 진심 어린 감사를 표현하고 부부의 사랑과 소속감을 향상시키는 데 도움이 될 것입니다. 7장에서는 배우자와 함께 현재를 살아가고 정서적 조화를 강화하기 위해 사랑과 이해의 마음을 전달하는 다양한 방법을 배우게 될 것입니다.

배우자에게 감사 표현하기 실천 방안 네 가지

1. 배우자에 대해 어떤 부분이 감사한지 표현하세요. 배우자의 성격이나 특정한 행동에서도 감사한 부분을 찾을 수 있습니다. 비록 당신이 배우자의 관점에 동의하지 않더라도, 삶에 도전하고 새로운 일을 처리하는 배우자의 능력을 칭찬해주세요. 감사는 구체적이고 상세할수록 좋습니다. 예를 들어, "매일 아침 출근하기 전에 당신이 그릇을 치우고 주방을

깔끔하게 정리해줘서 정말 좋아요. 당신은 참 배려심이 많은 사람이에요."라고 말할 수 있습니다.

2. 배우자에게 친절하게 행동하세요. 예를 들어, 가끔 일찍 퇴근해서 배우자를 위해 식사를 준비하고 와인이나 특별한 음료를 곁들여 매력적인 식탁을 차려보세요. 요리를 좋아하지 않는다면 배우자가 좋아하는 레스토랑에 초대하여 깜짝 데이트를 준비해보세요. 음성 메시지나 메모로 "금요일 오후 6시에 ○○○에서 함께 저녁 식사 어때요? 답장 주세요. 사랑하는 반쪽!"이라고 남기는 것도 좋습니다.

3. 배우자의 감정을 알아차리고 인정해주는 연습을 하세요. 배우자가 기분이 상해서 귀가했을 때는 배우자의 말을 귀 기울여 들어주세요. "정말 기분 나쁘겠어요.", "당신이 그런 일을 겪으니 내가 더 속상하네요."와 같은 말로 배우자의 감정을 공감하고 인정해주세요.

4. 매일 잠자리에 들기 전에 배우자에 대해 감사한 것 두 가지를 공유하는 '감사 의식'을 시작하세요. 이 의식의 주요 목적은 부정적인 것보다 서로에 대해 좋아하는 점에 집중하는 것입니다. 매일매일 서로의 좋은 점을 강조하고 격려하는 시간을 가지세요!

2장으로 넘어가기 전에 다음의 재혼 관계 체크리스트를 확인해보세요. 이 과정은 당신의 인식을 확대하고 재혼의 핵심 문제를 다루는 각각의 장으로 당신을 안내할 것입니다!

> ### ♡ 재혼 관계 체크리스트
>
> 다음의 각 항목을 읽고 당신에게 맞는 것에 체크하세요. 각 카테고리에는 당신의 경험이나 상황을 묘사하는 다섯 가지 항목이 있습니다. 한 카테고리에 체크 표시가 세 개 이상 있는 경우, 이것은 당신에게 문제가 있는 영역임을 의미합니다. 특정 카테고리와 관련하여 보다 효과적으로 대처하는 방법을 알고 싶다면 해당 장을 꼭 읽어보시기 바랍니다. 만약 한 카테고리에서 네 개 이상 항목에 체크했다면, 이 책을 순서대로 읽는 것보다 해당 장을 먼저 읽는 것도 좋은 방법입니다.
>
> **1. 감사, 존중, 관용이 풍부한 가족 문화 만들기**
>
> ☐ 배우자가 나에게 감사하지 않는다고 종종 느낀다.
>
> ☐ 친자녀나 새자녀들이 나에게 감사하지 않고 나를 인정하지 않는다고 종종 느낀다.
>
> ☐ 우리 가족이 서로에게 좀 더 관용을 베풀었으면 좋겠다.
>
> ☐ 우리 집에서는 가족들이 종종 서로에게 소리 지르고, 욕하고, 너무 많이 다툰다.

☐ 우리 가족이 서로를 더 존중했으면 좋겠다.

★★ **총점** _____ ➡ 점수가 3점 이상인 경우 〈1장: 감사, 존중, 관용이 풍부한 가족 문화 만드는 법〉으로 가세요.

2. 재혼생활을 삶의 최우선 순위에 두기

☐ 나와 배우자는 함께 좋은 시간을 충분히 보내지 않는다.

☐ 배우자와 마지막으로 즐거운 시간을 보낸 것이 언제인지 기억이 나지 않는다.

☐ 요즘 나와 배우자가 공통점이 많은지 잘 모르겠다.

☐ 배우자와 나의 사이가 멀어진 것 같은데 어떻게 해야 할지 잘 모르겠다.

☐ 내 배우자에게는 나보다 다른 사람이나 자녀들이 더 우선인 것 같다.

★★ **총점** _____ ➡ 점수가 3점 이상인 경우 〈2장: 재혼생활을 삶의 최우선 순위에 두는 법〉으로 가세요.

3. 이전 결혼생활에서 가져온 마음의 짐을 흘려보내기

☐ 배우자가 일, 재정, 자녀/새자녀, 부부관계 문제로 인해 화가 났을 때 나는 때때로 상황을 너무 개인적인 문제로 해석한다.

☐ 배우자의 말과 행동으로 인해 나의 상처나 취약한 부분이 쉽게 촉발되는 것을 종종 느낀다. 그리고 배우자가 자신의 취약한 부분을 드러낼 때 나는 종종 과잉 반응을 한다.

☐ 내 배우자는 때때로 나의 말이나 행동에 과민 반응을 하는 것 같다.

☐ 배우자와 다투다가 나는 배우자에게 때때로 극단적인 말을 한다.

- [ ] 첫 번째(또는 두 번째) 결혼에서 가져온 정서적 짐이 나를 짓누르는 것처럼 느낀다.

★★ **총점** _____ ➡ 점수가 3점 이상인 경우 〈3장: 이전 결혼생활에서 가져온 마음의 짐을 흘려보내는 법〉으로 가세요.

4. 돈 문제를 숨기지 않고 개방하기

- [ ] 부부의 돈을 합쳐야 할지 따로 관리해야 할지 잘 모르겠다.
- [ ] 재혼 당시 첫 결혼 기간에 진 빚이 남아 있는데 배우자에게는 비밀로 했다.
- [ ] 첫 결혼에서 전 배우자의 재정적 배신으로 고통받았다.
- [ ] 배우자가 자녀 양육비에 돈을 너무 많이 써서 화가 난다.
- [ ] 배우자와 나는 재정과 관련해서 얘기가 잘 통하지 않는다.

★★ **총점** _____ ➡ 점수가 3점 이상인 경우 〈4장: 돈 문제를 숨기지 않고 개방하는 법〉으로 가세요.

5. 자신의 취약한 부분을 개방하고 부부 친밀감을 높이기

- [ ] 배우자가 퇴근 후 조금 늦게 귀가하거나 우연히 밖에서 배우자를 마주치는 경우가 생기면 나는 종종 배우자에 대한 불신감을 느낀다.
- [ ] 거절당하거나 배우자의 사랑을 잃는 것에 두려움이 있어서 나의 취약한 부분을 개방하고 내밀한 생각, 감정을 공유하는 것이 어렵다.
- [ ] 배우자가 자신에 대한 정보를 숨길 때 나는 화가 나거나 배우자가 나를 사랑하지 않는다고 느낀다.

☐ 배우자가 나를 실망시키면 대개 최악의 상황을 가정하고 배우자에 대한 신뢰를 잃곤 한다.

☐ 배우자의 의도를 종종 불신하며, 나의 의심은 재혼에 부정적인 영향을 미친다.

★★ 총점 _____ ➡ 점수가 3점 이상인 경우 〈5장: 자신의 취약한 부분을 개방하고 부부 친밀감을 높이는 법〉으로 가세요.

6. 성적 매력을 회복하고 다시 부부의 사랑을 나누기

☐ 나와 배우자 사이의 성적인 애정이 부족한 것에 대해 걱정한다.

☐ 배우자가 마지막으로 나에게 성욕을 표현한 것이 언제인지 기억나지 않는다.

☐ 배우자와의 단절감을 종종 느끼고 우리의 사랑이 식었다고 생각된다.

☐ 배우자와 더 자주 성관계를 했으면 좋겠다.

☐ 하루 일과가 끝날 때 보통 너무 피곤해서 배우자와 성관계를 할 수가 없다. 다시 부부 사이의 열정을 불태우고 싶다.

★★ 총점 _____ ➡ 점수가 3점 이상인 경우 〈6장: 성적 매력을 회복하고 다시 부부의 사랑을 나누는 법〉으로 가세요.

7. 사소한 일을 크게 부풀리지 않고 핵심 문제를 다루기

☐ 배우자와 의사소통이 종종 꼬여서 정작 우리를 힘들게 하는 것에 대해 대화하지 못한다고 느낀다.

☐ 마음속에 있는 말을 꺼낼 때 배우자가 내 말을 듣지 않는다고 느낀다.

☐ 배우자가 내 관점을 더 자주 수용하고 인정해주기를 바란다.

☐ 배우자의 말이나 행동에 의해 기분이 상할 때 침착함을 유지하기가 어렵다.

☐ 가끔 내 생각이나 의견이 내 배우자에게 별로 중요하지 않다고 느낀다.

★★ 총점 _____ ➡ 점수가 3점 이상인 경우 〈7장: 사소한 일을 크게 부풀리지 않고 핵심 문제를 다루는 법〉으로 가세요.

8. 재혼가정의 갈등의 씨앗을 잘 다루기

☐ 부부가 평화롭고 행복하게 지내는 것보다 논쟁에서 이기는 것을 배우자가 더 중요하게 여긴다고 느껴질 때가 있다.

☐ 배우자와의 갈등을 해결하지 못할 때 좌절감을 느낀다. 그리고 갈등을 흘려보내고 앞으로 나아가는 것이 어렵게 느껴진다.

☐ 나는 갈등이 생기면 해로운 방식으로 처리하곤 해서 다툼 후에 상처받은 감정을 회복하기가 어렵다.

☐ 배우자가 내 말을 듣지 않는다고 느낄 때 나는 뒤로 물러나거나 아니면 폭발해 버리는 경향이 있다.

☐ 나와 내 배우자는 의견이 일치하지 않아서 타협안을 찾을 때 어려움을 겪는다.

★★ 총점 _____ ➡ 점수가 3점 이상인 경우 〈8장: 재혼가정의 갈등의 씨앗을 잘 다루는 법〉으로 가세요.

9. 새부모로서의 역할과 한계를 수용하고 재혼가정의 긍정적인 추억 쌓기

☐ 나와 배우자의 양육 방식은 서로 부딪히는 경우가 많다.

☐ 가족의 의사결정에서 종종 소외되어 마치 내가 외부인인 것처럼 느낀다.

☐ 부모로서 혹은 새부모로서의 나의 능력에 대해 배우자로부터 비난받는다고 느낀다.

☐ 새자녀들로부터 마땅히 받아야 할 사랑과 존경을 받지 못한다고 종종 느낀다.

☐ 나는 새자녀들과 더 강한 유대감을 형성할 수 있는 방법을 배우고 싶다.

★★ 총점 _____ ➡ 점수가 3점 이상인 경우 〈9장: 새부모로서의 역할과 한계를 수용하고 재혼가정의 긍정적 추억을 쌓는 법〉으로 가세요.

10. 부부 사이에 진심으로 사과하고 용서하기

☐ 종종 배우자가 원망스럽고 나의 불만을 흘려보내기가 어렵다고 느낀다.

☐ 틀렸다고 인정하는 것을 싫어하기 때문에 배우자에게 사과하는 것이 어렵다.

☐ 배우자는 자신이 틀렸다는 것을 인정하기 싫어하기 때문에 나에게 사과하는 것을 꺼린다.

☐ 나는 어떤 상황을 너무 기분 나쁘게 받아들이고, 상처를 악화시키고, 과거에 너무 집착하는 경향이 있다.

☐ 배우자를 용서하고 더 건강한 관계를 향해 나아가기를 원한다.

★★ 총점 _____ ➡ 점수가 3점 이상인 경우 〈10장: 부부 사이에 진심으로 사과하고 용서하는 법〉으로 가세요.

무엇보다도 배우자에게 감사한 마음을 표현하는 것을 즐겨보세요. 그리고 배우자에게 사랑과 수용하는 태도를 충분히 보여주세요. 이 책의 각 장을 읽으면 매일 배우자에게 온전히 마음을 쏟을 수 있는 능력이 자라날 것입니다!

2장

재혼생활을 삶의
최우선 순위에 두는 법

우리는 무엇보다도 부부의 관계를 최우선으로 생각해요.
남편이 행복하고 자기 삶이 좋다고 느끼는 게 저한테는 너무 중요해요.
그리고 남편도 저의 행복을 중요시하는 걸 알고요.
우리는 개 산책시키기 같은 작은 일을 함께 하는 걸 중요하게 생각해요.
같은 실수를 반복하고 싶지는 않으니까요.

_나디아(48세)

    재혼한 지 5년 된 나디아(48세)와 팀(56세)은 서로 아는 친구의 소개로 만났고 만나자마자 사랑에 빠졌습니다. 그들이 처음 만났을 때 나디아는 네 명의 자녀를 키우는 싱글맘이었고, 팀은 이혼한 상태이며 이미 성인이 된 두 딸이 있었습니다. 부부는 코네티컷에 있는 케이프코드 스타일의 집에 살고 있었고, 집 근처 해변 카페에서 그들을 만났을 때 성공적인 재혼의 비결을 공유하는 것에 들떠 보였습니다.

    나디아는 "우리는 서로에게 연애편지를 써서 비밀 장소에 숨겨 놓곤 해요. 그리고 일요일 아침에는 늘 함께 신문을 읽어요. 팀은 커피를 마시지 않는데 저를 위해서 커피를 내려줘요. 우리는 평일에도 자주 성관계를 하는 편이에요. 우리 아이들이 전 배우자의 집에서 자고 오는 날에 함께 시간을 보내며 밀린 이야기를 나누고 해변을 산책하고 같이 책을 읽곤 해요."라고 말했습니다.

나디아의 말을 들어보면 이 부부가 재혼생활을 삶의 최우선 순위에 두고 있다는 것이 분명합니다. 인터뷰에서 나디아와 팀은 의도적으로 함께 시간을 보내고, 같이 할 수 있는 활동을 하고, 서로의 연결감을 유지하기 위해 매일 어떤 의식^{ritual}을 치른 것이 성공적인 재혼에 좋은 영향을 미쳤다고 말했습니다. 그들은 의도적으로 함께 보낼 시간을 미리 계획했고, 자신들이 부부의 관계에 높은 가치를 둔다는 것을 자녀들에게도 확실하게 알렸습니다.

팀은 "첫 결혼은 달랐어요. 전부인과 저는 서로 일하는 일정이 많이 달랐고, 집에 와서도 각자의 시간을 보냈어요. 나디아도 전남편과 살면서 독립적인 생활을 했다고 했어요. 우리는 그런 실수를 똑같이 반복하고 싶지 않아서 노력했어요."라고 말했습니다.

재혼생활을 삶의 최우선 순위에 두는 것은 무엇보다 중요합니다. 그럴 때 당신과 배우자는 견고한 성적, 정서적 친밀감을 느끼게 되고, 서로에게뿐 아니라 부부의 '관계'라는 측면에도 시간과 관심을 쏟게 됩니다. 부부가 정기적으로 부부만의 시간을 보낼 때, 배우자의 삶, 배우자가 느끼고 있는 스트레스와 두려움, 배우자가 좋아하고 싫어하는 것, 배우자의 소망과 꿈에 대해 세밀하게 알게 됩니다. 비록 당신과 배우자의 생각이 다르더라도 당신은 배우자에게 매력을 느끼고 애정과 존중의 마음을 일상적으로 표현하게 됩니다. 재혼생활이 삶의 최우선 순위에 있을 때, 당신과 배우자는 단단하면서도 친밀한 관계를 유지하고 재혼생활의 폭풍우를 더 잘 헤쳐나갈 수 있습니다.

그렇다면 현실 속에서 재혼생활을 삶의 최우선에 둔다는 것은 어떤 의미일까요? 이는 다른 사람을 차단하거나 자녀의 요구를 외면하는 것을 의미하지는 않습니다. 그렇지만 성공적인 부부관계를 위해서 당신과 배우자는 자녀, 새자녀, 기타 다른 사람들에게 부부의 결혼생활이야말로 견고한 가정의 기반이며 그 무엇보다 신성한 것임을 알려야 합니다. 결혼생활을 최우선에 두고, 자녀와 다른 가족들이 부부의 결혼생활을 좌지우지할 수 없음을 분명히 함으로써 사랑하고 존중하며 함께 지내겠다는 결혼 서약을 몸소 보여줄 수 있습니다. 배우자에 헌신적인 당신을 보며 자녀들이 처음에는 배신감을 느낄 수도 있지만, 장기적으로 본다면 이는 자녀들에게 큰 위안이 될 것입니다. 아이들은 누가 가정의 책임을 맡고 있고 누가 가족에서 '내부인' 혹은 '외부인'인지 파악하는 데 능숙합니다. 당신의 결혼생활이 견고하다는 것을 행동으로 보여주고 서로를 위해 시간과 노력을 쏟는다면 자녀들이 '재혼'에 대한 모호한 감정을 없애고 안정감을 얻는 데 도움이 될 것입니다.

안정 애착이 있는 부부들은 결혼 초기 단계에 서로에 대한 신뢰를 쌓는 시간을 보냅니다. 초혼부부는 대개 재혼부부보다 어리고 자녀가 없기 때문에 부부 애착을 키우는 야간 데이트 같은 다양한 의식을 실천할 수 있습니다. 그렇게 부부 애착이 형성되면 설령 어려움이 닥치더라도 자신의 취약한 부분을 개방하고 상처와 원망에 대해 솔직하게 이야기 나눌 수 있습니다. 비록 의견이 일치하지 않더라도 대화를 통해 정서적 단절에서 회복할 수 있습니다. 반면에 재혼부부들은 유대감을 형성하고 그들만의 의식을 개발할 시간이 부족할 수 있습니다. 그들은 종종 반발심으로 급하게 결혼하기도 하고, 많은 경우 아이들을 데리고 결혼하기 때문에 부부가 재혼 초기에 신뢰를 구축하고 강한 정서적 연결감을 형성할 기회를 갖지 못할 수 있습니다.

재혼 당시 나는 이혼한 지 2년밖에 안 됐고, 첫 번째 결혼에서 받은 상처를 치유할 시간을 충분히 갖지 못했기 때문에 불신의 문제로 어려움을 겪었습니다. 우리 부부는 재혼한 지 1년 만에 딸을 낳았고, 세 자녀를 키우면서 맞벌이를 했기 때문에 부부만의 시간을 가질 여유가 없어서 애를 많이 먹었습니다. 나의 불신은 시간이 지남에 따라 남편과 친밀한 관계를 맺는 것을 방해하는 장벽이 되었습니다. 이 장벽은 우리가 재혼가정에서 세 자녀를 키우며 겪고 있던 염려, 어려움, 좌절감으로 인해 더욱 높아졌습니다.

그러나 실패한 결혼의 원인을 찾을 때 갈등이 유일한 것은 아닙니다. 텍사스대학교의 테드 휴스턴과 동료들의 최신 연구에 따르면, 애정과 정서적 호응의 감소가 이혼의 주요 원인이라고 합니다. 이 연구는 서로 관심을 보이며 친밀하게 상호작용하는 시간이 줄어들면서 결혼생활의 불행은 서서히 시작된다고 지적합니다. 휴스턴은 13년 동안 168쌍의 부부를 표본으로 삼아 연구했는데, 오랫동안 행복한 결혼생활을 유지한 부부들은 상대방의 훌륭한 자질을 말로 칭찬하고, 함께하는 시간이 즐겁다는 것을 적극적으로 표현하였으며 이런 점들이야말로 부부의 유대감을 지속시키는 중요한 이유라고 밝혔습니다.

휴스턴은 초혼부부를 대상으로 인터뷰했지만 그의 연구 결과는 재혼부부에게 더 중요할 수 있습니다. 왜냐하면 재혼가정은 자녀를 포함한 서로 다른 두 가정이 만난다는 복잡성 때문에 부부의 애정과 정서적 친밀감을 쌓기 어려울 여지가 많기 때문입니다. 또한 재혼부부가 서로의 관계를 굳건히 할 시간을 찾는 것은 쉬운 일이 아닙니다. 이는 시간을 '의도적으로' 내야 한다는 의미입니다. 내가 연구를 위해 인터뷰한 재혼부부 중 70퍼센트 이상이 배우자와 단둘이 있는 시간이 충분하지 않다고 응답했습니다. 재혼을 견고하게 하려면 시간을 투자해야 합니다. 그래야 부부 사이에 의사소통의 질이 더 좋아지고, 관계가 더 만족스러워지고, 부부 공통의 목표와 신념을 더 잘 이해하게 되며, 가정이 더 평온하고 잘 정돈될 수 있습니다. 재혼부부가 새로운 생활환경에 적응하는 것을 어렵게 만드는 내부적, 외부적 요인은 정말 많습니다. 부부가 둘만의 좋은 시간을 자주 가질 때 서로 연결감을 갖고 관심을 기울이며 다른 가족구성원의 방해에도 쉽게 흔들리지 않을 수 있습니다.

예를 들어, 매일 저녁 우리 부부는 너무나 분주한 시간을 보냈습니다. 남편 크레이그와 나는 둘 다 투잡을 했고, 우리 아이들은 스포츠, 댄스, 지역사회 활동으로 항상 일정이 꽉 차 있었습니다. 우리 부부는 첫째와 둘째가 청소년기가 되었을 때 아이들의 통금 시간을 정하기로 했습니다. 그리고 초등학생인 막내에게는 급한 사정이 없다면 밤 10시에 잠자리에 들라고 했습니다. 그래서 밤 10시쯤이면 첫째와 둘째는 각자 자기 할 일을 하느라 바빴고, 막내는 깊이 잠든 경우가 많았습니다. 이 의식은 크레이그와 내가 연결감을 찾고 밀린 이야기를 나누는 데 도움이 되었습니다. 또한 아이들에게 우리가 늘 그들과 함께 있으며 동시에 부부의 관계가 중요하다고 말해주는 우리만의 방식이기도 했습니다.

존 가트맨은 자신의 '사랑 연구소$^{Love\ Lab}$'에서 40년간 진행한 연구를 바탕으로 부부가 '부부만의 시간'을 보내면서 긴밀한 정서적 유대를 형성하는 것의 가치를 강조했습니다. 그는 《관계 치료$^{The\ Relationship\ Cure}$》에서 부부가 연결감을 갖지 못한 것이 높은 이혼율의 주요 원인이라고 말합니다. 그는 배우자와 정서적인 관계를 맺지 못하는 것이 초혼 이혼의 50퍼센트, 재혼 이혼의 60퍼센트가 넘는 주요 원인이라고 덧붙입니다. 배우자와 시간을 보내고 정서적으로 연결되는 것이 은행 잔고를 불려주거나 좋은 직업을 보장하지는 않지만 애정, 연결 및 감사를 위해 서로 노력하고 반응할 때 부부의 '정서 통장'이 개설됩니다. 배우자와 함께 길을 걷다가 갑자기 상대방이 어깨동무를 한다고 상상해보세요. 이는 연결을 위한 노력이며 정서 통장의 잔고를 늘릴 수 있는 기회가 됩니다. 배우자의 허리에 팔을 감싸는 단순한 동작은 당신이 애정을 느낀다는 신호입니다. 정서 통장에 잔고가 있는 부부는 힘든 시기를 겪을 때 회복탄력성을 얻을 수 있습니다.

아마도 당신과 배우자는 데이트할 때는 커플의 관계를 가장 우선시했을 것입니다. 하지만 결혼한 지금은 그렇게 하기가 어렵습니다. 당신은 직업, 자녀와 새자녀, 다양한 일정들, 전 배우자들과의 관계 및 복잡한 재정 문제를 저글링하고 있을 수 있습니다. 책임과 일상의 문제가 더 커질수록 친밀하게 연결된 상태를 유지하기란 쉽지 않습니다. 따라서 건강한 관계에 필수인 정서적, 성적 친밀감 유지를 위해서 부부가 의식적으로 서로에게 시간과 관심을 쏟을 계획을 세워야 합니다.

프리실라(67세)와 그녀의 남편 댄(68세)은 재혼한 지 30년이 넘었습니다. 이 부부는 여러 어려움과 시간 제약 속에서도 부부의 관계를 최우선 순위에 놓는 게 얼마나 중요한지 이해하고 있습니다. 최근 인터뷰에서 프리실라는 "우리는 단둘이 있는 시간을 즐겨요. 함께 저녁 먹는 게 부부에게 중요하다고 생각해요. 처음에 재혼하고 아이들이 어렸을 때는 주말마다 아이들이 전 배우자 집에서 자고 왔기 때문에 그때를 부부만의 시간으로 활용했어요. 그리고 아기가 태어나고 나서는 일주일에 한 번씩 베이비시터에게 아기를 맡기고 데이트하거나, 아니면 일주일에 두세 번은 아기를 재우고 집에서 오붓한 저녁식사를 즐겼어요."

프리실라와 댄은 여섯 자녀(지금은 다 컸음)를 둔 혼합가정 부부입니다. 이 부부는 자녀들이 속을 태우던 시기와 부모님의 죽음으로 힘들었던 시기를 견디면서 서로에 대한 헌신이 더 자랐다는 것을 알고 있습니다. 이제 은퇴하고 여섯 명의 손주들과 함께 행복한 시간을 보내고 있는 프리실라는 "우리 부부는 가능한 한 아침밥을 같이 먹어요. 주말에는 함께 테니스를 치고요. 우리는 매일 아침 굿모닝 키스를 하고, 저녁에 귀가하면 웰컴 키스를 하고, 자기 전에는 굿나잇 키스를 해요. 이런 행동이 우리를 하나로 연결하고 친밀감을 유지하기 위한 우리의 작은 노력들이에요."라고 말합니다.

나는 10년 넘게 상담을 하면서 나의 재혼생활을 포함한 많은 부부의 결혼생활이 서로에 대한 관심 부족으로 인해 어려움을 겪는 것을 보아왔습니다. 대부분은 부부의 시간과 가족의 시간 사이에서 균형을 찾는 데 어려움을 겪습니다. 어떤 사람들은 자녀나 다른 가족을 돌보는 데 너무 많은 시간을 쏟느라 정작 결혼생활을 소홀히 하여 중요한 타이밍을 놓치곤 합니다.

지난 수십 년 동안 사회과학자들은 배우자보다 자녀의 요구를 먼저 생각하는 추세에 집중했습니다. 아동 발달 전문가들은 이러한 양육 방식이 아이들에게 부정적인 영향을 미친다는 데 동의합니다. 아이들은 사랑을 많이 받으며 성장해야 하지만, 명확한 한계도 필요합니다. 일부 부모들은 자녀에게 더 많은 자유가 주어지면 자녀들이 더 자신감 넘치고 창의적인 아이로 자랄 것이라고 여겨서 자녀들이 원하는 대로 하게 내버려둡니다. 그러나 발달심리학 저널에 발표된 발달심리학자 다이애나 바움린드의 혁신적인 연구에 따르면, 부모가 허용적이거나 방관적일 때 결과적으로 아이들이 미성숙하고 무책임하고 무례하고 자제력이 부족한 사람으로 성장할 가능성이 높다고 말합니다. 그녀는 또한 양육적이고 따뜻하면서도 확고한 한계를 정해주는 부모 밑에서 자란 아이들이 사회적으로 유능하고 자립성 있는 사람으로 자랄 가능성이 더 높다는 것을 발견했습니다.

사실 재혼가정에서는 부모-자녀 관계가 재혼한 부부관계보다 먼저 형성되어 있는 경우가 많습니다. 따라서 많은 부모들은 새로운 배우자와 견고한 관계를 형성하는 것이 이전의 부모-자녀 간의 유대를 배신하는 것이라 느끼고 재혼생활을 삶의 최우선 순위에 두는 것을 꺼릴 수 있다고 재혼가족 전문가인 에밀리 비셔와 존 비셔는 설명합니다. 《스텝패밀리 How to Win as a Step-Family》에서 그들은 다음과 같이 설명합니다. "부부의 관계는 일반적으로 재혼가정의 존속에 매우 중대하며, 이는 부부뿐만 아니라 자녀에게도 매우 중요합니다. 강한 부부의 유대감은 자녀를 또 한 번의 가족 상실로부터 보호하며, 자녀들이 향후 결혼할 때 결혼 관계에 대한 긍정적인 역할 모델이 될 수 있습니다. 따라서 부부는 부부의 관계를 발전시키기 위해 그들만의 시간을 마련해야 합니다."

예를 들어, 제나(36세)와 커트(38세)는 각각 아들을 한 명씩 키우다가 재혼하면서 혼합가정을 꾸렸습니다. 상담을 받으러 왔을 때 아이들은 이제 여덟 살, 열 살이 되었고, 그들은 재혼 기간 7년 동안 사이가 너무 멀어졌다고 하소연하였습니다. 그들은 사랑에 대한 신뢰를 잃었고 반복되는 다툼으로 인해 회복할 수 있다는 믿음마저 잃은 상태였습니다. 나는 그들이 부부의 관계를 돌보지 않고 몇 년 동안 두 아들을 배우자보다 우선시했다는 것이 분명히 보였습니다. 둘 다 풀타임으로 일하면서 자녀를 돌보느라 지쳐서 부부의 관계를 소홀히 하는 패턴에 빠져 있었습니다.

커트는 "제나는 제가 케빈이랑 샘과 너무 많은 시간을 보낸다고 생각하지만, 저녁 7시가 넘어 집에 오면 아이들이 이미 잠옷을 입고 있어요. 저는 그때마다 아빠로서 죄책감이 들어요. 그래서 아이들과 함께 놀아주는 걸 최우선으로 여기는 거예요. 그리고 아이들이 잠들고 나면 저는 완전히 소진돼요. 다음 날 출근하려면 아침 일찍 일어나기도 해야 하고요. 정말이지 하루가 너무 길어요."라고 말했습니다.

제나는 "우리는 몇 달 동안 아이들 없이 부부만 외출한 적이 없어요. 외출할 때도 보통 아이들에 대한 대화만 나누게 돼요."라고 말합니다.

제나와 커트는 서로에게 헌신하겠다는 약속이 지켜지고 있는 건지 의문을 품고 있었지만, 둘 다 재혼이 무너지는 것을 보고 싶지 않았기 때문에 정상 궤도로 다시 돌아가기 위해 열심히 노력하기로 결심했습니다. 커트는 두 아들과 보내는 시간을 좋아했고 부부의 관계는 뒷전으로 미뤄두고 있었는데, 그는 평일 저녁과 주말에 사용할 시간의 우선순위를 다시 정해야만 했습니다. 그렇지 않으면 재혼생활은 지속적으로 어려움을 겪게 될 것이 뻔했습니다.

제나와 커트의 재혼생활을 보면 이들은 부부의 관계를 발전시키는 데 충분한 시간을 할애하지 않았고, 한때 누렸던 부부 간의 친밀감과 신뢰가 약화되어 두 사람 모두 재혼생활에 불만족했고 불행해졌습니다. 그들은 부부만의 시간을 갖는 것을 최우선 순위에 두어야 하며, 결혼생활을 지속하기 위해 일상적인 의식을 개발할 필요가 있습니다. 재혼부부가 자녀 양육과 일에 많은 시간을 쏟는 것은 당연한 일입니다. 하지만 이 부부가 즉시 하나 이상의 일상적 의식을 만들어 실천하지 않는다면 이들은 결국 갈라서게 될 것입니다.

재혼생활을 삶의 최우선 순위에 두는 법

● 매일 자녀 또는 새자녀와 함께 놀 시간을 할애하지 않으면 아이들이 결핍을 겪을 것이라는 죄책감에 빠지지 마세요. 아이들은 믿을 수 없을

만큼 회복탄력성이 뛰어납니다. 아이들은 혼자 놀거나 형제자매 또는 또래들과 함께 노는 한가한 시간을 통해 자립심을 키울 수 있습니다.

● **부부의 관계가 중요하다는 것을 자녀들도 알게 해주세요.** 부부 간에 주고받는 온기와 애정 표현, 부부만의 시간을 갖는 것을 보면서 자녀들도 이를 받아들일 수 있습니다.

부부관계를 강화하는 데 시간을 쏟는 것은 이기적인 일이 아닙니다. 부부의 견고한 관계는 온 가족의 행복을 위한 든든한 기반을 제공합니다. 서로에게 사랑과 애정을 표현하는 데에는 시간이 많이 걸리지도 대단한 제스처가 필요하지도 않습니다.

최근 펜실베이니아 주에서 실시한 연구에서 495명의 미국인을 대상으로 설문조사를 실시한 연구원 세이디 헤쉬마티와 동료들에 따르면, 매주 부부만의 시간을 보내는 것이 중요하며, 사소한 제스처가 부부의 지속적인 행복의 비결이라고 합니다. 놀랍게도 응답자들은 스킨십과 같은 일상적이고 작은 사랑 표현이 값비싼 선물보다 더 중요한 행복의 비결이라고 대답했습니다.

부부가 재혼생활에서 생기는 문제들을 솔직하게 마주하지 않는다면 까다로운 재혼생활의 현실 속에서 친밀한 부부관계를 형성하는 것은 만만치 않으며 결국 부부의 불행은 물론 이혼으로 이어질 수 있습니다. 만약 부부가 환멸을 느끼고 애정 표현을 멈추고 가족들이 혼란스럽고 스트레스를 받는 시기에 서로 멀어지게 되면 결혼생활은 어려움을 겪을 것입니다. 그러나 심리학자 E. 매비스 해더링턴과 공동 저자인 존 켈리는 첫 번째 결혼에서 얻은 교훈으로 두 번째 결혼을 잘 키워간다면 같은 실수를 저지를 가능성이 줄어들 것이라 했습니다. 이혼과 재혼 연구자인 헤더링턴은 《더 좋거나 더 나쁘거나: 이혼에 대한 재고 For Better or for Worse: Divorce Reconsidered》에서 재혼부부의 높은 이혼율과 재혼가정의 어려움에 겁먹지 말고 부부가 마음을 합하여 회복탄력성을 유지할 것을 권고합니다. 30년에 걸쳐 1,400개의 이혼 가정을 대상으로 한 헤더링턴의 획기적인 연구를 보면, 40퍼센트의 재혼가정이 자녀들과 관련된 수많은 어려움을 극복하고 건강한 가정을 꾸릴 수 있었습니다.

헤더링턴은 재혼의 성공은 궁극적으로 부부관계의 견고함에 달려 있다고 믿습니다. 견고한 상태를 유지하려면 부부가 '우리는 한 팀'이라는 태도로 내일의 결혼생활에 관심을 기울여야 합니다.

부부만의 시간

당신이 만약 배우자와의 연결감과 행복감을 유지하고 키워나가기를 원한다면, 치료사 윌리엄 도허티가 말한 '의도적인 부부'

가 되어 둘만의 의미 있는 시간을 계획하고 정기적으로 함께 시간을 보내야 합니다. 예를 들어, 크레이그와 나는 재혼한 지 1년 후부터 매년 8월 초에 크레이그의 본가로 아이들과 휴가를 가기 시작했습니다. 그곳에 머무는 동안 우리 부부는 부모님의 차고 위에 지은 주택에서 잠을 잤고, 아이들은 저녁에 우리가 부부만의 시간을 보내는 것에 익숙해졌습니다. 10년 동안 이렇게 시간을 보냈고 아이들은 우리의 부부만의 시간을 존중합니다.

재혼부부는 삶의 복잡성이 크기 때문에 의도적으로 함께 보내는 시간을 내는 데 어려움도 많습니다. 나의 연구에 참여한 사람들 중 60퍼센트 이상이 부부만을 위한 규칙적인 시간을 거의 내지 못한다고 말했습니다. 하지만 재혼부부가 유대감을 굳건히 하기 위해서는 이런 실천이 굉장히 중요합니다. 아무리 어려울지라도 가족의 혼란, 재정 문제, 자녀나 전 배우자와의 문제로 인해 부부만의 시간이 방해받아서는 안 됩니다. 물론, 의도된 시간이 효과가 없을 경우에는 이를 유연하게 수정하고 가능한 한 빨리 다른 실행 계획을 세워야 합니다.

공휴일이나 특별한 날을 기념하고 '피자 데이'나 '게임의 밤'과 같이 부부가 더 친밀해질 수 있는 일상 활동을 부부만의 새로운 의식으로 만들어 즐기세요. 《의도적인 가족 The Intentional Family》에서 도허티는 가족 모두가 정기적으로 의미 있고 만족스러운 모임을 통해 다양한 활동을 하는 것을 '연결감 의식 rituals of connection'이라는 용어로 표현했습니다.

또한 매주 부부만의 활동을 하면서 좋은 시간을 보내는 것은 성적, 정서적 친밀감을 심화하는 중요한 방법입니다. 실제로 심리학자 엘리 핑켈에 따르면, 부부가 단둘이서 이야기하고 활동하는 시간은 전반적인 결혼생활의 행복을 예측하는 핵심요소입니다. 그는 《괜찮은 결혼 The All-Or-Nothing Marriage》에서 자녀가 있는 경우 부부만이 함께 보내는 시간이 지난 30년 동안 40퍼센트 감소했다고 설명합니다. 그 이유에는 바쁜 업무 일정과 멀티태스킹 및 통신기술 발달로 인한 만성적인 방해 등이 있습니다. 재혼가정은 이러한 방해에 더해 자녀와 새자녀의 활동 관리까지 포함됩니다. 이를 극복하기 위해 부부가 함께 운동하기, 산책하기, 영화 보기, 콘서트 가기 등 좋아하는 활동을 하면서 매주 둘만의 시간을 보내기로 약속해야 합니다. 일상생활을 하다 보면 그렇게 편안하고 재미있게 부부만의 활동을 할 시간이나 돈이 부족할 수 있습니다. 하지만 '부부만의 시간'은 견고한 재혼을 위해 시간과 에너지를 투자할 가치가 있으며 결과적으로 보상이 따를 것입니다.

시빌(37세)과 카일(38세)은 자녀가 없는 재혼부부입니다. 둘은 업무 강도가 높은 직업군에서 풀타임으로 일하기 때문에 일과가 끝나면 피곤함을 많이 느낍니다. 그러다 보니 재혼한 지 8년이 지난 시점에서 두 사람은 부부의 관계를 소홀히 하는 함정에 빠졌습니다. 카일은 시빌과 좋은 시간을 거의 보내지 못하며 외로움과 좌절감을 느끼고 있었기 때문에 나와 상담 약속을 잡았습니다.

카일은 "아내는 우리가 밖에 나갈 시간이나 돈이 없다고 불평해요. 하지만 저는 퇴근한 후에 그냥 집에서 쉬고 싶어요. 집에서 아내와 좋은 시간을 보내고 싶은 게 솔직한 마음이에요. 저는 매일 밤 거의 혼자 TV를 보면서 시간을 보내요. 아내는 컴퓨터를 하거나 SNS에 시간을 쓰고요. 저는 함께 시간을 보내던 때로 돌아가고 싶은데 아내는 별로 관심이 없는 것 같아요. 아내는 이전 결혼생활에서도 비슷한 문제점이 있었다고 말했어요. 저는 아내가 좀 변해야 한다고 생각해요."라고 말했습니다.

상담이 끝난 후 카일은 시빌에게 자신이 느끼는 것들을 말했습니다. 시빌은 부부의 관계에 대해 남편이 느끼는 우려에 공감했고 그녀도 더 많은 시간을 함께 보내고 싶다고 했습니다. 그녀의 마음을 확인하고 카일도 안도했지만 시빌은 시간과 돈이 부족한 상황에서 어떻게 함께 시간을 보낼 수 있는지 잘 모르겠다고 말했습니다. 게다가 시빌은 근무시간을 줄이면 자신의 경력에 안 좋은 영향이 있을까봐 우려하고 있었습니다. 카일이 시빌에게 상담에 몇 차례 함께 참여하자고 부탁했고 그녀는 상담에서 자신이 우려하는 점들을 솔직하게 말했습니다.

시빌은 "카일은 제가 일을 너무 많이 한다고 생각해요. 그래서 저는 남편한테 제가 업무에서 뒤처지는 걸 걱정한다고 솔직하게 말하기가 어려웠어요. 하지만 저는 저의 취약한 부분을 개방하기로 마음먹었어요. 그랬더니 남편이 이번에는 진심으로 제 말에 귀를 기울이더라고요. 남편은 제가 성취욕이 높은 사람이라는 걸 알아요. 그리고 그 점을 존중하니까 제가 주말에 일을 하거나 평일에 야근할 때 더 관심 갖고 절 이해하려고 노력하겠다고 했어요. 그리고 남편은 제가 이전 결혼생활에서 남은 대출이 있다는 걸 알아요. 우리가 함께 이 문제를 해결할 수 있다고 생각해요."라고 말했습니다.

잠시 브레인스토밍을 한 후 시빌과 카일은 자신들의 예산에 맞는 활동을 생각해냈습니다. 그들은 격주로 토요일 저녁에 '외식 데이트'와 '집에서 피자 먹으며 영화 보는 밤'을 번갈아 하기로 결정했습니다. 그들은 또한 평일에 한 번 긴 밤산책을 하거나 볼링을 하거나, 아니면 둘 다 좋아하는 다른 활동을 하기로 했습니다. 시빌과 카일은 모두 이 계획에 만족했고 두 사람은 부부관계에 더 관심을 기울일 수 있었습니다. 불과 몇 주 후에 부부 각자가 더 큰 만족감을 느낀다고 보고했습니다.

시빌과 카일은 이번 기회를 통해서 중요한 교훈을 얻었습니다. 경력 관리와 좋은 배우자 되기 중 하나를 선택해야만 하는 것이 아니라는 점입니다. 많은 부부들이 친밀한 관계보다 일에 더 많은 시간을 투자하는 경향이 있습니다. 하지만 올바른 균형을 찾기 위해 부부가 함께 노력한다면 재혼생활 및 경력 관리 모두 좋은 결과를 가져올 것입니다.

대부분의 재혼부부가 시간이 부족하기 때문에 일주일에 2~3회 함께 운동하면서 친밀감과 건강을 동시에 유지할 수도 있습니다. 나디아와 팀은 규칙적으로 함께 헬스장에 가거나 산책하는 것이 여섯 자녀를 키우는 맞벌이 부부가 방전되지 않고 재충전할 수 있는 좋은 방법이라고 믿습니다. 이는 둘만의 시간을 보내고 건강을 유지하며 하루 동안 좋았던 일이나 힘들었던 일을 공유할 수 있는 좋은 방법입니다.

나디아는 "우리는 일주일에 적어도 두 번 이상 함께 산책을 하거나 헬스장에 가요. 그렇게 하니까 부부가 함께 보내는 시간도 낼 수 있고 몸매 유지에도 도움이 돼요. 우리 아이들도 그것에 익숙해져서 부모님의 특별한 시간으로 존중하는 것 같아요. 사실 남편과 저는 여전히 다투기도 해요. 하지만 다퉈도 오래 가지 않고 꽤 빨리 원래대로 돌아오는 편이에요. 서로에 대해 궁금해하고 질문하고 경청하고 관심을 보이는 등 기본적인 것들이 우리가 친밀감을 유지하는 데 도움이 된다고 생각해요."라고 말합니다.

부부관계에 의도적으로 시간을 투자하는 방법

- **달력에 매주 2~3시간 정도 부부만의 시간을 적어두세요.** 이 시간은 30분 단위로 여러 번 나눌 수도 있고 더 긴 시간 단위로 배치할 수도 있습니다.

- **두 사람 모두가 좋아하는 활동을 계획하세요.** 이렇게 하면 두 사람 모두가 그 활동에 몰입할 가능성이 높아집니다. 산책을 하거나 게임을 하는 것처럼 비용이 크게 들지 않는 활동도 좋습니다.

- **야간 데이트를 계획해보세요.** 야간 데이트를 하며 매주 또는 매월 함께 즐거운 시간을 보낼 수 있습니다. 예를 들어, 좋아하는 레스토랑에서 식사할 수도 있고, 전망이 좋은 자리를 미리 예약해 둘 수도 있습니다.

- **부부만의 휴가를 떠나세요.** 꼭 길고 비싸고 화려한 휴가일 필요는 없습니다. 캠핑장처럼 부부가 좋아하는 가까운 장소에서 하룻밤을 보내거나 짧은 주말여행을 할 수도 있습니다.

- **새롭고 신나는 활동을 함께 시도해보세요.** 함께 새로운 것을 배우거나 시도하면서 기분 전환을 해보세요. 사회심리학 연구원인 아서 아론과 동료들은 수십 쌍의 부부를 연구한 결과, 배우자와 새롭고 신나는 활동을 공유하는 것이 관계의 지루함을 해소하고 부부를 더 친밀하게 한다는 사실을 알아냈습니다. 예를 들어, 어떤 부부들은 유리 공예, 보트 타기, 새로운 곳에서 자전거 타기를 즐깁니다.

부부만을 위한 30분짜리 활동 팁

- 좋아하는 음악을 틀어 놓고 와인 한 잔과 함께 음악 감상을 하거나 춤추기
- 포옹하기, 어깨에 손을 얹는 등 가벼운 스킨십하기, 손을 잡고 대화하거나 TV 보기
- 매주 하루 함께 요리하고 식사하기, 자녀가 전 배우자의 집에서 자는 날이나 외부 활동에 참여하는 날을 활용하기
- 성관계하기, 키스는 열정을 불러일으키는 마법의 주문! 그것이 부부 성관계로 이어진다면 금상첨화!
- 산책, 요가, 조깅, 자전거 타기, 수영, GX 수업 듣기 등 함께 운동하기

매일의 의식

저도 부부가 함께하는 매일의 의식을 좋아합니다. 어떤 활동이 의식으로 간주되려면 두 사람 모두에게 의미 있고 가치 있는 것이어야 합니다. 그렇지 않으면 그것은 단지 일상일 뿐입니다. 예를 들어, 가끔 근처 공원의 산책로에서 즉흥적으로 자전거를 타는 것은 의식이 아니지만, 두 사람 모두가 기대하는 30분짜리 매일의 산책은 의식이 될 수 있습니다.

윌리엄 도허티가 말했듯이 매일의 의식은 상황에 따라 바뀔 수 있습니다. 부부가 모두 존중하는 활동을 정기적으로 실행할 때, 의식은 부부를 하나로 묶어주는 접착제와 같은 역할을 할 것입니다. 이는 결혼생활의 근간이 되고, 재혼생활에서 피할 수 없는 기복을 겪을 때도 부부가 유대감을 지키고 신뢰와 친밀감을 키우는 데 도움이 됩니다. 퇴근 후 포옹하기처럼 일상적인 의식을 유지하기로 배우자와 약속하면 실제로 서로 연결감을 원치 않은 순간이 오더라도 재혼생활에 윤활제가 될 수 있습니다. 이렇게 실천한 의식은 습관이 되고 유대감과 친밀감을 형성하여 부부는 서로 지지하고 의지하는 관계가 됩니다.

중요한 것은 두 사람 모두에게 의미 있고 가치 있는 의식을 만드는 것입니다. 예를 들어, 어떤 부부들은 아침에 포옹하는 시간, 좋아하는 TV프로그램을 함께 시청하는 시간, 매일 커피나 차 한 잔을 마시며 가족 문제를 상의하는 시간을 좋아합니다. 나의 시부모님은 결혼 69년 동안 저녁식사 후 함께 커피와 디저트를 먹으며 활기 넘치는 대화를 하거나 게임을 하며 저녁 시간 보내셨습니다. 생활 지원 시설로 들어가시기 전까지 시부모님은 거실에서 혹은 날씨가 좋을 때는 테라스에서 함께 시간을 보내셨습니다. 최근 남편과 나는 우리 부부에게도 이 '야간 의식'(디저트 먹는 것과 게임은 뺐지만)을 추가했는데, 이것이 우리가 바쁜 하루를 보낸 후 연결감을 갖고 서로의 삶을 이해하는 데 도움이 되고 있습니다.

물론 의식으로 어떤 활동을 선택할지는 전적으로 당신에게 달려 있습니다. 《행복한 결혼을 위한 7원칙The Seven Principles for Making Marriage Work》에서 존 가트맨은 배우자와 함께 하루에 최소 15~20분 동안 '스트레스가 풀리는 대화 의식'을 하라고 권장합니다. 이 의식은 마음속에 있는 이야기를 나누는 것입니다. 부부 사이의 논쟁거리를 다루는 것이 아니라 서로에게 정서적으로 공감하고 지지하는 금쪽같은 시간을 갖는 것입니다. 이 의식의 목표는 배우자의 문제를 해결하는 것이 아니라 배우자의 관점이 비이성적으로 보일지라도 배우자의 입장에 함께 서주는 것입니다. 이를 수행하는 가장 좋은 방법은 배우자의 생각과 감정을 듣고 수용하며 "우리는 한 편이야."라는 태도를 표현하는 것입니다.

두 사람 모두 이러한 대화를 나누기에 편안한 시간을 찾는 것이 정말 중요합니다. 다른 가족구성원의 영향을 덜 받으며 매일 소중하게 지켜나갈 수 있는 시간을 선택해야 합니다.

당신은 여러 가지 다른 연결의식을 만들 수도 있습니다. 외출할 때나 귀가할 때 '6초 동안의 키스'(존 가트맨이 '잠재력이 있는 키스'라고 부른 것)를 하는 것 또는 하루 일과를 보내면서 긍정적이고 사랑이 담긴 문자를 서로에게 보내는 것 등이 예가 될 수 있습니다.

10년 동안 행복한 재혼생활 중이고 세 자녀를 키우고 있는 에리카(47세)와 롭(49세)은 다음과 같이 말합니다. "우리는 집에 오면 매일 포옹해요. 스킨십이 제가 사랑을 표현하는 방식이거든요. 롭은 원래 저만큼 다정한 사람은 아니었는데 스킨십이 저한테 중요하다는 걸 알고 나서 굉장히 많이 노력하고 있어요. 그래서 우리는 보통 15분 정도 소파에서 껴안고는 하루가 어땠는지 이야기 나눠요." 이 의식은 부부를 육체적으로나 정서적으로 연결시켜줍니다.

내 연구에 참여한 재혼부부 중 다수는 매일 부부가 껴안거나 함께 이야기를 나누는 것과 같은 의식을 삶에 추가하고 싶다고 답했습니다. 나는 여러 장소와 시간대에 부부의식을 시도하여 무엇이 자신들에게 적합한지 알아볼 것을 권합니다. 예를 들어, 남편 크레이그와 저는 아침에는 서로 일정이 다르기 때문에 보통 저녁에 함께 요리하고 저녁을 먹으며 각자의 하루에 대해 대화하는 시간을 보냅니다. 최근에는 주방을 청소한 후 '20분 동안 커피 마시며 스트레스를 푸는 대화하기'를 추가했습니다. 왜냐하면 우리 집은 부엌이 넓은 편이고 우리는 함께 설거지하는 것을 좋아하기 때문에 저녁식사 후에 실천하는 이 루틴이 우리 부부에게 잘 맞았습니다. 그리고 이미 저녁식사가 끝난 시간이기 때문에 식사 준비로 인한 심리적 부담이나 방해 요인이 없는 점도 좋았습니다.

매일의 의식을 만들면 한동안 정서적·신체적·성적 연결이 끊어졌더라도 재혼생활에 다시 활력을 불어넣을 수 있습니다. 성공적인 재혼부부는 자신들의 의식을 실천하고, '해야 할 일 목록'에서 부부의 친밀감이 최우선 순위에 있는지 확인합니다. 부부 의식에는 세 가지 주요 유형이 있습니다.

1. **의사소통 의식:** 방해받지 않는 시간에 얼굴을 마주하고 대화하기
2. **애정 표현 의식:** 포옹하기, 키스하기, 스킨십하기, 성관계하기
3. **친절과 감사의 의식:** 배우자를 위해 좋은 일 하기

의사소통 의식

의사소통 의식은 배우자와 더욱 깊은 유대감을 느끼기 위해 할 수 있는 가장 중요한 의식입니다. 시간을 내어 함께 대화하고, 질문하고, 서로를 더 잘 알아가는 것은 행복하고 의미 있는 결혼생활, 그저 그런 결혼생활, 쇠퇴하는 결혼생활의 차이를 만듭니다. 이 의식은 스트레스를 푸는 대화일 수도 있고, 단순히 20~30분 동안 산책하면서 하루가 어땠는지 이야기 나누는 것일 수도 있습니다.

재혼한 지 7년 만에 마이크(45세)와 엘리사(44세)는 서로 점점 멀어지고 있음을 인정합니다. 실제로 그들은 일주일 동안 부부만의 시간을 얼마나 보냈는지 체크해보았는데, 식사 시간을 포함해서 2시간 미만이라는 것을 알고 놀랐습니다. 엘리사가 출장이 많은 일을 시작한 이후로 상황은 더욱 나빠졌습니다. 엘리사의 두 명의 친자녀는 이미 10대였고 어느 정도 독립적이었기 때문에 엘리사와 마이크는 충분히 둘만의 시간을 보낼 수 있었지만, 최근 몇 달 동안 그 시간이 크게 줄어들었습니다. 하지만 두 사람 모두 재혼생활을 잘해나가고 싶었기 때문에 부부는 전문가의 도움을

받기로 했습니다.

마이크와 엘리사가 만난 부부상담사는 이 부부의 의사소통 문제가 뿌리 깊은 것은 아니라고 평가했습니다. 그들은 연결될 수 있는 기회를 활용하지 못하고 있었기 때문에 부부상담사는 그들에게 읽을 자료를 주면서 매일의 부부 의식$^{daily\ ritual}$을 개발하라고 했습니다. 마이크와 엘리사는 밤에 잠자리에 들기 전에 15~20분 동안 대화하는 일상적인 의식을 하기로 결정했습니다. 인터뷰를 하려고 나를 만났을 때 그들은 이미 이 일상적인 의식을 실천하고 있었고 정서적 연결감을 더 느끼기 시작했으며 다시 사랑에 빠진 것 같다면서 행복을 표현했습니다.

엘리사는 이렇게 말합니다. "저는 마이크를 사랑하고 그가 저를 사랑한다는 것도 알아요. 제가 새 직장을 얻었을 때 우리는 매우 기뻐했는데 맹점은 매일 시간에 쫓긴다는 거예요. 정말 결혼생활이 난관에 부딪힌 것 같아요. 우리는 일정이 너무 달라서, 제가 퇴근하고 집에 와서 남편하고 대화하고 싶을 때 남편은 주로 일하고 있어요. 그리고 우리 아이들이 이미 10대이긴 하지만 친아빠와 가끔씩만 만나기 때문에 저는 여전히 아이들에게 우선순위를 두게 되기도 해요. 저는 아이들이 방치된다고 느끼지 않았으면 해서 주말에는 같이 TV를 보거나 딸과 함께 쇼핑을 가곤 해요."

마이크는 다음과 같이 대답합니다. "상담사 선생님이 얘기해 주기 전까지는 우리 삶이 얼마나 많이 변해버렸는지 몰랐어요. 아내가 멋진 직업을 갖게 돼서 연봉이 오른다는 건 기쁜 일이었어요. 그래서 우리가 함께 보낼 시간이 줄어든다는 건 생각하지 못했던 것 같아요. 그리고 저도 아이들을 중요하게 생각해요. 하지만 우리가 가끔 부부끼리 외출하고 시간을 보낸다고 해서 아이들이 불평하지는 않을 거예요."

많은 부부들이 문자와 SNS를 통해 소통합니다. 하지만 대화에 집중적으로 몰입하는 정기적인 시간은 부족합니다. 방해받지 않고 얼굴을 보며 서로의 하루에 대해 이야기하고 함께 투덜대고 웃을 수 있는 20분간의 대화는 부부에게 의미가 큽니다. 미국 최고의 결혼 연구자 중 한 명인 존 가트맨에 따르면, 부부가 의도적으로 시간을 내어 서로 대화하고 알아가려고 할 때 결혼생활이 성공적일 가능성이 높습니다. 그런 부부는 우정, 사랑, 신뢰가 쌓여 있어서 어려움을 극복하고 더 행복할 가능성이 높습니다.

애정 표현 의식

획기적인 저서 《노멀 바 The Normal Bar》에서 크리스아나 노스럽, 페퍼 슈워츠 및 제임스 위트는 배우자를 포옹하고 껴안는 것이 친밀감과 열정을 증가시킨다는 것을 보여줍니다. 그들은 24개국 7만 명의 사람들을 연구한 결과 스킨십, 매주 하는 데이트, 열정적 키스 등이 훌륭한 성생활의 특징이라는 것을 발견했습니다. 실제로 스킨십은 유대감 호르몬인 옥시토신을 방출하여 며칠 동안 기분을 개선하고 평온함을 유지시킵니다. 브리검영대학교 심리학과 연구원인 줄리앤 홀트-런스태드에 따르면, 손을 잡고, 포옹하고, 만지고, 6초 동안의 키스를 나누고, 성관계를 하는 것은 스트레스 호르몬인 코르티솔을 줄이고 관계 만족도를 높입니다. 그리고 성적 절정감을 느낄 때 옥시토신이 분비되며, 성관계 후의 여운은 최대 48시간 동안 지속될 수 있습니다. 플로리다주립대학교의 앤드리아 멜처 연구원은 수십 명의 신혼부부를 조사한 결과, 성관계 후 48시간 동안 여운을 유지한 부부는 성적으로 친밀하지 않은 부부에 비해 몇 달 후에도 그들의 관계에 만족한다고 보고한 것으로 나타났습니다.

조나단(42세)과 세라(43세)는 재혼한 지 10년이 되었고 네 자녀를 키우고 있습니다. 이 부부는 때때로 서로 연결감을 느끼는 데 어려움을 겪습니다. 세라에게는 첫 결혼에서 낳은 두 딸 제니와 케이티(4세, 6세)가 있습니다. 조나단의 10대 딸인 브리아나와 카일라는 이 집과 친엄마의 집에서 약 절반씩의 시간을 보냅니다. 지난 10년 동안 조나단과 세라는 자녀 양육과 경력 관리에 집중했으며 부부 간의 애정 표현에는 거의 관심을 기울이지 않았습니다. 그 결과 이들은 결혼 초기에 누렸던 열정과 친밀감을 잃었습니다.

이 부부가 내 상담실에 왔을 때 두 사람 모두 더 이상 결혼생활을 계속할 수 있을지 확신이 없다고 말했습니다. 그들은 해결책이 보이지 않는 위기 상태에 있었습니다. 나의 첫 번째 제안은 그들이 연결감을 회복할 수 있는지 알아보기 위해 매일의 의식을 개발하는 것이었습니다. 그들은 한 달에 한 번 정도 성관계를 했고 침실 밖에서는 말다툼이 잦고 정서적으로 거리를 두었다고 했습니다.

세라는 자신과 조나단이 다시 연결감을 갖기 위해 노력했던 과도기에 대해 설명합니다. "우리는 부부 단둘이 있는 시간이 부족해서 새로운 의식을 추가했어요. 요즘에는 매일 아침 눈을 뜨면 침대에서 10분 정도 대화를 나누고 포옹하려고 노력해요. 일요일에는 침대에 조금 더 오래 머물면서 성관계를 하기도 하고요."

조나단은 세라보다 스킨십을 더 원하는 편이라서, 잠깐의 키스로도 강한 스킨십 욕구가 충족된다고 그녀에게 솔직하게 말했습니다. 세라가 그에게 키스하거나 포옹하면 조나단은 그녀와 친밀해진 느낌을 갖게 되고, 저녁에 쉴 때 어린 자녀들이 방에 불쑥 들어와도 짜증이 덜 납니다. 부부는 스킨십과 애정을 나누는 시간이 친밀감과 연결감을 유지하는 데 도움이 되었다는 데 동의합니다.

친절과 감사의 의식

'부탁해요', '미안해요', '고마워요' 등 친절하고 정중한 말을 사용하는 습관을 들이세요. 배우자의 친절하고 배려 깊은 행동에 대해 자연스럽고 구체적이며 즉각적인 고마움을 매일 표현하세요. "당신도 하루 종일 바빴을 텐데 저녁식사를 준비해줘서 고마워요. 오! 내가 좋아하는 샐러드와 아이스티까지 준비해주었네요. 정말 고마워요."라고 말할 수 있습니다. "어깨를 마사지해주니 정말 시원하네요. 고마워요." 또는 "주방을 청소해줘서 정말 고마워요." 같은 말들은 배우자에게 감사를 표현하는 기회가 되는 의식입니다.

엘리사는 다음과 같이 설명합니다. "우리는 이혼 직전은 아니었지만 부부로서 행복하거나 만족스럽지는 못했어요. 지금은 제가 귀가하면 남편이 키스하면서 맞아주거나 팔을 쓰다듬으면서 '마트에 들러 오느라 수고했어요'라고 고마움을 표시하는데 그게 정말 좋아요. 어느 날은 남편이 집에 일찍 퇴근해서 제가 제일 좋아하는 칠리요리를 만들어놓고 레드와인도 따라 주더라고요. 그렇게 같이 쉴 수 있어서 너무 기분이 좋았어요. 정말 깜짝 선물 같았어요. 저는 제가 좋아하는 칠리요리를 만들어줘서 너무 고맙다고 남편에게 말했어요."

부부가 연결감을 유지하는 데 도움이 되는 의식

● **매일의 재회 의식을 만드세요.** 이것은 부부가 개발할 수 있는 가장 중요한 의식 중 하나입니다. 결혼생활에서 가장 중요한 순간은 재회하는 순간, 즉 매일 서로에게 인사하는 순간입니다. 긍정적인 태도로, 비난을 피하고, 서로의 말에 귀 기울이세요. 이러한 노력으로 서서히 친밀감이 쌓이면 시간이 지남에 따라 결혼생활에 큰 도움이 될 것입니다. 배우

자와 의견이 다르더라도 배우자를 수용하고 인정해주면 의사소통의 길이 열릴 것입니다.

● **전원을 끄고 함께 식사하세요.** 매일은 힘들더라도 가급적 함께 식사하려고 노력한다면 실제로 함께하는 횟수가 늘어날 것입니다. TV와 휴대폰을 끄고(문자 메시지도 금지!) 배우자의 말을 경청해보세요. 불만을 토로하는 시간이 되어서는 안 됩니다. 대신 요즘 서로의 삶에 어떤 일들이 일어났는지 공유하고 "당신 오늘 힘든 하루를 보냈네요."와 같은 말을 건네며 당신이 배우자를 이해하고 있음을 보여줄 기회로 삼으세요.

1분짜리 일상의 의식 팁

● 아침에 꼭 안아주세요.

● 아침에 헤어지기 전, 저녁에 다시 만날 때 6초 동안 키스하거나 포옹하세요.

● 배우자에게 "당신은 정말 멋진 사람이에요. 다시 태어나도 당신을 만나고 싶어요."와 같은 짧은 사랑의 편지를 써보세요. 편지를 배우자의 가방이나 지갑에 붙여놓으세요.

● 당신에게 사랑을 표현하기 위해, 당신을 안심시키기 위해, 당신의 스트레스를 줄여주기 위해 배우자가 노력한 일에 대해 "고마워요."라고 말하세요. "주방을 청소해줘서 정말 고마워요. 멋져요!"와 같이 간단하면서도 구체적으로 감사를 표현하세요.

20분만 투자하면 되는 일상의 의식 팁

- 귀가 후 오늘 하루가 어땠는지 공유해보세요.
- 편안한 음악을 틀어놓고 배우자에게 마사지를 해주세요.
- 배우자에게 커피 한 잔을 만들어주세요.
- 함께 샤워하거나 목욕하세요.
- 좋아하는 간식이나 디저트를 함께 먹어보세요.
- 동네를 산책하면서 당신의 하루가 어땠는지 이야기 나누세요.

의도적인 시간과 매일의 의식에 배우자가 거부감을 느낄 때

제가 인터뷰한 많은 사람들이 부부만의 시간을 계획하고 부부의 의식을 함께 하고 싶지만 배우자가 협조하지 않는다고 말했습니다. 다음은 배우자가 협조하지 않을 때 의식에 참여하도록 격려하는 방법입니다.

- 부부만의 시간을 더 많이 보내기로 약속하기가 어려운 이유(아이들에 대한 죄책감, 비용 등)를 배우자에게 물어보세요. 일부는 자발적으로 마음에서 우러나지 않는다거나 또는 의식을 실행하는 것이 현실적으로 어렵다는 이유로 협조를 기피합니다. 또 일부는 의식이 필요 없다고 하거나,

"우리는 너무 바빠요." 또는 "아이들에게는 아직 우리가 필요해요. 우리는 애들과 더 많은 시간을 보내야 해요."와 같은 말로 합리화하면서 의식에 투자하는 것을 거부하기도 합니다.

● 배우자가 부부 의식 참여에 저항하고 거부하는 이유를 알았다면 배우자에게 상황에 따라 유연하게 대처하면 된다고 말해주세요. 배우자가 예산을 염려한다면 함께 요리하기, 산책하기 등 비용이 저렴한 활동을 제안해보세요. 또 부모가 유대감을 키우는 모습은 아이들에게 긍정적인 메시지를 전달하기 때문에 죄책감을 느낄 이유가 없다는 점을 알려주세요.

● 도움이 될 것 같다면 배우자에게 부부상담을 제안해보세요. 매일 부부만의 시간 보내기를 거부하는 것은 함께 관심을 기울여야 할 다른 문제가 존재한다는 신호일 수 있습니다.

사소한 제스처로 안정적인 애착 형성하기

배우자에게 사랑을 표현하는 데 거창한 몸짓이 필요하다고 생각한다면, 그것은 착각입니다. 사랑을 오래 지속하는 비결 중 하나는 배우자에게 정성이 담긴 사랑의 편지를 남기거나 갈등 중에도 손을 잡아주는 등 사소한 제스처를 취하는 것입니다. 이러한 제스처는 부부가 안정적인 애착을 형성하고 신뢰와 친밀감을 구축하는 데 도움이 됩니다.

나디아는 행동으로 사랑을 보여주는 팀의 능력을 중요하게 여깁니다. 나디아는 이렇게 말합니다. "저는 팀이 작년에 출장을 가기 전까지 부부만이 시간을 보내는 것이 얼마나 중요한지 전혀 생각하지 못했어요. 그때 우리는 서로 정말 그리워했어요. 저는 함께 개를 산책시키거나, 와인을 마시거나, 저녁을 준비하는 등의 일상적인 의식을 갖는 것이 중요하다고 생각해요. 팀과 저는 평범한 일이라도 함께 시간을 보내는 것에 의미가 있다고 믿어요."

팀은 이렇게 대답합니다. "나디아가 재택근무를 한다고 해서 그녀가 가정의 모든 일을 처리하고 아이들의 모든 활동을 책임져야 하는 건 아니라고 생각해요. 아내도 시간적 여유가 있는 날이 거의 없어요. 아이들이 부모 손길이 필요할 때, 나디아가 재택근무를 하면서 챙겨줘서 굉장히 감사하게 생각해요. 우리는 한 팀이고, 서로에게 동반자가 되는 것이 행복하기 때문에 집안일들을 늘 함께 처리하려 노력해요."

나디아와 팀은 서로에게 무관심해지기 쉬운 상황에 있습니다. 나디아의 12세 미만 자녀 네 명이 부부와 함께 살고 있고, 팀의 대학생 딸 두 명은 주말과 방학 동안 이 집에 와서 지냅니다. 그래서 나디아와 팀은 재혼생활이 성공하려면 정기적으로 서로에게 관심을 기울여야만 한다고 자각하고 있습니다.

나디아는 "정원을 가꾸는 것과 비슷하다고 생각해요. 관심을 주지 않으면 식물이 시들어 죽잖아요. 저의 재혼이 첫 결혼처럼 서로를 돌보지 않아서 실패하게 만들지는 않을 거예요. 왜냐하면 팀과 저는 사랑을 이어나갈 잠재력이 있는 사람들이거든요."라고 말했습니다.

나디아와 팀처럼 행복한 재혼생활을 하는 많은 부부는 조금만 노력을 기울이면 결혼생활을 개선할 수 있다는 것을 알고 있습니다. 이러한 노력은 대부분 비용도 들지 않고 매일 단 5분의 시간만 내면 됩니다.

재혼생활에서 사소한 제스처를 실천하는 법

- **서로의 스트레스를 낮출 방법을 찾아보세요.** 직장 문제, 재정 압박, 가족 문제 등 재혼부부를 갈라놓을 수 있는 것은 너무 많습니다. 서로의 스트레스를 악화하기보다 완화하는 방식으로 대응하는 부부는 긴장된 시기를 잘 헤쳐나갈 수 있습니다. 판단하거나 해결책을 제시하려 하지 마세요. 배우자의 말을 잘 들어주고 당신이 공감하고 있음을 표현하세요. 배우자에게 커피나 차 한 잔을 정성스럽게 준비해서 대접해보세요.

- **배우자에게 친절하고 예의 있게 말하고, 서로 사과하고 용서하세요.** 화가 나서 잠자리에 들고 싶은가요, 아니면 문제를 해결한 후 배우자

의 등을 감싸안아주고 싶은가요? 연구에 따르면 배우자의 감정을 상하게 했을 때 사과하고(일부러 상하게 한 것이 아니더라도) 용서를 구하는 부부가 더 성공적인 결혼생활을 한다는 사실이 밝혀졌습니다. 당연한 것처럼 보일 수도 있지만 이 사실을 꼭 기억하세요. 용서는 확실히 효과가 있습니다.

● **서로 도와주세요.** 배우자가 계획을 세우고, 볼일을 보고, 일을 완수하고, 목표를 달성하고, 시간을 관리하도록 도움을 주세요. 이러한 긍정적 실천은 부부가 장기적 목표를 실현하기 위해 무언가를 계획할 때 서로 의지할 수 있게 합니다.

공유하는 꿈과 목표를 키워나가세요

성공적인 재혼은 자녀를 키우고 각종 청구서를 납부하는 것 이상의 의미가 있습니다. 재혼은 삶의 의미와 목적을 공유하는 관계입니다. 지난 20년 동안 부부관계에 관해 내가 배운 가장 중요한 교훈 중 하나는 삶의 의미를 공유하는 것이 결혼생활을 유지하는 매우 중요한 요소라는 점입니다.

당신은 시간과 자원의 우선순위를 정할 때, 아마도 의미 있는 관계 형성과 미래의 목표를 고려할 것입니다. 이는 당신의 인생 이야기, 당신의 신념, 부부와 가족의 정체성 확립 등과 관련됩니다. 예를 들어, 남편 크레이그와 나는 재활용 수업이나 정원 가꾸기 수업을 하는 일, 지역사회 단체 모금 활동에 참여하는 일 등 환경 보존을 위한 자원봉사에서 큰 의미를 찾습니다. 결혼생활을 하면서 극심한 스트레스를 받는 시기도 있었지만 우리는 자원봉사 활동에 함께 참여하는 것이 우리 부부를 더 친밀하게 만들고 우리의 세 자녀들과 연결감을 갖는 데 도움이 된다는 것을 알게 되었습니다.

새로운 관계는 대체로 흥미롭고 자극적이지만 배우자와 깊고 의미 있는 관계를 유지하려는 노력은 부부관계를 견고하게 다져줍니다. 잠깐의 행복은 지금 이 순간에 느낄 수 있는 감정이지만 결국 사라지고 맙니다. 좋은 기분과 즐겁다는 느낌도 일시적입니다. 그러나 부부가 의미를 공유하고 장기간에 걸쳐 발전시켜나간다면 결혼생활에서 깊은 관계가 유지될 것입니다.

실제로, 삶의 의미 공유는 건강한 부부관계를 유지하는 방법에 대한 가트맨의 건강한 가정 모형에서 가장 높은 레벨입니다. 《부부와 가족 치료의 과학 The Science of Couples and Family Therapy》에서 존 가트맨과 쥴리 슈워츠 가트맨은 '의미 공유'는 부부가 의도적으로 함께 목적의식을 갖고 사랑을 오래 지속시키기 위해 매우 중요한 요소라고 설명합니다.

친밀감은 우연히 얻어지지 않습니다. 이는 시간과 함께 천천히 자라납니다. 파트너와 깊은 관계를 유지한다는 것은 파트너를 맹목적으로 받아들이거나 부부관계에 문제가 없다고 단순하게 간주한다는 의미는 아닙니다. 그것은 배우자를 있는 그대로 사랑하고 배우자의 삶의 방식을 존중한다는 뜻입니다.

예를 들어, 시빌과 카일은 사랑이 넘치고 행복한 가정을 꾸린다는 공동의 꿈이 있습니다. 사실, 이것은 그들이 원가족에서 자라면서 겪었던 부부관계와 매우 다른 것이었습니다. 시빌은 다음과 같이 회상합니다. "저는 문제가 많은 가정에서 자랐어요. 부모님은 늘 싸우셨어요. 그리고 남편의 부모님은 남편이 두 살 때 이혼하셨는데, 남편은 살면서 아버지를 거의 만나지 못했대요. 우리의 우선순위는 우리의 다름이 우리 관계를 갈라놓지 않도록 하는 거예요. 우리는 부모님들처럼 살고 싶지 않아요."

카일은 재혼생활에서 공동 목표를 갖는 것에 대해 더 상세히 얘기합니다. 그는 "시빌은 열심히 일하고 친절하고 사랑이 많은 아내예요. 저는 아내를 존중해요. 우리가 처음 만났을 때 둘 다 야근이 많았고 이혼한 지 얼마 안 된 상태여서 해결할 문제들이 많았어요. 하지만 서로 인내심을 갖고 이해하고 공감하려고 노력했어요. 물론 제가 아내 때문에 짜증이 날 때도 있지만 그래도 아내의 의견을 듣고 존중하려고 노력해요. 우리 둘 다 극단적인 말을 하거나 마음을 닫아버리거나 무례하게 행동하는 걸 피하려고 애쓰고 있어요."

당신과 배우자가 더 많은 의미를 공유할 수 있는 비결은 무엇일까요? 배우자를 더 알아가려고 노력하고, 마음속에 있는 생각, 감정, 소망을 배우자와 공유하세요. 시간과 자원의 우선순위를 어떻게 정할지 배우자와 함께 의논하는 것도 좋습니다. 이것은 평생에 걸친 과정이며 상호 헌신이 필요한 일입니다. 당신과 배우자가 이 과정을 시작하기 위해 오늘 할 수 있는 것들이 다음에 안내되어 있습니다.

공유하는 꿈과 목표를 키우는 법

● 삶에 대한 꿈과 비전 공유하기

당신과 배우자가 공동의 목표를 세운다면 결혼생활에서 불가피한 어려움이 닥칠 때도 인내심 있게 견뎌낼 수 있습니다. 삶의 큰 맥락에서 의미를 찾는 것은 작은 일에 집착하는 대신 큰 그림에 시선을 두도록 도와줍니다.

● 각자의 비전에 대해 개방적으로 이야기하기

미래에 대한 개인의 꿈과 목표를 공유하는 데 시간을 투자하면 부부가 더 친밀해집니다. 재혼부부는 각자 자신의 신념을 솔직하게 이야기할 분위기를 의도적으로 조성해야 합니다. 부부가 자신의 꿈과 희망을 서로 개방하면 행복해질 가능성이 높아지고 이혼으로 향할 가능성은 줄어듭니다.

● **비전을 꿈꾸고 계획하는 주간 데이트 만들기**

매주 최소 한 시간 동안 대화하고 서로가 느끼는 감정을 확인합니다. "요즘 어떻게 지내고 있어요?", "요즘 무슨 생각을 하고 있어요?"와 같은 말로 대화를 시작해보세요. 부부가 말하기와 듣기 모두에 집중해야 합니다. 미래를 바라보고 꿈을 그려보세요. 작은 일에 집착하지 않고 삶의 더 큰 의미를 세우게 될 것입니다.

● **배우자를 수용하고 존중하는 문화 만들기**

서로 의견이 다르더라도 수용하고 존중해야 합니다. 재혼생활이 당신이 꿈꿔왔던 것과 다를지라도 여전히 잘 풀릴 가능성이 있고, 부부는 서로 다르더라도 존중해야 할 각자의 꿈이 있을 것입니다. 성공적인 재혼생활은 갈등을 피하는 것을 의미하지 않습니다. 삶의 기본 원칙에 부부가 동의할수록 동반자 관계는 더욱 풍부해지고 함께하는 것의 의미가 커질 것입니다.

● **공동의 목표 실현하기**

예를 들어, 당신은 지역사회에서 자원봉사 하기, 긍정적인 양육방식, 집 짓기나 여행하기 등이 목표일 수 있습니다. 공동의 비전이나 목표가 무엇이든 그것을 실현하려고 노력할 때 유대감이 한층 강화될 것입니다.

관계 강화를 위한 활동 공유하기

의도적으로 부부만의 시간을 보내는 것은 부부의 강력한 정서적, 신체적 연결의 기반이 되지만, 직계 가족 및 친척과 함께 좋은 시간을 보내는 것도 결혼생활을 견고히 하고 또한 모든 가족구성원이 돌봄을 받을 수 있는 방법입니다. 자녀에게 가족이 함께 좋은 시간을 보낸다는 것이 무엇을 의미하는지 물어보고, 활동을 계획할 때 자녀의 의견도 반영하세요. 모든 사람이 돌봄을 받고 있다는 느낌이 들도록 정기적으로 가족과 함께 특별한 행사와 휴가를 계획해보세요.

공유 활동 계획 세우기 팁

- **가급적 직접 만나서 상의하기**

이는 휴가 계획과 같은 주제를 논의할 때 중요합니다. 가급적 모든 가족구성원에게 편리한 시간과 장소를 선택하세요. 다른 지역에 거주하는 가족과는 일반 전화 통화보다 화상 통화가 더 좋을 수 있습니다.

- **끼어들지 말기 & 판단하지 않기**

가족구성원 중에서 누군가가 시간 기록원 역할을 하여 가족들 모두 충분히 발언할 수 있도록 하고, 또 다른 누군가는 노트북이나 메모장에 안건과 아이디어를 기록하면 좋습니다.

● **아이디어 제시하기 & 피드백 요청하기**

모든 가족구성원이 아이디어를 제시하고, 적극적으로 경청하고, 자신이 원하는 것을 표현할 기회를 주세요. 물론 아이들도 예산과 시간의 한계가 있다는 것을 이해해야 합니다.

● **가족 연결 의식을 하기 위해 변화가 필요하다는 것 명심하기**

가족 연결 의식은 반복적인 특정 활동이나 행사로 구성해야 하고, 모든 가족구성원에게 의미가 있어야 합니다. 그러나 특히 아이들이 나이가 들어갈수록 그에 맞는 변화가 필요하기도 합니다.

♡ 관계 성장을 위한 활동

부부의 관계에 있어서 때로는 문제에만 집중하거나 배우자도 사람이라는 것을 잊어버리기 쉽습니다. 이럴 때 '발견 미팅'을 활용할 수 있는데, '발견 미팅'의 목적은 서로에 대해 알아가고 결혼생활에서 의미를 공유한다는 의식을 향상시키는 것입니다. 이를 통해 부부의 관계와 배우자를 위한 정신적 공간을 확장할 수 있습니다. 개방형 질문을 사용하여 배우자에 대해 더 알아가세요. 개방형 질문은 "10년 후 당신의 인생이 어떤 모습이기를 원하나요?"처럼 단순히 '예, 아니요'로 대답할 수는 없는 질문을 뜻합니다.

'발견 미팅'을 준비하기 위한 4가지 실천 방안

1. 함께 결정하기

언제 20분간의 대화를 할지 합의해야 합니다.

2. 약속 지키기

예를 들어, 미팅을 일주일에 한 번씩 최소한 한 달은 시도해보세요.

3. 부부에게 적합한 실천 방안 수립하기

어떤 부부들은 저녁 식사 후의 미팅이 효과가 좋다고 생각합니다. 그리고 일찍 일어나는 부부는 아침 시간을 선호합니다. 물어보고 싶은 것을 미리 기록해놓는 것도 좋습니다.

4. 서로 마주 보고 앉기

다음의 질문에 순서대로 답해보세요. 둘 다 방해받는다는 느낌 없이 말할 수 있고 상대방이 경청한다고 느껴야 합니다. 휴대폰을 꺼두는 것은 서로에게 집중하는 데 도움이 됩니다. 당신이 경청하고 있다고 배우자가 느끼는지 확인하세요. 서로 온화하게 대하고 비난하거나 부정적인 코멘트를 달지 마세요. 두세 가지 질문에 집중해서 대화를 나누고, 함께 성장할 미래를 위한 새로운 질문을 작성해보세요.

공유하는 의미를 강화하는 발견 질문

아래의 질문을 사용하거나 직접 작성한 질문을 사용하세요.

- 가장 친한 친구 두 명은 누구인가요?
- 가장 좋아하는 친척은 누구인가요?
- 가장 좋아하는 음악가나 작곡가는 누구인가요?
- 어떤 취미나 새로운 관심사를 시도해보고 싶나요?
- 야간 데이트 때 뭘 하는 게 가장 좋나요?
- 어떤 휴가가 가장 좋아요(장소, 활동 등)?
- 긴 하루를 보낸 후 어떤 방식으로 휴식을 취하는 게 가장 좋나요?
- 오늘 하루는 어떻게 보냈어요?
- 조만간 신경 써야 하는 일이 있나요?
- 당신이 꿈꾸는 직업이나 경력은 무엇인가요?
- 쉬는 날을 어떻게 보내는 걸 좋아하는지 자세히 알려주세요.
- 향후 5년 또는 10년 후에 당신의 삶은 어떤 방향으로 가고 있을까요?

사랑을 표현하기

성공하는 재혼부부는 자신들의 견고한 관계가 온 가족의 행복을 위한 기초가 된다는 것을 알기 때문에 재혼생활을 삶의 가장 우선순위에 둡니다. 의도적으로 부부만의 시간을 보내는 것의 힘을 결코 과소평가하지 마세요. 재미있는 활동을 함께하는 것은 두 사람 모두에게 기쁨을 주고, 열정을 불러일으키며, 연결감을 줍니다. 함께 정기적으로 좋은 시간을 보내는 것은 노력할 만한 가치가 충분히 있습니다. 매일의 의식과 작은 애정 표현은 파트너에 대한 사랑을 표현하는 간단하고 쉬운 방법입니다. 성공적인 재혼을 위해서는 부정적인 상호 작용보다 긍정적인 상호 작용의 영향력이 더 중요합니다. 이러한 접근 방식과 실천 방안은 재혼생활에 즉각적으로 긍정성을 더해주고 이전 결혼 관계에서 가져온 정서적 짐을 더 쉽게 처리하도록 도와줄 것입니다.

재혼생활을 유지하고 강화하는 핵심 방법

- 의도적으로 부부만의 시간 보내기
- 매일의 연결 의식 개발하기
- 사랑과 관심의 사소한 제스처 실천하기
- 공동의 목표 키워나가기
- 가족 활동 계획하기

당신의 삶에서 배우자를 최우선 순위에 두는 것을 잊지 마십시오. 배우자의 요구사항을 자신의 요구사항처럼 중요하게 여기면, 당신이 원하는 사랑이 넘치고 친밀한 부부관계를 만들 수 있습니다. 이전 결혼생활에서 가져온 모든 짐을 버려야 합니다. 이것은 다음 장에서 다룰 것입니다.

3장

이전 결혼생활에서 가져온 마음의 짐을 흘려보내는 법

저는 늘 제가 부부관계를 유지할 수 있다는 확신이 안 들었어요.
결국 저는 두 번 이혼했어요. 하지만 우리 부부는 10년 동안 결혼생활을
유지하고 있고 문제가 생기면 함께 해결해나가고 있어요.
결혼생활을 하면서 가장 어려웠던 건 무슨 일이 있어도
남편이 저와 함께 있을 거라고 믿는 거였어요.

_사만다(36세)

우리는 과거의 경험을 바탕으로 '앞으로의 관계가 어떠할 것'이라는 가설을 세우곤 합니다. 이러한 가설은 우리가 어떤 대우를 받을 것이라 예상하게 하고 비현실적인 기대, 오해, 실망을 가져다주기도 합니다. 또한 우리가 세운 가설은 자신과 배우자에 대한 관점에 영향을 미치고, 친밀한 관계 속에서 자기감$^{\text{sense of self}}$을 유지하려면 어떻게 상호작용해야 하는지에 대한 사고방식을 형성합니다. 즉, 우리의 가설은 배우자의 행동을 해석하는 방법과 그것에 반응하는 방법에 큰 영향을 미칩니다.

안타깝지만 부부는 관계를 바라보고 서로의 행동을 해석하는 자기만의 고유한 '렌즈'를 갖고 있어서 부부 사이에 많은 오해가 생기기도 합니다. 그 예로, 나는 몇 년 전 친구의 50번째 생일파티에 참석했는데, 춤을 좋아하는 남편 크레이그가 몇몇 여성들과 함께 서클댄스를 추느라 정신이 팔려서 나를 구석에 내팽개쳐놓는 바람에(내 관점에서는 그랬음) 갑자기 불신감에 휩싸였던 경험이 있습니다. 그날 나는 나의 정서적 취약성을 아주 강하게 느꼈고, 파티의 대부분을 여자 화장실에서 보냈습니다. 집에 가는 길에 내가 입을 다물고 대화를 거부하자, 남편은 내가 왜 그렇게 화가 났는지 몰라서 당혹스러워했습니다. 그날 밤 남편은 나를 안심시키기 위해 "여보, 당신은 내 아내예요. 나는 당신을 사랑해요. 불안해할 필요 없어요."라고 말해주었습니다.

다음날 나는 전날 밤에 일어난 일에 대해 정리하는 시간을 보냈고, 버림받음에 대한 두려움과 관련된 나의 정서적 예민함이 '춤'으로 인해 촉발되었음을 알아차렸습니다. 왜냐하면 나는 춤에 별 재능이 없었지만, 크레이그는 포크댄스를 출 때 빛이 나는 멋진 댄서였기 때문입니다. 첫 번째 결혼생활 동안 나와 전 배우자는 데이트를 거의 하지 않았고, 나는 늘 거절당하는 기분을 느껴야 했습니다. 데이트를 하더라도 전남편은 내가 아닌 다른 사람에게 더 관심이 있는 것처럼 보였습니다. 외향적인 크레이그가 즐거운 활동을 할 때 버림받음에 대한 나의 두려움이 촉발된다는 것을 자각한 후 우리 부부는 댄스파티에 효과적으로 대처하는 방법을 깊이 상의했습니다. 이제 우리 부부는 나의 촉발 요인을 자극하지 않고 함께 파티를 즐길 수 있습니다. 예를 들어, 서클댄스를 출 때 효과적인 해결책은 남편이 춤을 좋아하긴 하지만 이따가 집에 가서 단둘이 지내는 시간을 너무 기다리고 있다고 말하면서 (음악 사이사이에) 나를 안심시켜주는 것입니다.

사만다(35세)와 존(36세)은 재혼한 지 10년이 지난 부부로 두 자녀를 키우고 있습니다. 이 부부는 이전 관계에서 가져온 마음의 짐이 자신들의 관계에 영향을 미치고 있다고 인터뷰에서 얘기했습니다. 사만다는 첫 번째와 두 번째 결혼에서 겪은 문제로 인해 지금의 남편을 바라보는 자신의 시각이 흐려질 때가 있으며, 그럴 때 그녀는 결혼을 끝내고 싶다는 생각이 든다고 고백했습니다.

사만다는 이렇게 말합니다. "저는 존이 굉장히 사랑이 많고 충실한 사람이라고 생각해요. 그런데도 제 복잡한 문제에 질려서 남편이 저를 떠나면 어떡하나 늘 걱정돼요. 마치 예정된 결말을 기다리며 마음을 졸이는 기분이에요. 우리는 사소한 일로 자주 다투는데 그때마다 서로 자기 생각이 옳다고 우기곤 해요. 결국 자기가 옳다는 걸 증명하려고 다툼을 반복하는 악순환을 하고 있는 거예요. 저는 이걸 알면서도 남편의 말에 차분하게 대응하지 못하고 제 생각을 고집할 때가 많아요."

힘겨루기

사만다와 존의 이야기에서 볼 수 있듯이 미해결 과제^{unfinished} ^{business}(자신의 욕구나 감정을 적절하게 해소하지 못하여 마음에 남아 있는 것: 옮긴이 주)는 감정을 상하게 하고 곧잘 부부 사이의 힘겨루기로 이어집니다. 이때 부부는 자신이 옳다는 믿음에 꽂혀 있습니다. 하지만 정작 중요한 것은 상대방이 나의 말을 경청하고 있다고 느끼는 것과 수용할 수 있는 방식으로 서로 반응하는 것입니다.

사만다는 다음과 같이 말합니다. "제가 남편한테 저의 취약한 부분을 개방하고, 홀로 남겨지는 것이나 거절당하는 것에 대한 걱정을 내려놓을 수 있다면 상황이 훨씬 나아질 거예요. 전남편이 저를 떠난 것 때문에 제가 버림받을까봐 두려워하는 마음이 있다는 걸 존은 이미 알고 있어요. 그런데도 저는 버림받는 게 두려워서 제가 뭘 원한다고 남편에게 말을 하지 못해요. 그리고 남편도 전부인이 다른 남자와 살겠다고 떠났기 때문에 저를 잘 믿지 못하는 문제가 있어요. 우리 둘 다 이유는 좀 다르지만 친밀해지는 걸 두려워하고, 이것이 우리 부부의 문제라고 생각해요."

내가 인터뷰한 많은 재혼부부는 낭만적 사랑의 단계가 지나고 나면 힘겨루기를 하게 되는데, 힘겨루기가 사실은 부부관계에 도움이 됐다고 이야기했습니다. 함께 살면서 부부는 서로 차이가 있다는 현실을 자연스럽게 받아들입니다. 그리고 의견 차이로 발생하는 긴장감을 다루는 과정을 통해 어린 시절이나 이전 결혼에서 받은 상처를 치유하기도 합니다. 이렇듯 힘겨루기를 자각하고 이에 대해 함께 이야기 나눌 수 있다면, 이전 관계에서 가져온 정서적 예민함을 치유하고, 자신의 '연약한 부분'을 주의 깊게 다루고 서로의 차이를 더 잘 받아들이는 방법을 배울 수 있습니다.

최근 몇 년 동안 버림받음에 대한 두려움이 촉발된다고 느낄 때마다 나는 크레이그에게 나의 상태를 알려주고 그것에 대해 함께 이야기했습니다. 그런 방식으로 우리는 서로의 정서적 예민함이 충돌하지 않도록 노력했습니다. 한편, 크레이그에게 취약한 부분은 '속박 받는 것에 대한 두려움'이었고, 그로 인해 내가 남편이 나를 안심시켜주기를 원할 때 그는 종종 나와 거리를 두곤 했습니다. 이렇듯 내가 친밀감을 더 원하는 순간에 크레이그는 침묵 속으로 들어가곤 했기 때문에 나는 외로움과 거절당하는 기분을 느꼈고, 우리 부부는 추격자-도망자 패턴에 빠졌습니다. 6장에서 배우겠지만 추격자-도망자 패턴은 부부 사이에서 흔하게 볼 수 있으며 이혼의 주요 원인입니다.

이러한 패턴을 변화시키는 첫 번째 단계는 '자각'입니다. 스트레스를 많이 받을 때 나는 말이 더 많아지고 크레이그는 말을 안 하는 경향이 있습니다. 스트레스 상황에서 말을 많이 하는 사람은 더 많은 것을 공유하고 싶어 하고, 뒤로 물러나는 사람은 회복할 시간을 갖고 싶어 합니다. 우리 부부는 이러한 패턴을 자각했기 때문에 서로의 차이를 더 관대하게 수용하고 각자의 접근방식이 모두 가치 있음을 인정합니다. 예상하지 못한 청구서가 갑자기 날아오는 것 같은 외부 스트레스 요인이 발생하고 대처 자원을 급히 찾아야 하는 순간이 오면 '수용적인 태도'는 특히 중요합니다.

예를 들어, 최근에 우리 부부에게 재정적 압박이 있었는데 그로 인해 우리의 정서적 예민함이 촉발되었습니다. 딸아이의 등록금 납부일까지 내야 하는 큰 금액의 세금 고지서가 갑자기 날아왔고, 우리 부부는 서로의 취약한 부분을 드러냈습니다. 나는 크레이그에게 재정 상황에 대해 상의하자고 말했고, 그때 남편은 좋아하는 프로그램을 보기 위해 TV를 켰습니다. 악화일로를 걷는 대신, 나는 마음을 가다듬고 스트레스 요인에 대처하는 우리의 방식이 다름을 떠올렸습니다. 그리고 TV를 다 보고 나면 잠시 이야기를 좀 나누자고 덤덤하게 말했습니다. 크레이그는 기분 좋게 동의했고 우리는 서로의 스트레스 대처 방식을 존중하면서 재정적 위기를 해결할 수 있었습니다.

부부 간의 힘겨루기가 재혼의 경우에 더 심한 이유는, 이들이 대개 혼자 살아왔고 직업적으로 자신의 능력을 증명하는 데 익숙해져 있기 때문입니다. 그러나 부부 간의 힘겨루기를 잘 이해하고 건강한 방식으로 처리한다면 이는 오히려 문제를 해결할 에너지를 제공하며 부부의 강한 유대감과 정서적 회복력을 구축하는 촉매제가 됩니다. 결혼생활에서 발생하는 문제를 '당신이 나한테 저지른 일'로 여기기보다 '우리가 겪고 있는 어려움'으로 보는 시각이 생기는 것입니다. 부부가 서로 다르다는 것과 재혼으로 부딪히는 여러 문제들을 더 넓은 맥락에서 본다면, 배우자의 행동을 고의적인 공격이 아닌 다양한 요인의 결과물로 해석할 수 있습니다. 그러나 이는 결혼을 부부로서/개인으로서 성장하는 데 도움이 되는 진정한 파트너십으로 볼 때 가능한 얘기입니다.

우리는 대체로 관계 초기에는 자신의 최고의 모습만 보여주려 하고, 배우자의 최고의 모습만 보려는 경향이 있습니다. 그러나 허니문 시기는 끝나기 마련이고 환상은 깨지기 마련입니다. 부부가 취약한 부분을 드러내고 의견 차이에 부딪힐 때, 상대방을 지지하는 배우자들은 예측 불가하고 끊임없이 변화하는 삶을 잘 탐색하도록 도와줍니다. 이러한 유형의 파트너십은 두 사람이 화합할 수 있을 때 가능합니다. 부부 간의 끌림은 인생의 폭풍우를 헤쳐나가는 데 도움이 되지만, 부부의 화합은 관계 속에서 목표를 설정하고 공동의 의미를 찾도록 도와줍니다.

부부 간 힘겨루기에 효과적으로 대처하는 재혼부부는 의견 차이가 있을 때 비난을 피합니다. 서로 의견이 맞지 않을 때, 상대방의 결점을 들춰내는 것보다 자신의 생각과 감정이 어떠한지 설명하고 서로의 입장을 경청하는 것이 더 효과적입니다. 이런 방식은 부부가 어려운 시기에 우위를 장악하려 하지 않고 서로의 편이 되어주며 더 깊은 관계를 맺게 도와줍니다. 설령 이전 결혼에서 버림받음에 대한 두려움 같은 정서적 예민함이 생겼더라도, 서로 사랑하는 부부는 그로 인해 배우자에게 똑같은 상처를 주지 않기 위해 최선을 다할 것입니다.

존은 다음과 같이 말합니다. "저는 결혼생활에서 실수를 많이 했어요. 이제 사만다의 어떤 부분이 문제인지에 초점을 맞추기보단 함께 멋진 삶을 살아가기 위한 계획을 세우고 싶어요. 우리 둘 다 이전 결혼에서 갖고 온 문제가 있었고, 그게 서로를 대하는 방식에 영향을 미쳤기 때문에 결혼 시작부터 너무 자주 싸웠어요."

존은 사랑과 개인적 성취를 바탕에 둔 결혼생활을 희망합니다. 궁극적으로 부부는 그들의 관계에 대한 목표와 직업적 성취를 모두 달성할 수 있습니다. 예를 들어, 존은 경영대학원에서 학위를 취득하기를 원하고, 사만다는 자폐 및 기타 아동장애가 있는 어린이를 위한 소규모 사립학교를 설립하겠다는 목표가 있습니다. 이러한 목표를 달성하려면 서로를 비난하고 상대방의 정서적 취약성을 촉발하는 대신에 함께 문제를 해결해나가야 합니다.

관계의 짐이 당신을 짓누를 때

우리 모두는 과거에 우리에게 영향을 미친 사람들의 외모, 성격, 목소리 톤, 행동, 그 외의 요소를 종합한 어떤 '이미지'를 지니고 있습니다. 예를 들어, 당신이 무심한 사람을 배우자로 선택한다면 아마도 당신의 아버지가 무심한 사람이었을 수 있습니다. 이 사람이 나의 필요를 충족시키지 않을 것을 알면서도 당신은 '반복 강박', 즉 과거에 고착되어 그것을 재현하면서 개선시키고 싶어하는 무의식적인 경향성이 있을 수 있습니다. 이 생각은 20세기 초의 정신분석가인 지그문트 프로이트로 거슬러 올라갑니다. 《정신분석학 개론》에서 프로이트는 해로운 관계 패턴을 형성하면서까지 문제가 있는 관계를 지속하고 있던 많은 환자들이 '반복 강박'을 나타낸다는 사실을 발견했습니다. 이러한 패턴을 아직 자각하지 못한 재혼부부는 패턴을 깨기 위한 통찰과 용기가 필요합니다.

다행스럽게도 재혼생활은 자신의 취약한 부분을 인식하고 어린 시절의 상처를 치유할 수 있는 기회를 제공합니다. 사랑하는 동반자와의 안전한 관계 속에서 그것들을 재경험하기 때문입니다. 가장 먼저 필요한 것은 배우자에게 마음을 열고 관계 속에서 안전함을 느끼는 일입니다. 관계 전문가인 하빌 헨드릭스와 헬렌 라켈리 헌트는 과거에 가장 영향력이 있었던 사람들의 합성 이미지인 '이마고^{imago}' 대상을 찾는 것은 어린 시절의 상처를 치유하려는 욕구 때문이라고 설명합니다. 실제로 배우자는 필연적으로 우리의 취약성을 다시 드러나게 할 것입니다. 《사랑은 심플하게$^{Making\ Marriage\ Simple}$》에서 헨드릭스와 헌트는 다음과 같이 말합니다. "결혼은 어린 시절의 추억과 감정을 되살릴 수 있는 기회이며, 어린 시절보다 더 행복한 결과를 가져다줍니다. 어렸을 때는 무력한 아이였지만 이제 어른이 된 당신은 힘이 있습니다. 배우자와 협력하여 각자의 욕구를 충족시켜줄 수 있습니다."

재혼을 하면 정서적 예민함이 표면으로 드러나서 배우자의 취약한 부분과 부딪힐 수 있는데, 그것을 인식하는 것은 쉽지 않습니다. 예를 들어, 나는 이전 결혼에서 쌓인 상처, 두려움, 양가감정(두 가지의 상호 대립되는 감정이 공존하는 상태: 옮긴이 주)이 크레이그와의 관계에 영향을 미친다는 사실을 수년 동안 인식하지 못했습니다. 어느 여름, 우리 부부는 막내와 함께 휴가를 보내고 있었고, 크레이그는 혼자 낚시를 하러 나가서 시간 가는 줄 모르고 있었습니다. 그가 휴대폰을 놓고 나갔기 때문에 문자나 전화도 할 수 없는 상황이었습니다. 오두막을 서성거리다가 급기야 나는 미친 사람처럼 몇몇 가족들에게 문자를 보냈고, 30분 뒤에 남편이 오두막으로 돌아왔을 때 그를 거의 잡아먹을 기세로 덤벼들었습니다. 나의 행동에 남편은 방어적인 자세를 취하면서 고함을 질렀습니다. 그의 이야기를 차분하게 듣기도 전에 나는 버림받음에 대한 두려움이 촉발되었고, 사랑과 배려심이 많은 남편이란 존재를 까맣게 잊었습니다. 앞서 언급했듯이 크레이그는 속박 받은 것에 대한 정서적 예민함이 있기 때문에 그에게는 자신의 일정과 시간을 스스로 통제하는 것이 중요합니다. 이전에도 남편이 예정보다 늦게 귀가했을 때 내가 보인 과잉반응 때문에 우리 부부는 다툼과 정서적 부딪힘이 많았습니다.

재혼한 지 6년이 되었고 자녀가 없는 아만다와 에릭은 친밀감 문제로 어려움을 겪습니다. 아만다는 과거 경험에서 생긴 상처받는 것에 대한 두려움을 여전히 가지고 있고, 이것을 현재의 결혼생활에도 일반화합니다. 그래픽디자이너인 아만다는 논리정연하고 매력적인 사람입니다. 그녀는 36세 때 자신이 관계를 잘 망가뜨린다는 사실을 깨달았습니다. 만남과 헤어짐을 반복하던 그녀는 에릭과 사랑에 빠져 결혼하게 되었습니다. 그들은 재혼을 잘 가꾸어나가기 위해 열심히 노력하고 있습니다. 아만다는 자신이 관계 파괴자라는 것을 알고 있고, 에릭은 그럼에도 불구하고 그녀를 떠나지 않을 것을 다짐합니다. 에릭은 충실한 사람이고, 아만다를 매우 사랑하며, 그들은 사이가 더 좋아지면 아이를 갖기로 했습니다. 하지만 아만다는 종종 과거를 재현하는 운명에 갇힌 것처럼 보이며, 이것이 재혼에 어두운 그림자를 들입니다. 그녀는 조화를 원한다고 말하지만 싸움의 드라마에 익숙하기 때문에 자기 파괴적인 모습을 자주 보입니다. 불행하게도 아만다는 고통에 중독되었고 평온한 상황에서 오히려 불편함을 느낍니다.

아만다는 이렇게 설명합니다. "마치 고통의 늪에 푹 빠져 있는 것 같아요. 나쁜 관계를 맺을 때 분출되는 아드레날린에 너무 익숙해져서 에릭이 저한테 잘 대해줄 때 오히려 불편함을 느껴요.

하지만 저는 이 문제와 관련해 노력하고 있어요. 그래서 제가 두려움을 느낄 때마다 남편한테 헤어지자고 위협하는 행동을 조절할 수 있게 되었어요. 부부상담을 받으면서 이런 감정을 극복하는 데 도움을 받았어요. 이제는 부부 사이에 의견 차이가 있을 수 있다는 걸 이해해요. 의견이 다르다고 해서 관계가 끝날 거라고 두려워하지 않아요."

자신의 취약한 부분을 자각하기

재혼한 부부는 이전 결혼의 영향을 받을 뿐 아니라, 어릴 적에 부모님이 보여준 부부의 모습에 대한 오래된 기억의 영향도 받습니다. 예를 들어, 아만다는 이혼가정에서 자랐습니다. 그녀의 부모는 그녀가 6세 때 헤어졌고, 그녀는 갈등을 해결하지 못하면 관계가 단절될 수 있다는 것을 일찍부터 배웠습니다. 아만다는 어머니가 결혼생활에서 실패하는 것과 두 번째 이혼 후 사랑을 포기하는 것을 지켜보았습니다. 직장 동료와 재혼하겠다고 가족을 떠난 그녀의 아버지도 관계에서 많은 실패를 겪었습니다.

에릭은 이렇게 말합니다. "대화를 하다가 아만다의 몸짓과 목소리 톤이 갑자기 변하곤 해요. 그럴 때 아내는 마치 내가 아닌 다른 사람에게 말하고 있는 것처럼 보여요. 아만다는 소리를 지르거나 방을 쿵쾅거리면서 돌아다니다가 저를 비난하기 시작해요. 자기가 집을 나가버리겠다고 하거나 나를 내쫓겠다고 위협을 하죠. 저는 그런 상황에서 대체로 당황해서 얼어붙어버려요. 무슨 말을 해야 할지, 어떻게 해야 할지 모르겠어요."

아만다는 이렇게 대답합니다. "에릭을 신뢰하고 그가 아무 데도 가지 않을 것이라는 사실을 인지하는 데만 몇 년이 걸렸어요. 제가 남편에게 솔직하게 대하면 남편도 저를 진실하게 대한다는 걸 알아요. 그런데도 저는 제 문제는 들여다보지도 않고, 남편을 비난하다가 갑자기 그의 말과 행동에 대해 강렬하게 반응하게 돼요. 그래서 남편에게 부탁했어요. 이런 상황이 발생하면, 이게 다 과거의 산물이고 지금, 여기를 사는 우리와 관련이 없다는 걸 꼭 상기시켜달라고요"

《꼭 안아주세요$^{Hold Me Tight}$》에서 임상심리학자이자 저명한 연구자인 수 존슨은 언제 '아픈 곳' 중 하나가 건드려졌는지 알 수 있다고 말합니다. 대화 중 감정적 어조에 갑작스러운 변화가 나타나기 때문입니다. 그녀는 "방금 전까지만 해도 당신과 배우자가 농담을 하고 있었는데, 갑자기 둘 중 한 사람이 화를 내거나 아니면 냉담하고 쌀쌀한 태도를 보입니다. 이때 부부는 균형을 잃은 것입니다. 마치 게임규칙이 바뀌었는데 아무도 그것을 알려주지 않는 것과 같습니다. 이전 관계에서의 상처를 짊어진 배우자는 급작스러운 신호를 보내고 있고, 또 다른 배우자는 갑자기 맞닥뜨려진 상황을 이해하기 위해 애써 노력합니다."라고 말합니다.

아만다의 경우 어렸을 때 가족을 버린 아버지로 인해 거절에 대한 두려움을 느꼈고 그래서 에릭을 신뢰하기 어려웠습니다. 게다가 그녀의 전남편 브라이언 역시 그녀를 떠나기 전까지 불성실한 모습을 보였습니다. 그와 다르게 에릭은 말과 행동이 일치하는 사람인데도 아만다는 버림받음에 대한 두려움에 갇혀 여전히 그를 신뢰하지 못합니다. 그녀는 에릭이 전남편이나 그녀의 아버지와 전혀 다른 사람이란 것을 알고 있습니다. 하지만 에릭과의 친밀한 관계 속에서도 종종 자신이 무가치하다는 생각과 외로움이 촉발됩니다. 그것은 아만다의 과거로부터 온 정서적 짐입니다.

버림받음에 대한 두려움

사랑할 때 가장 무서운 것은 사랑이 끝날 수도 있음을 안고 살아가는 것입니다. 당신은 선택에 직면해 있습니다. 당신은 사랑과 신뢰라는 공간에서 관계를 맺을 수도 있고, 미심쩍은 마음으로 의심하며 경계하는 쪽을 선택할 수도 있습니다. 가장 중요한 것은 배우자가 신뢰할 만한 사람인가 여부입니다. 배우자의 말과 행동이 일치합니까? 배우자가 당신을 존중합니까? 당신의 배우자는 믿을 만한 사람인가요? 당신의 배우자는 충실하고 진실한가요? 이 질문에 대한 대답이 '예, 맞아요.'라면 당신은 신뢰를 선택해야 합니다. 5장에서 배신을 경험한 재혼부부에게 종종 나타나는 불신의 문제와 버림받음에 대한 두려움을 극복하는 방법에 대해 자세히 배우게 됩니다.

아만다는 말합니다. "에릭은 믿을 만하고 충실한 사람이에요. 하지만 상황이 어려워지면 저는 항상 벗어나고 싶은 마음이 들어요. 저는 이 문제를 극복해야 한다는 걸 알고 있어요. 에릭은 그가 제 옆에 항상 함께 있다는 걸 상기시켜줘요. 그런데도 저의 미해결 과제가 건드려지면 우리의 결혼이 과거의 경험과 다르다는 걸 인식하기가 어려워요."

부모님의 결혼생활과 자신의 이혼에 대한 기억을 잘 다루지 않으면, 현재의 배우자에게 부정확한 감정과 의도를 투사할 수 있습니다. 예를 들어, 당신이 성장할 때 어머니가 우울증을 앓았고 아버지가 상당 부분 부재했다면, 당신은 너무 많은 책임을 떠맡은 '부모 역할을 하는 아이'로 자랐을 것입니다. 이러한 패턴을 인식하고 극복하지 못하면 당신은 성인이 된 후 위압적이거나 통제적인 배우자가 될 수 있습니다. 정서적인 촉발 요인을 잘 인식하는 것은 부부가 신뢰와 친밀감을 구축하는 데 꼭 필요한 과정입니다.

정서적 촉발 요인

정서적 촉발 요인을 인식하지 못하고 이를 어떻게 다루어야 할지 모른다면 재혼생활은 더욱 혼란스러울 것입니다. 나는 인식되지 못한 정서적 촉발 요인이 고통과 혼란을 일으키는 것을 많이 봤습니다. 강렬한 반응을 일으키는 요인을 의식하고, 그것을 거부하거나 방어하지 않는 것이 효과적인 대처의 첫 번째 단계입니다. 정서적 촉발 요인을 알아차리는 것은 건강한 결혼생활에 필수입니다. 극단적인 반응을 불러일으키는 요인을 자각하면 헤어지자는 등의 막말을 하거나 뒤로 물러나는 태도로 관계를 망가뜨리는 위험을 줄이게 됩니다.

정서적 촉발 요인을 탐색하기 위해 노력하는 것은 충분히 가치 있는 일입니다. 촉발 요인을 더 많이 알수록 과거의 지배를 덜 받게 됩니다. 촉발 요인 탐색은 지속적인 과정입니다. 첫 번째 단계는 자신의 촉발 요인 또는 '핫 버튼$^{hot\ buttons}$'이 무엇인지에 대해 함께 대화하며 탐색하는 것입니다. 예를 들어, 대화 중 감정적 어조가 갑자기 바뀌는 것을 어떻게 알아차렸는지 생각해볼 수 있습니다. 정서적 촉발 요인에 대해 대화하는 것은 당신과 배우자가 자기 인식을 높이는 데 도움이 됩니다.

'핫 버튼'을 식별하는 간단한 방법들

● 당신의 몸이 어떻게 반응하나요?

근육의 긴장, 심박수 증가, 열감, 따끔거림, 그 밖의 신체적 수축 반응(또는 배우자의 말과 행동에 대한 신체적 반응)을 확인하세요. "내 몸의 첫 번째 반응이 뭐였지? 주먹이 꽉 쥐어지나? 호흡이 빨라지나? 얼굴이 뜨거워지고 붉어지나? 나는 그 상황에서 도망치고 싶나? 얼어붙거나 움직일 수 없는 느낌이 드나?"라고 자문해보세요. 이러한 반응을 기억하거나 노트에 적어두세요. 신체적 반응은 극도로 강한 것에서 미묘한 것까지 다양합니다. 모두 주의를 기울여주세요.

● 강렬하거나 반복되는 생각이 있나요?

개념이 반대되는 (즉, 누군가 또는 무엇이 좋다/나쁘다, 옳다/그르다, 친절하다/사악하다 등) 극단적인 생각을 살펴보세요. 이러한 생각에 반응하기를 멈추고 인식하세요. 그것들이 당신의 마음속에서 놀 수 있도록 기다려주세요. 당신의 마음은 배우자나 지금의 상황에 대해서 어떤 이야기를 만들고 있나요? 자기 인식을 향상시키기 위해 마음속에서 일어나는 생각을 일기나 공책에 간단히 적는 것을 권합니다.

● 무엇 혹은 어떤 사람이 강렬한 감정을 촉발하나요?

당신의 신체적 반응을 알게 되었다면, 언제 배우자의 말이나 행동이 당신 안에서 극단적인 신체적, 감정적 반응을 촉발하는지 알아차려보세요.

어떤 사물, 단어, 냄새 또는 감각적 인상이 당신을 때때로 촉발시키는지 알게 될 것입니다. 또는 특정 신념, 관점 또는 전반적인 상황이 당신의 반응을 촉발하기도 합니다. 예를 들어, 시끄러운 소음이나 배우자의 지나친 통제에 이르기까지 촉발 요인의 범위는 다양할 수 있습니다. 당신의 촉발 요인이 다양할 수 있으므로(대부분의 사람들이 그렇습니다), 경각심을 갖고 당신을 자극하는 모든 것을 인식하기 위해 열린 태도를 취하세요. 이러한 촉발 요인을 일기(노트나 전자기기)에 기록하는 것이 중요합니다. 기록은 중요한 순간에 자기 인식을 유지하는 데 도움이 될 것입니다.

● **당신이 촉발되기 전에 무슨 일이 있었나요?**

촉발 요인의 특정한 '전제 조건'이 있을 수 있습니다. 예를 들어, 직장에서 스트레스를 많이 받는 것, 꿈자리가 사나운 것, 불편한 특정 장소(은행이나 병원 등)에 가는 것, 또는 아이들이 싸우는 소리를 듣는 것 같은 일들입니다. 사실상 무엇이든지 당신을 촉발시키는 무대가 될 수 있습니다. 일단 촉발 요인의 전제 조건을 알고 나면, 덤덤하고 느긋한 자세로 자신의 마음을 비추어 보는 것만으로도 당신이 촉발 요인에 말려드는 것을 막을 수 있습니다.

● **당신의 어떤 욕구가 충족되지 않았나요?**

정서적인 촉발은 대개 하나 이상의 깊은 필요나 욕구가 충족되지 않아서 일어납니다. 당신의 필요나 욕구 중 어떤 것이 결핍되어 있는지 충분히 시간을 두고 생각해보세요.

- 수용
- 자율성
- 관심
- 안전함
- 사랑
- 존중
- 예측 가능성
- 누군가 나를 좋아함
- 누군가 나를 필요로 함
- 옳다는 것
- 가치를 인정받음
- 공정하게 대우 받음
- 통제력 있음

자신의 몸, 생각, 충족되지 않은 필요와 욕구, 그리고 당신을 촉발하는 특정 사람이나 상황을 인식하면 과잉 반응을 하거나 통제력을 잃지 않고 감정을 더 잘 조절하게 됩니다. 예를 들어, 누군가는 가족 행사에 참석할 때마다 압도당하고 얼어붙는 기분이 들거나 또는 싸우고 자리를 박차고 나와버리고 싶은 강한 욕구가 올라올 수 있습니다. 이처럼 가까운 가족과 함께 있을 때 느끼는 정서적 촉발 요인을 인식한다면 이에 더 잘 대처할 수 있습니다.

촉발 요인에 대처하는 다섯 가지 방법

이제 자신의 몸, 생각, 충족되지 않은 욕구에 귀를 기울이며 '정서적 촉발 요인'을 더 잘 자각하게 되었다면, 다음 단계는 이런 반응을 유발하는 외부 요인인 상황, 단어, 배우자의 행동을 더 잘 알아차리는 것입니다. 다음에 분노나 두려움과 같은 극단적인 감정에 효과적으로 대처하고, 더욱 평온한 상태에서 자기 성찰을 돕는 방법을 소개합니다.

1. 사람이나 상황에 주의를 두지 말고, 호흡에 집중하세요. 한 가지 확실한 점은 호흡은 항상 당신과 함께 있다는 것입니다. 호흡은 당신의 일부이고 언제나 시도할 수 있으므로 믿을 만한 휴식 방법입니다. 몇 분 동안 들숨과 날숨에 집중해보세요. 10까지 세면서 코로 숨을 들이쉬고 입으로 숨을 내쉬세요. 기분 좋은 장소를 생각하는 것도 긴장을 푸는 데 도움이 됩니다. 가장 좋아하는 장소에 있는 자신을 상상해보세요. 당신의 주의가 촉발 요인인 어떤 사람이나 상황으로 흘러간다면, 다시 호흡으로 주의를 돌리도록 노력하세요.

2. 휴식을 취하세요. 그 상황에서 벗어나세요. 5분 정도 걷고 마음을 가라앉히세요. 누군가와 이야기를 나누고 있었다면 양해를 구하고 화장실

이나 다른 곳에 잠시 다녀온다고 말하세요. 좀 더 평온해지고 중심이 잡혔다고 느낄 때 돌아오세요.

3. 유머를 찾아보세요. 이 제안을 실천하는 것이 항상 가능하지는 않겠지만, 웃음과 즐거움은 당신의 기분과 관점을 밝게 해줍니다. 유머를 찾는 것이 반드시 큰 소리로 웃어야 한다는 뜻은 아닙니다. 대신, 다른 관점에서 상황을 바라보고 그 속에서 유머를 찾아보세요.

4. 왜 당신이 촉발되었는지 스스로 물어보세요. 당신의 정서적 촉발 요인은 당신을 눈멀게 할 수도 있습니다. "나는 왜 그렇게 두렵거나 화가 났을까?"라고 자문해보세요. 자신이 촉발된 이유를 이해하면 평온함, 자기 인식 및 통제력을 회복하는 데 도움이 됩니다.

5. 자신의 감정을 얼버무리고 넘어가거나 감정에 휘둘리지 마세요. 자신의 감정에 저항하는 것은 해결책이 아닙니다. 그러나 감정적 반응을 지연시킬 수는 있습니다. 예를 들어, 누군가에게 분노를 느낀다면, 그 사람에게 폭발하기보다는 의식적으로 그 감정을 따로 떼어놓고 나중에 건강한 방식으로 경험하고 표출하도록 노력하세요. 자기 방에서 소리를 지르거나 강렬한 운동을 함으로써 이러한 분노를 표출할 수도 있습니다. 그러나 감정을 억압하지는 않도록 주의하세요. 의식적으로 감정을 지연시키는 것과 무의식적으로 감정을 억압하는 것 사이에는 미묘한 차이가

있습니다. 이것이 바로 이 장에서 제안하는 자기 인식의 실천이 중요한 이유입니다.

건강하고 친밀한 관계는 부부가 부정적인 결과를 두려워하지 않고 긍정적인 감정과 부정적인 감정을 모두 표현할 수 있는 안전한 장소가 되어줍니다. 이혼(본인뿐만 아니라 부모님의 이혼)을 겪으면 종종 관계에서 실패하는 것을 두려워하게 됩니다. 이러한 두려움은 당신이 친밀한 배우자에게 기꺼이 자신의 취약한 부분을 드러내는 것을 방해합니다. 배우자가 뭐라고 말할지 어떻게 반응할지 걱정하는 데 시간을 많이 소비한다면 다음 내용이 당신에게 도움이 될 것입니다!

너무 강렬한 것은 당신의 이슈!

배우자로 인해 크게 상처받거나 화가 났을 때 상대방을 비난하고 싶을 수 있습니다. 그런 순간에는 '변해야 하는 사람은 내가 아닌 배우자'라는 사실이 명백해 보입니다. 그러나 실제로는 내가 지닌 정서적 짐이 자신의 감정에 영향을 미치는 경우가 많습니다. 부부상담사인 모나 바베라에 따르면, 많은 종류의 고통은 배우자의 말이나 행동에서 비롯되지 않습니다. 바베라는 최신 저서 《사랑에 빠지세요 $^{Bring\ Yourself\ to\ Love}$》에서 "만약 그것이 강렬하다면, 그것은 당신 자신의 것입니다."라고 설명합니다. 바베라는 당신이 자신의 내적 고통을 잘 다룬다면, 배우자가 당신에게 상처주거나 실망시키더라도 쉽게 강렬한 반응이 촉발되지 않을 것이라고 말합니다. 그녀는 "당신이 배우자와 복잡하게 엉켜 있다면 명료한 사고를 하기가 어렵습니다."라고 밝힙니다.

그렇다고 당신이 배우자를 비난하거나 거리를 둔다고 해서 고통이 사라지지는 않습니다. 당신은 비난받고, 공격당하고, 버림받았다는 느낌에 화가 나 있는 배우자를 여전히 상대해야 합니다. 당신은 사랑받기를 원하지만 정작 사랑받는다는 느낌과는 정반대의 반응을 얻게 될 것입니다. 이것은 관계를 망가뜨리는 많은 사람들이 지닌 실제적인 패턴입니다.

40대 중반인 토드와 메건은 이러한 패턴을 전형적으로 보여줍니다. 이 부부는 재혼한 지 7년이 되었고, 혼합가정에서 세 자녀를 키우고 있습니다. "저는 한동안 정말 불행하다고 느꼈어요."라고 메건은 불평합니다. "저는 토드에게 내 요구를 좀 더 배려해 달라고 부탁했지만 상황은 전혀 변하지 않고 있어요. 남편의 가치 목록에서 제가 아마 맨 아래에 있을 거예요." 이에 대해 토드는 "메건은 더 이상 저를 행복하게 하지 않아요. 상황이 이보다 더 나아질 것 같지는 않아요."라고 대답합니다. 이 둘의 공통점은 원치 않는 관계 패턴에서 자신이 영향을 미친 부분을 깨닫고 고치기보다 상대방을 바꾸는 데 초점을 맞춘다는 것입니다.

불행하게도 토드와 메건은 자신들의 정서적 짐 때문에 비난과 방어라는 악순환의 고리에 빠져 있습니다. 그리고 이들은 자신들이 부정적인 상호 작용 패턴에 책임이 있다는 것을 인정하지 않습니다. 메건은 전 배우자로부터 무시당한 경험이 있어서 토드의 행동으로 인해 소외감을 느끼거나 상처받으면 즉시 토드를 비난합니다. 반면에 토드는 불행했던 첫 결혼과 수년간 지속됐던 쓰라린 이혼의 과정을 겪었기 때문에 상황이 순조로운 것을 중요하게 생각하고 메건의 부정적 태도에 쉽게 좌절감을 느낍니다.

상대방을 바꾸려고 노력하는 것은 친밀한 관계에 치명적인 영향을 줍니다. 건강한 관계를 원한다면 상대방을 '바꾸는' 방법이 아니라 관계를 회복시키는 방법에 대해 더 넓은 관점에서 접근해야 합니다. 가장 먼저 살펴보아야 할 사람은 자기 자신입니다. (8장에서 배우자를 바꾸려는 노력이 재혼에 어떤 해를 끼칠 수 있는지 자세히 배우게 됩니다.)

인생의 모든 어려움이 그렇듯이 문제를 더 잘 자각하고 의지를 굳건히 한다면 변화가 일어날 수 있습니다. 성공적인 재혼부부는 다툼보다는 토론에 가까운 생산적인 의견 교환을 하면서 안정감과 의사소통 능력을 향상시킵니다. 재혼가정 전문가인 퍼트리샤 페이퍼나우에 따르면, 재혼가족이 균형점을 찾는 데는 최대 4년이 걸리며 시간과 인내심을 투자한다면 얼마든지 성공하는 재혼을 꾸려나갈 수 있다고 합니다. 시간의 흐름과 함께 재혼의 폭풍우를 헤쳐나간다면 관계의 많은 꼬임이 해결될 것입니다!

사랑의 대화를 위한 네 가지 실천 방안

논란이 많은 문제나 정서적 짐과 관련해서 격렬한 의사소통이 벌어질 수 있다는 것을 기억하세요. 우리는 상대방의 의견과 우려에 대해 자기만의 방식으로 반응합니다. 따라서 서로를 존중하고 친절히 대하도록 노력해야 합니다. 배우자와 함께 매일 30분 동안 다음에 소개하는 실천 방안을 연습하세요. 그리고 매주 함께 할 수 있는 특별한 활동을 계획해보세요. 아래의 실천 방안을 수정하거나 추가해도 좋습니다.

1. 배우자에게 무조건적으로 자비로운 마음을 베풀어주세요. 상대방이 화가 났을 때 (당신의 입장을 정당화하려고 노력하지 않고) 지지와 자비심을 베푸는 것입니다. 논쟁을 벌이고 있었다면 조용히 대화할 수 있는 시간과 장소를 찾으세요. '욕하거나 소리 지르기 금지'와 같이 상대를 존중하는 행동에 대한 기본 규칙을 정하세요.

2. 느낌을 표현할 때 '분노나 실망'보다는 '두려움이나 상처'와 같이 부드러운 단어를 사용하세요. 배우자가 연약한 감정을 표현할 때는 토론,

비난, 판단하려 하지 말고 배우자의 관점을 진심으로 이해하는 것을 목표로 삼으세요. 정서적 예민함이 촉발될 때 두려움과 같은 감정이 나타나는 것은 정상입니다. 재혼가정 안에 충분한 사랑과 보살핌이 생기는 데는 시간이 필요하다는 것과 두려움을 억압하면 분노로 바뀔 수 있다는 점을 기억하세요.

3. 의견 차이가 있을 때 그것을 개인적인 문제로 받아들이지 마세요. 당신의 성격이나 가치와는 상관없이 배우자에게 어떤 걱정이 있을 수 있습니다. 당신의 취약성이 촉발되었다고 느껴진다면, 배우자의 말에 어떤 위협, 폭력 또는 모욕도 담겨 있지 않다고 상상하세요. 배우자는 단지 무엇이 자신을 화나게 하는지 말하고 있을 뿐이며 당신의 가치를 폄하하는 것이 아닙니다. 배우자가 "당신은 너무 예민해요."와 같은 말로 상처줄 때 "당신은 너무 비난을 많이 해요."와 같은 말로 반격하고 싶은 유혹을 물리치세요. 대신, 당신이 상처받았다는 사실을 배우자에게 알려주고, 개인적인 공간에서 감정이 가라앉을 때까지 기다렸다가 대화하자고 부탁하세요.

4. 배우자의 걱정을 다룰 창의적인 방법을 브레인스토밍하세요. 해결책이나 제안을 건네기 전에 배우자가 자신이 걱정하는 것을 충분히 표현하도록 배려하세요. 그러면 더 효과적으로 의사소통할 수 있고, 오해나 상처받은 감정을 회복하고, 문제 해결을 더 잘할 수 있습니다.

힘든 상황에 처했을 때, 연민과 자비의 마음을 갖는 데 집중하면 부부 모두에게 안전한 정서적 공간이 생깁니다. 이 안전망은 승자나 패자 (사실 아무도 승리할 수 없음) 없이 부부가 친밀감과 이해를 기르는 데 도움이 됩니다. 사랑하는 관계라는 맥락에서 부부가 함께 해결책을 도모할 때 그 관계는 승리합니다. 당신의 과거가 오늘의 결정을 좌지우지하도록 두지 마십시오!

4장

돈 문제를 숨기지 않고 개방하는 법

저는 첫 번째 결혼생활을 하면서 돈 문제는 비밀로 하는 게 익숙해져서
그게 더 자연스럽게 느껴져요. 사실 로드니한테 솔직하게
말하고 싶기도 했는데 돈 문제를 꺼내기가 너무 어려웠어요.

_주디스(58세)

    돈에 대해 생산적이고 갈등이 적은 대화를 하는 것은 재혼가정의 건강한 재정 관리를 위해 필수입니다. 돈은 모든 부부에게 민감한 주제이지만, 재혼가정의 경우 자녀 양육비, 위자료 등을 비롯한 재정적 고려 사항이 초혼보다 더 복잡합니다. 자녀들―당신의 친자녀, 배우자의 친자녀, 재혼친자녀―의 학비 및 등록금을 누가 지불할 것인가는 재혼가정에서 해야 하는 일반적인 논의 사항 중 하나입니다. 그리고 재혼 전에 재정적 배신을 당한 경험이 있거나, 부부의 재혼 전 재산 수준이 크게 차이 나거나, 혹은 단순히 자신의 재산 보호를 원할 경우에 일부 재혼부부는 혼전 합의서를 작성하기도 합니다.

    재혼부부는 그들의 의무, 책임, 스트레스 요인 외에도 재정적 짐을 안고 결혼생활을 시작하는 경우가 많습니다. 특히 이전 결혼에서 얻은 자녀가 있는 경우에는 더욱 그렇습니다. 이러한 재정적 압박은 재혼친자녀를 낳을 경우 더욱 가중됩니다. 일부 재혼부부는 이전 결혼에서 갚지 못한 빚을 재혼가정 형성 초기 단계에 갚기도 합니다. 그리고 재혼부부의 평균 연령은 초혼부부보다 높기 때문에 은퇴 자금 또한 많은 재혼부부의 고민거리입니다.

《성공적인 재혼을 위한 재정 조언 Money Advice for Your Successful Remarriage》에서 금융전문가 퍼트리샤 시프 에스테스는 자녀가 있는 재혼부부는 다른 부부들에 비해 경제적으로 더 열악하다고 설명합니다. 에스테스는 재혼부부가 자녀 양육비와 위자료 지급, 이전 결혼에서 남은 빚 등으로 인해 다른 부부보다 재정적 의무를 더 많이 지고 있어서 지속적으로 돈 걱정을 할 수밖에 없다고 이론화합니다. 자녀가 성장하면서 예상했던 혹은 예상하지 못했던 지출이 계속 발생하고 친부모 및 새부모는 그것을 책임져야 합니다. 새부모는 배우자의 자녀에 대한 법적 책임이 없지만, 대부분의 새부모는 새자녀에 대해 어느 정도 재정적 책임을 지려고 합니다. 이는 주로 자녀들을 돌보려는 마음에서 시작하여 시간이 지남에 따라 그들의 삶이 뒤섞이기 때문이기도 합니다.

재정과 돈 문제가 부부 싸움의 원인 1순위이면서 이혼의 주요 원인이지만, 재혼가정의 재정적 준비에 관한 연구는 거의 없습니다. 로런스 가농과 메릴린 콜먼이 진행한 연구에 따르면 재혼부부의 25퍼센트만이 결혼 전에 재정문제에 대해 논의한 것으로 나타났습니다. 돈 문제는 많은 사람들에게 강렬한 정서를 불러일으키고 결혼생활의 주요 스트레스 요인이자 부부가 이혼하는 주된 이유이기 때문에 재정에 대해 미리 논의하는 것이 당연히 필요합니다.

나의 경우, 두 번째 남편인 크레이그를 만나 사랑에 빠졌을 때 학령기 자녀 두 명을 키우는 싱글맘이었습니다. 사실 나는 싱글맘으로 생활하면서 생긴 빚이 있었는데 그 사실을 남편에게 말하기가 부끄러웠습니다. 내가 재정적 독립을 이루었다는 인상을 주고 싶었는데, 실상은 빚이 있다는 것이 수치스러웠고 그것을 알면 남편이 나를 떠날까봐 두려웠습니다. 그러나 결혼 몇 년 후 내가 결혼생활을 깨끗한 재정 상태로 시작하지 않았음이 드러났고, 나는 빚을 비밀로 하는 바람에 우리 사이에 불신을 키웠다는 것을 깨달았습니다. 첫 번째 결혼에서 돈이 늘 뜨거운 쟁점이었기 때문에 나는 빚과 소비 내역을 숨기는 데 익숙했습니다. 하지만 나는 크레이그를 사랑하고 우리의 재혼이 세월의 질곡을 잘 견뎌내기를 바랐기 때문에 나의 재정적 배신이 점점 불편하게 느껴졌습니다.

부부가 함께 신뢰의 기반을 다지고 취약한 부분을 개방하지 못한다면 재정적 배신을 저지르기가 더 쉽습니다. 배우자를 신뢰하지 못하고 지속적인 불안감을 느낀다면, 배우자가 자신의 행동을 잘 해명해도 상대방의 사소한 실수가 당신의 취약한 부분을 건드릴 수 있습니다. 즉, 부부 사이에 비밀이 있거나 거짓말을 하게 되면 관계는 위험에 빠집니다. 부부가 함께 성장하고 회복탄력성을 키우는 데 필요한 신뢰와 안정감을 상실했기 때문입니다.

돈에 관한 비밀은 거짓말과 같다

재혼에서는 신뢰가 무너지기 쉽습니다. 비밀과 거짓말은 친밀감을 차단하고 일종의 배신이 되어 신뢰를 깨뜨립니다. 비밀이 있는 것, 무언가를 생략해버리고 말하는 것은 실제로 거짓말과 같습니다. 그러나 사람들은 진실을 말하면 상황이 악화될 것이라고 생각하거나 자신을 보호하기 위해 비밀을 스스로 합리화합니다. 일반적으로 사람들은 과거나 현재의 실수로 발생한 재정적 문제를 완전히 개방하고 해명하는 것을 어려워합니다. 실제로 재혼 부부 사이에 비밀이 있는 것은 관계가 건강하지 않다는 의미이고, 이전 관계에서 미해결된 불신의 문제가 존재한다는 위험 신호입니다.

예를 들어, 앞에서 만난 타마라와 캘빈은 혼합가정에서 세 자녀를 키우며 지속적으로 불신의 문제를 겪고 있었습니다. 재혼 후 몇 년 동안 캘빈은 이전 동업자에게 진 빚이 있다는 사실을 타마라에게 숨겼습니다. 이 부부는 6개월간의 짧은 약혼 기간 끝에 결혼식을 올렸고, 과거의 이슈에 대해 제대로 공유할 시간을 갖지 않았습니다. 캘빈은 결혼 2주년 때, 함께 빌렸던 대출금을 갚기 위해 수천 달러를 지불하라는 이전 동업자의 이메일을 갑자기 받았습니다. 타마라는 집을 청소하다가 우연히 캘빈의 컴퓨터 화면을 보게 되었고 기겁을 했습니다.

상황이 더 악화된 이유는 타마라가 이메일의 내용과 빚에 대해 대화하자고 했을 때 캘빈이 매우 방어적인 태도를 보였기 때문입니다. 안타깝게도 이 부부는 서로의 취약성을 개방하며 솔직히 대화하지 못했고, 캘빈의 재정적 배신과 방어적인 태도 때문에 두 사람은 수년 동안이나 적개심과 불신을 이어왔습니다.

타마라는 말합니다. "저는 캘빈을 사랑해요. 남편은 기본적으로 좋은 사람이에요. 하지만 문제는 남편이 알렉스에게 빚을 졌다는 사실을 저한테 말하지 않았다는 거예요. 제가 빚에 대해서 미리 알고 있었다면, 저는 이 상황을 훨씬 더 잘 처리했을 거예요. 제가 느끼기에 남편은 자신의 비밀을 깊고 어두운 곳에 숨기고 있었고, 그 비밀을 공유할 만큼 저를 신뢰하지 않았던 것 같아요. 어쨌든 저는 빚에 대해서 자세히 알게 됐는데, 5만 달러가 넘는 금액이었어요. 정말 소화하기 힘든 상황이었어요. 하지만 최악은 남편이 저를 속였다는 거예요."

이유가 무엇이든 간에 배우자가 중요한 재정적 정보를 숨겼다면 부부가 신뢰를 잃는 것은 당연합니다. 돈처럼 중요한 문제에 대해 비밀이 있으면 배우자의 신뢰를 영원히 잃을 수도 있고, 신뢰를 되찾는 것도 너무 어려워집니다. 불신은 마음 깊은 곳에 남아서 배우자의 사랑을 의심하고 버림받음에 대한 두려움을 느끼게 합니다. 부부관계가 안전하다고 느끼지 못하고 배우자에게 정직하고 개방적인 태도를 보이지 못하는 이유를 살펴보면, 배우자가 자신을 진정으로 사랑한다고 믿지 않거나 버림받을까 두려워 지나치게 방어적인 태도를 취하는 경우가 많습니다.

재정적 배신

재정적 배신은 의식적으로나 의도적으로 돈, 부채, 빚에 대해 배우자에게 거짓말을 하는 것입니다. 이는 실수로 카드 거래 내역을 잊어버리는 정도가 아니라, 배우자에게 돈과 관련한 비밀을 숨기는 상황을 말합니다. 금융교육국가기금에 따르면, 미국 성인 다섯 명 중 두 명(41퍼센트)이 재정적 배신을 저지른 적이 있다고 합니다.

재정적 배신을 몇 년 동안 알아차리지 못하는 경우도 있고, 혹은 재정적 배신을 의심하지만 사랑하는 사람이 나를 속인다는 사실을 믿기 힘들어서 부정하거나 합리화하는 경우도 있습니다. 특히 재혼 초기에 부부가 장밋빛 안경을 쓰고 서로의 좋은 점만 보고 싶어하는 '낭만적 사랑의 단계'에서는 더욱 그렇습니다. 이로 인해 사람들은 상대방의 실수나 성격적 결함을 간과하게 됩니다. 이 장의 뒷부분에서 재혼과 재정적 신뢰 구축에 대한 4단계를 소개합니다.

내가 인터뷰한 재혼 여성 수잔은 이렇게 말했습니다. "저한테 비밀 계좌가 있다는 걸 제러미가 알게 됐을 때, 저는 일단 당황했고 제 자신이 혐오스럽게 느껴졌어요. 전남편한테 제가 당했던 일을 제러미에게 똑같이 저지른 꼴이 됐잖아요. 이걸 어떻게 합리화하겠어요? 변명인 건 알지만 저는 돈에 대해 불안감이 너무 커서 제러미가 전남편처럼 갑자기 헤어지자고 하면 어떡하나 걱정돼서 돈을 좀 숨겨둬야 할 것 같은 느낌이 들었어요. 전남편이 제 예금과 현금을 몽땅 털어 쓰고 갑자기 이혼하자고 했을 때를 생각하면, 저는 아마 영원히 그 기억에서 벗어나지 못할 것만 같아요."

40대 중반의 자녀가 없는 재혼부부인 수잔과 제러미는 부부 상담을 거친 후, 수잔이 왜 비밀 계좌를 갖고 있었는지 이해할 수 있었습니다. 수잔이 제러미와 재정 문제에 대해 대화하려고 할 때마다 제러미가 매우 통제적인 반응을 보이거나 뒤로 물러나는 태도를 취했다는 것을 알게 되었기 때문입니다.

제러미는 이렇게 말합니다. "저는 수잔의 행동이 이전 결혼생활에서 겪은 문제에 대한 반응이라는 걸 알게 됐어요. 그리고 저도 이 상황에 영향을 끼친 부분이 있다는 걸 깨달았어요. 우리 부부는 상담을 통해 둘 다 문제에 기여한 부분이 있다는 걸 인정하게 됐어요. 몇 달 동안 상담을 받고 나서 우리는 정기적으로 돈에 대해 솔직하게 대화하고 있어요. 그리고 우리 관계가 점점 더 견고해지는 것 같아요."

재정적 배신이 발생하는 이유

부부 사이에 다른 문제가 존재할 때, 그에 따른 증상으로 재정적 배신이 나타나기도 합니다. 수잔과 제러미의 경우 불안, 보호에 대한 욕구, 통제에 대한 욕구가 근본적인 문제입니다. 많은 부부가 그렇듯이 수잔과 제러미는 부부의 문제에 대해 거의 대화를 나누지 않았고, 따라서 수잔은 쉽게 비밀 계좌에 돈을 숨겨두어야겠다는 생각을 했습니다.

잘못된 의사소통과 과거의 정서적 짐이 결합되면 부부의 신뢰와 친밀감이 깨지고 재혼에 재앙이 닥칩니다. 또한 부부가 거짓말을 하고 중요한 재정 정보를 숨김으로써 통제력을 얻거나 안전을 확보하려고 하면 재혼의 뿌리는 심각하게 흔들릴 것입니다.

재정적 배신의 여덟 가지 위험 신호

1. 당신이 모르는 계좌의 카드 명세서를 발견한다. 당신이 전혀 알지 못하는 계좌와 관련된 서류를 발견합니다. 배우자가 지출 내역을 당신한테 말하지 않았고, 해당 계좌에 상당한 잔고가 있음을 알게 됩니다.

2. 당신의 이름이 공동 예금, 저축 또는 신용카드 계좌에서 지워졌다. 아마도 당신은 이것을 바로 발견하지 못했을 것이고, 당신의 배우자는 왜 말도 없이 당신의 이름을 뺐는지에 대해 이런저런 설명을 갖다 붙일 것입니다. 대부분의 경우 과도한 지출, 부채, 투자 등과 관련되어 있습니다.

3. 배우자가 우편물 수거에 지나친 관심을 보인다. 배우자가 당신보다 먼저 우편물을 찾기 위해서 일찍 퇴근합니다.

4. 배우자가 당신에게 숨기는 새로운 물건들을 소유하고 있다. 당신이 그 물건들에 대해 물어보면 배우자는 바쁜 척을 하거나 대화의 주제를 바꿉니다.

5. 저축이나 예금계좌에 있는 돈이 사라졌다. 당신의 배우자는 이것을 제대로 설명하지 못하거나 은행이 실수한 것이라고 말합니다. 혹은 손실 금액을 최소화하여 이야기합니다.

6. 돈과 관련된 대화를 나누려 할 때, 배우자가 지나치게 감정적이거나 방어적인 태도를 취한다. 재정과 관련한 대화를 하자고 하면 배우자가 소리를 지르거나 당신이 미련하다고 비난하거나 갑자기 울기 시작합니다.

7. 배우자가 지출을 감춘 것을 당신이 알게 됐을 때, 배우자는 방어적인 자세를 취한다. 배우자는 '부정'이라는 방어기제를 사용하고 자신에게 문제가 있다는 사실을 인정하지 않습니다.

8. 배우자가 돈에 대한 걱정이 많고 예산을 짜는 데 과도한 관심을 보인다. 이는 장기적으로 보면 좋은 면일 수 있지만, 때로는 배우자가 당신을 속이고 있거나 비밀 계좌에 돈을 숨기고 있거나 말하지 못한 지출이 있다는 신호일 수 있습니다.

재정적 배신을 다루는 첫 번째 단계는 문제가 있음을 인정하고 전문가의 도움을 받는 것입니다. 부부가 함께 손실을 복구하려면 현재와 과거의 재정적 실수에 대해 솔직하게 말해야 합니다. 이는 모든 명세서, 청구서, 신용카드 내역서, 예금과 저축 계좌 명세서, 대출금 및 기타 지출 증빙의 공개를 의미합니다.

다음으로, 부부는 문제를 함께 해결하겠다고 약속해야 합니다. 재정적 배신을 당한 사람은 배우자의 신뢰를 저버린 행동에 대해 적응할 시간이 필요하며, 이는 하룻밤 사이에 가능한 일이 아닙니다. 재정적 배신을 저지른 사람은 앞으로 완전히 투명하게 공개할 것이며 관계 파괴적인 행동을 중단하겠다고 약속해야 합니다. 돈을 몰래 쓰거나 숨기고, 남에게 빌려주고, 심지어 도박까지 하는 일상적인 습관이 있다면 바꿔야 합니다. 만약 도박 중독이 있다면 그것부터 전문적으로 치료한 후 부부상담을 받아야 합니다. 어떤 경우든 부부가 신뢰를 회복하려면 분노, 배신, 슬픔의 감정을 잘 다스려야 합니다. 이것은 시간이 걸리는 과정이며 부부상담이 매우 도움이 됩니다.

재정적 배신을 고백하는 4단계

1. 당신이 공개한 내용을 받아들이기 위해 배우자에게 시간이 필요하다는 것을 이해해주세요. 재정적 배신의 내용을 알게 되면 깊은 충격과 상처, 배신감을 느끼게 됩니다. 배우자가 이것을 받아들이는 데는 상당한 시간이 필요할 것입니다.

2. 과거와 현재의 빚에 대해 상세하게 공유하세요. 빚의 액수뿐 아니라 정서적 상처에 대해서도 함께 대화하세요. 예를 들어, 제러미는 수잔에게 "당신이 비밀 계좌를 갖고 있다는 것을 알고 나는 너무 마음이 힘들었어요."라고 말했습니다. 과거와 현재의 빚과 소비 습관에 대해 상세하게 공유하세요. 모든 내용을 공개하면 배우자가 신뢰를 회복하는 데 도움이 됩니다.

3. 당신이 변할 것이라는 확신을 주세요. 은행 계좌와 신용카드 명세서를 모두 보여주고, 매주 부부회의를 함으로써 당신의 결심을 행동으로 보여줄 수 있습니다.

4. 배우자의 신뢰를 회복하기 위해 어떤 일이라도 하겠다고 약속하세요. 재혼생활에서 재정적 문제를 야기하는 당신의 빚과 소비 습관을 없애기 위해 노력하세요. 개선이 보일 때까지 적어도 8~12회 정도의 부부상담을 통해 중립적인 제삼자의 지지와 피드백을 받을 것을 권합니다.

재혼부부는 종종 서로 다른 두 세계를 혼합하는 어려움에 대해 과소평가합니다. 그들은 사랑으로 모든 것을 헤쳐나갈 수 있다는 신화를 믿는 경향이 있습니다. 재혼부부는 재정에 관한 대화가 갈등을 일으킨다는 것을 알기 때문에 그것을 피하려고 합니다. 따라서 집을 구입하거나 직장을 옮기거나 재혼친자녀를 낳는 등 결혼생활의 중요한 시점에서 돈에 대한 불안감이 촉발될 수 있습니다.

재정적 신뢰 구축하기 4단계

다음 단계를 이해하면 재혼생활에서, 특히 재정적 배신이 발생한 후에 배우자에 대한 신뢰를 회복하는 데 도움이 될 것입니다. 재정적 배신과 불신의 문제는 정도 차이가 있으며 하나의 방식이 모든 경우에 적용되지는 않습니다.

1. 낭만적 사랑의 단계

연애 중인 커플이나 초혼부부는 일반적으로 장밋빛 안경을 쓰고 관계를 시작합니다. 그리고 재혼부부는 두 번째 사랑을 만났다는 감격 때문에 빚이나 채무를 알리기가 꺼려질 수 있습니다. 이를 자각하고 배우자에게 더 개방적이고 정직하도록 노력하세요. 부부 사이에 비밀이 있으면 불신을 키우게 됩니다.

2. 평화 유지 단계

부부가 함께 살다 보면 힘든 일도 생기기 마련입니다. 이때 풍파를 일으키고 싶은 사람은 없을 것입니다. 자녀가 집에 없는 시간에 배우자와 마주 앉아 소득, 재정적 책임, 부채 및 예산에 대해 논의하는 것이 중요합니다. 재혼부부는 반드시 자신들의 재정적 이력에 대해 대화해야 하며, 이런 대화에는 감정이 개입될 수 있다는 것을 알고 있으면 도움이 됩니다.

3. 현실 설정 단계

연애나 동거를 시작했다면 시간을 내어 돈 문제에 직면하는 것이 좋습니다. 여기에는 부부가 재혼 전부터 갖고 있던 부채, 자녀들에게 들어가는 비용, 소비 패턴, 예산 문제 및 기타 수많은 주제가 포함됩니다. 부부 사이에 완전한 개방과 정직함을 도모하려면 관계 초기에 돈 문제를 해결하는 것이 가장 좋습니다. 지금은 내숭을 떨거나 빙빙 돌려서 말할 때가 아닙니다. 비밀을 간직하거나 부채나 재정적 책임을 숨기는 것은 일반적으로 역효과를 낳고 시간이 지남에 따라 부부 사이의 신뢰와 원활한 의사소통을 방해합니다.

4. 수용 단계

부부가 함께 10년 이상 살면서 돈 문제를 겪어왔다면 돈 때문에 다투는 것에 이미 지쳤을지도 모릅니다. 이제는 받아들이고 수용할 때입니다. 당신과 배우자는 이제 빚을 갚고, 학자금을 내고, 은퇴 계획을 할 동기부여가 되었을 것입니다. 안타깝지만 그동안 빚을 숨겼거나, 과도한 지출을 했거나, 실직이나 투자 실수로 인해 소득이 감소한 부부라면 이 단계에서 허둥대거나 당황할 것입니다. 현명한 부부는 이런 상황에서 재정적 짐 때문에 관계를 파탄에 이르게 하기보다 '뭉치면 산다'는 마음가짐으로 문제에 접근합니다.

시간과 인내심을 들여 노력하면 당신이 지닌 두려움과 걱정이 무엇인지 알아차릴 수 있습니다. 부부 사이의 재산 차이, 자녀 양육비, 위자료, 학비, 대학 등록금과 같은 문제를 처리하는 데 '올바른' 또는 '잘못된' 방법은 없습니다. 또한 이런 문제를 처리할 때 느껴지는 감정은 좋거나 나쁜 것이 아님을 기억하십시오. 감정은 실제 경험하는 정서이며 비난 없이 인식되고, 처리되고, 효과적으로 공유되어야 합니다.

돈 문제는 종종 우리의 정서에 너무 깊이 파묻혀 있어 우리가 어떤 신념을 갖고 있는지, 돈에 대한 우리의 태도가 어디에서 비롯되었는지 알아차리기 어렵습니다. 《부채 없는 결혼생활$^{Debt-Proof\ Your\ Marriage}$》에서 금융 전문가이자 작가인 메리 헌트는 다음과 같이 설명합니다. "결혼생활의 모든 문제 중에서 돈은 관계를 망가뜨릴 위험성이 가장 큽니다. 이것은 나쁜 소식이지요. 그러나 좋은 소식은 돈 문제가 왜 그렇게 어려운지 잘 배우고 자각하면 가정의 재정적 조화에 큰 도움이 된다는 것입니다."

재정적 압박과 배신으로 어려움을 겪는 부부들의 이야기를 들으면서 내가 알게 된 것은 '돈에 대한 다툼이 대부분 돈 자체보다 돈과 관련된 과거 경험에서 비롯된다'는 것입니다. 좋든 싫든 돈과의 관계는 어린 시절부터 시작됩니다. 부부와 돈의 관계에는, 부부가 각자 원가족과 어떻게 살아왔는지 그리고 돈과 행복의 연관성을 어떻게 생각하는지 등이 혼합되어 있습니다. 그 위에 이전 결혼에서의 경험까지 겹쳐지면 상황이 더욱 복잡해지는 것은 당연합니다.

돈에 대한 다툼은
거의 돈에 대한 것이 아니다

어쩌면 당신은 어릴 적에 아버지가 직장에서 해고당했을 수도 있고, 어머니가 먹고살기 힘들다고 불평했을 수도 있고, 부모님이 이혼하면서 자녀양육비를 놓고 싸웠을 수도 있습니다. 또는 가정 경제를 거의 내팽개친 알코올 중독자 부모 밑에서 자랐을지도 모릅니다. 이런 경우에 당신은 부모님과는 다르게 빚을 지지 않고 꿈에 그리던 집에서 평화로운 삶을 살 것이라고 스스로에게 약속했을 것입니다. 나의 경우에는, 절대로 이혼하지 않을 것이고, 아이들 앞에서 돈 문제를 꺼내지 않을 것이며, 다섯 자녀 부양에 고달파 보였던 프리랜서 예술가인 아버지와 같은 자영업자와는 결혼하지 않을 것이라고 스스로 다짐했던 기억이 납니다.

대부분의 경우에는 원가족에 대한 경험과 이전의 관계 이력 등이 재정과 관련된 감정 및 행동에 영향을 미칩니다. 예를 들어, 앞서 만난 타라(48세)는 돈이 부족한 편모가정에서 자랐고, 어머니는 아버지가 정기적으로 양육비를 주지 않는다고 늘 불평했습니다. 타라는 30대 후반에 이혼할 때 전 배우자와 함께 원만한 관계를 유지하면서 재정 문제를 해결하자고 약속했습니다. 몇 년 동안 싱글맘으로 비교적 잘 적응한 타라는 코너(49세)를 만나게 되었고, 그가 데이트한 지 6개월 만에 프러포즈하자 깜짝 놀랐습니다. 코너는 자신의 첫 아이(타라에게는 셋째 아이)를 너무나 갖고 싶어 했고 이들은 결혼을 서둘렀습니다.

가족계획을 빠르게 실행하기 위해 타라와 코너는 '현실 설정 단계'와 '수용 단계'를 탐색할 시간을 충분히 갖지 못한 채 결혼했습니다. 코너가 경력 개발과 교장 승진을 위해 대학원에 가겠다고 말했을 때 타라에게 처음 떠오른 것은 학비 걱정이었습니다. 타라는 또한 남편의 퇴근이 늦어지는 것도 걱정됐습니다. 결국 코너의 포부는 타라에게 위협이 되었는데, 이는 타라의 전 배우자가 일 중독자였고 가족들과 시간을 거의 보내지 않았기 때문입니다. 타라와 코너가 서로의 취약한 부분을 개방하지 못하고 돈에 대해 솔직하게 대화하지 못하자 부부는 말다툼이 잦아졌고, 연애 때와 재혼 첫해에 품었던 긍정적인 정서와 친밀감을 잃고 있었습니다. 또한 이 부부는 세 자녀를 키우는 재혼가정으로서 겪는 어려움에 대해 거의 대화도 하지 못했습니다. 게다가 타라와 코너는 모두 상당한 재정적 짐을 안고 재혼했습니다. 타라의 전남편은 이혼 전에 예금과 저축을 모두 탕진하여 타라를 재정적으로 배신했고, 코너의 경우에는 전처가 돈을 철저히 통제했기 때문입니다.

서로의 배경과 관점이 얼마나 다른지 알게 된 후에야 이 부부는 공동의 이익과 꿈을 위해 차분하게 목표를 세우고 자신들에게 맞는 예산을 짤 수 있었습니다.

이전 결혼에서 가져온 재정적 짐

재정적 스트레스는 이혼의 주요 원인이기 때문에 이전 결혼에서 재혼으로 재정적 짐이 넘어가는 경우가 많습니다. 대부분의 이혼한 사람들은 이런 재정적 짐으로 인해 분노가 쌓이기도 합니다. 돈에 대한 부부의 태도가 극단적으로 다를 때, 또는 배우자에게 비현실적인 재정적 기대를 품을 때 부부 사이에 분노가 발현될 수 있습니다. 돈에는 매우 강력한 정서적 의미가 함축되어 있기 때문에 돈 문제를 직면하는 부부에게 간단한 해결책은 없습니다.

내가 인터뷰한 50대 후반의 재혼부부 주디스와 로드니의 이야기입니다. 주디스가 예산에 맞게 소비하지 못하고 신용카드를 너무 많이 써서 이 부부는 재정적 어려움을 겪고 있었습니다. 이 부부는 재혼한 지 10년이 넘었고 네 명의 자녀를 양육하고 있었습니다. 로드니의 첫 결혼에서 얻은 10대 자녀 두 명(17세와 19세)과 재혼 후 낳은 두 자녀(7세와 9세)입니다.

로드니는 주디스의 재정적 배신에 대해 다음과 같이 한탄합니다. "자식들을 키우느라 돈이 많이 드는데, 주디스는 계속 쇼핑 중독 증세를 보이고 있어요. 자기 것 아이들 것 가리지 않고 필요하지도 않은 옷을 산다고 수백 달러씩 써요. 저는 돈을 쓰는 데 훨씬 보수적이고 신용카드를 쓰는 것도 별로 안 좋아해요. 저희 부부는 시간을 내서 예산을 다시 짜야 합니다. 주디스는 정말이지 과소비를 멈춰야 해요."

주디스와 로드니 같은 부부는 신뢰를 구축하기 위해서 재정 문제에 대해 솔직하게 논의해야 합니다. 이상적으로는 결혼 전에 재정에 대해 공개하는 것이 가장 좋습니다. 그러나 그렇게 못했다면 차선책은 가능한 한 빨리 공개하는 것입니다. '지금'만큼 좋은 때는 없습니다.

주디스는 다음과 같이 말합니다. "남편한테 쇼핑 중독을 오랫동안 숨기면서 죄책감을 많이 느꼈어요. 그런데 저의 빚이나 소비 습관, 예산에 대해서 남편과 솔직하게 대화하기 시작하면서 죄책감이 사라졌어요. 아직도 남편하고 돈 얘기를 하는 게 어렵기는 해요. 그렇지만 제가 계속 과소비를 하면, 남편은 저에 대한 신뢰가 깨질 거고 결국 저를 떠나게 될 거예요."

성공적인 재혼을 원한다면 돈에 관해 공유하는 것은 아무리 강조해도 지나치지 않을 만큼 중요합니다. 재정적으로 탄탄한 미래를 구축하기 위해 함께 노력한다면, 당신은 돈에 대해 투명해질 수 있고, 배우자가 당신을 떠나거나 과거의 실수를 비난하지 않을 것이라는 믿음을 갖게 될 것입니다. 그러나 재정적 짐이 너무 크거나, 부부의 재산 규모가 크게 차이가 나거나, 노년 재혼이거나, 이전에 재정적 배신을 당해서 자신을 보호할 필요를 느낀다면 '혼전 합의서' 작성을 고려할 수도 있습니다.

혼전 합의서 작성 시기

결혼을 고려하는 대부분의 사람들은 혼전 합의서 작성을 꺼립니다. 혼전 합의서를 언급하는 것 자체가 신뢰 문제를 일으키고 파괴적인 대화로 이어질 수 있다고 생각하기 때문입니다. 하지만 늦은 나이의 결혼에서 발생하는 많은 우려 사항들을 혼전 합의서를 통해 다룰 수 있습니다. 은퇴 후 노후의 경제적 부양, 사망 후 친자녀, 새자녀, 재혼친자녀에게의 재산 상속, 재혼이 실패할 경우 평화로운 이혼 보장 등의 내용이 혼전 합의서에 포함될 수 있습니다. 또한 혼전 합의서에는 재혼 기간 동안 부부의 경제적 책임이나, 부부 모두에게 재정적으로 공정한 의사결정을 내리는 방법이 담길 수도 있습니다.

일부 전문가들은 혼전 합의서가 방어적인 자세를 조장하기 때문에 이별을 초래한다고 생각하지만, 또 다른 전문가들은 혼전 합의서가 재정에 대한 솔직한 논의를 장려한다고 말합니다. 예를 들어, 캘빈이 이전 동업자에게 5만 달러의 빚이 있다는 사실을 타마라가 미리 알았더라면 혼전 합의서 작성을 고려했을지도 모릅니다. 내 경우에, 크레이그와 나는 약혼 당시 수입과 재산이 비슷했기 때문에 혼전 합의서를 작성하지 않기로 결정했습니다. 그러나 우리 부부는 변호사를 만나 상의했고, 내가 크레이그보다 먼저 사망할 경우를 대비해서 나의 두 명의 재혼 전 친자녀를 위한 자금 계획을 마련했습니다. 거기에는 세 자녀 모두에게 해당하는 내용도 포함되어 있습니다. 나는 유산 계획을 세우는 것이 남편에게도 도움이 되고 내 재산을 세 자녀에게 공평하게 분배한다는 보증이 된다고 느꼈습니다.

재혼부부가 혼전 합의서 작성을 원하는 경우도 많습니다. 부부의 재산 규모가 크게 차이 나거나, 퇴직연금이나 부동산이 있거나, 이전 결혼에서 얻은 자녀가 있는 경우에 혼전 합의서는 더 부유한 배우자의 재산을 보호해줍니다. 또한 첫 번째 결혼에서 재정적 배신을 당했거나 은퇴 자금 확보를 걱정하는 부부들의 마음을 더 편안하게 해주기도 합니다. 초혼부부의 이혼율이 50퍼센트인 데 반해 두 번째, 세 번째 결혼의 이혼율은 60~73퍼센트에 달하기 때문에 재혼부부가 재산을 보호하기 원하는 것은 충분히 타당해 보입니다. 그리고 이를 통해 재혼이 실패하더라도 적대적 이혼을 피할 수 있습니다. 하지만 혼전 합의서 작성 여부와 상관없이 과거와 현재의 재정 상태에 대해 세부적으로 공개하고 논의하는 것이 좋습니다. 내 경험에 따르면 부부 사이의 투명성은 이혼을 예방하기 때문에, 아직 재혼의 복잡한 문제가 생기지 않은 결혼 전에 미리 재정 문제를 논의하는 것이 확실히 좋습니다.

요약하자면, 재정은 삶의 모든 측면에서 필수적이며, 부부가 재정에 대해 개방적으로 논의한다면 재혼생활의 견고한 기반을 구축하게 된다는 것입니다.

예산 개관하기

혼전 합의서를 작성하지 않더라도 재혼부부가 꼭 논의해야 할 필수 재정 정보는 다음과 같습니다.

- 자산: 주식, 저축, 개인 소유물 등
- 부채: 신용카드, 대출, 위자료, 자녀 양육비 등
- 의무: 자녀, 부모, 자선단체 및 기관 후원금
- 보험: 생명보험(보장 금액, 보험 수혜자)
- 퇴직금
- 고가의 보석이나 자동차, 금고에 넣어 놓은 귀중품 등

위의 목록을 작성하여 함께 서명하는 것이 좋습니다. 변경 사항이 있을 경우 항목을 조정하거나 추가하면 됩니다. 부부가 원한다면 변호사를 만나 공식적인 합의서를 작성해도 되겠고, 공식 합의서는 아니더라도 부부가 적절한 합의서를 작성하여 서명한 후 사본을 금고에 보관해도 되겠습니다.

재혼부부의 부채 & 예산 관리

자산운용사 피델리티의 최근 '커플과 돈에 관한 연구'에 따르면, 조사에 참여한 커플 중 절반 이상이 빚이 있는 상태에서 만났고, 20퍼센트는 빚이 그들의 관계에 부정적인 영향을 미쳤다고 인정했습니다. 빚에 대한 고민이 있는 응답자 중 거의 절반은 돈이 관계에 가장 큰 영향을 미치는 문제라고 답했고, 67퍼센트는 정기적으로 돈 문제로 싸운다고 답했습니다.

빚이 있는 상태에서 재혼했을 때 그 상황을 효과적으로 처리하려면 정기적으로 돈에 관해 열린 대화를 나누어야 합니다. 만약 재정적 배신이 발생하면 이를 처리하기 위한 단계를 설정하고 따르며, 빚이 없는 재혼이 될 수 있도록 예산 계획을 수립해야 합니다. 이럴 때 메리 헌트의 《부채 없는 결혼생활》은 예산 계획을 세우는 데 참고할 만한 좋은 자료입니다. 아래 목록은 헌트의 제안을 요약하고 나의 조언을 추가한 내용입니다.

1. 지출 기록을 작성한다.
평균 월소득과 지출 내역에 대해 상세 목록을 작성하세요. 이 목록이 기준점이 되며, 여기에는 이전 결혼에서 넘어온 부채(신용카드, 대출 등)가 포함됩니다.

2. 매주 기록을 검토한다.

비난하거나 화내지 말고 지출 내역에 대해 상의하세요. 업무라고 생각하면 도움이 됩니다. 계속 지출 기록을 공유하고 싶다면 과잉 반응을 피하세요.

3. 4주 단위로 월간 기록을 작성한다.

'톰과 제니의 월간 지출 기록'과 같은 라벨을 붙여보세요. 모든 지출 항목을 합산하세요.

4. 돈이 새는 곳과 비밀스럽게 쓰이는 곳을 살핀다.

돈이 새는 것이나 돈을 비밀스럽게 사용하는 것은 부부 간의 신뢰 형성에 방해가 되고 재정적 성공이 동반된 재혼생활을 요원하게 합니다.

3개월의 수입과 지출 기록을 만들기 위해 모든 지출 내역을 해당 항목에 기입하세요. 퍼트리샤 시프 에스테스는 《성공적인 재혼을 위한 재정 조언》에서 최소한 아래 항목을 사용하되, 필요할 경우 추가하거나 수정할 수 있다고 설명합니다.

- 주택 관련 비용: 임대료, 주택담보대출 원리금, 보험금, 공과금, 수도세, 전기세, 가스비 등
- 주택 유지비: 수리비, 가구, 설비, 가전제품, 가사도우미 등

- 전화비: 휴대전화, 인터넷 사용료 등
- 식료품비
- 외식비 및 배달 음식비
- 여가비: 레크리에이션, 영화, 연극, 콘서트, 지역사회 행사 등
- 의류비: 구매, 세탁 서비스
- 교통비: 자동차 할부금, 주유, 자동차 수리, 대중교통, 통행료 등
- 휴가비: 항공료, 호텔, 자동차 렌트, 주유, 식사, 여흥비
- 교육: 사립학교 학비, 대학교 등록금, 온라인 학습 비용, 자격증 과정, 도서, 취업 준비 교육 및 훈련비
- 의료비: 건강 보험료, 의약품, 병원비
- 가족: 보육료, 자녀 양육비, 용돈
- 저축 및 투자: 연금 및 퇴직 연금 납부금, 부동산을 포함한 투자
- 자선 및 선물: 교회 헌금, 동창회 기부, 비영리 단체 기부 등
- 부채: 매월 지불하는 이자 및 원금
- 세금: 국세, 지방세 등
- 개인 용돈: 음료, 과자 외 일일이 기록하기 힘든 소액 지출

모든 지출을 잘 기록하고, 지출 내역 추적이 쉽도록 가급적 현금을 적게 들고 다니세요. 당신의 자산과 지출을 명확하게 파악하면 예산 계획을 더 상세하게 세울 수 있습니다. 이를 실행하는 다양한 방법의 예시를 인터넷에서 찾을 수 있습니다. 상세한 예산

계획을 세우기 전에 당신 가정에서 사용하기에 가장 적합한 '자금 관리 시스템'이 무엇인지 알아보고 정하세요.

자금 관리: 당신 것, 내 것, 그리고 우리 것

두 사람 모두가 동의하는 자금관리 시스템을 마련하는 것은 쉽지 않습니다. 부부의 재산 규모의 차이, 부채, 지출과 저축에 관한 상이한 관점 때문입니다. 재혼가정 연구원인 바버라 피시먼이 중산층 열여섯 재혼가정을 인터뷰한 결과, 대부분 공유경제 시스템이나 이중경제 시스템을 채택하고 있었습니다.

'공유경제 시스템'에서는 경제 자원이 혈연관계와 상관없이 필요에 따라 모아지고 분배됩니다. 반면에 '이중경제 시스템'에서는 경제 자원이 주로 혈연관계에 따라 분배됩니다. 피시먼의 연구 결과는 가족 전체의 행복에 대한 관심이 공유경제 시스템의 근간인 반면, 이중경제 시스템은 경제적 독립과 개인의 자율성을 장려한다는 점을 시사합니다. 그러나 저명한 가족연구자인 케이 파슬리는 91쌍의 재혼부부를 연구한 결과, 재정 관리 스타일이 재혼부부의 행복과 만족도에 절대적 차이를 일으키지는 않음을 발견했습니다. 사실, 자금관리 시스템 중 어느 하나도 완벽한 것은 없습니다. 부부가 무엇을 더 편안하게 느끼는지가 중요합니다. 다음의 목록에 세 가지 자금관리 시스템이 요약되어 있습니다.

● **공유경제 시스템**

부부의 모든 자금을 공동 예금 계좌에 통합합니다. 여기에는 부채, 자녀 양육비, 각 배우자의 소득이 포함됩니다. 부부는 말 그대로 재정 자원을 함께 관리합니다.

● **이중경제 시스템**

부부는 수입, 지불금, 청구서 및 부채를 개별 예금 및 저축 계좌에 개인적으로 관리합니다. 그리고 자녀 양육비나 가계 지출을 50 대 50으로 처리합니다.

● **삼중경제 시스템**

각 배우자는 자신과 재혼 전 친자녀에 관련된 지출을 개인적으로 관리합니다. 그리고 가정 전체의 유지비용을 위해 제3의 계좌에 함께 돈을 모으고 각종 비용을 지불합니다(담보 대출, 임대료, 식비, 주택 수리, 보험, 휴가비 등).

연구에 따르면 '잘 기능하는 재혼가정'은 공유경제 시스템을 활용하여 돈을 관리하는 것으로 나타났고, 돈을 따로 관리하는 가정에 비해 헌신, 신뢰, 가족 결속력이 더 높았습니다. 또한, 돈을 함께 모아야 한다는 신념 체계를 가진 부부는 그렇지 않은 부부에 비해 더 긍정적으로 상호작용하고 결혼생활의 질도 높았습니다. 즉, 재정 관리에 대한 신념을 논의하고, 합의하고, 자원을 공유하는 재혼부부는 재정 문제를 다루지 않는 부부에 비해 결혼생활의 행복 수준이 더 높았습니다.

재혼가정이 당면하는 또 다른 일반적 문제는 '누가 아이들의 교육비를 지불할 것인가'입니다. 많은 재혼부부가 삼중경제 시스템을 편안하게 느끼는데, 그 이유는 재혼한 배우자가 자녀가 없거나 새자녀의 교육비를 지불하는 것을 꺼릴 경우 삼중경제 시스템이 공평하기 때문입니다. 반면에 나는 인터뷰와 상담을 통해 많은 재혼부부가 자녀의 교육비 지불에 대한 엄격한 경계를 세우는 대신에 함께 협력하면서 행복을 느끼는 것을 보았습니다.

우리 가족의 경우, 공유경제 시스템이 20년 넘게 잘 운영됐습니다. 왜냐하면 공유경제 시스템을 통해 재정을 투명하게 공개하고, 부부가 서로 재정적, 정서적으로 지지하고 의지할 수 있었기 때문입니다. 남편이 처음에 이 방법을 채택하자고 제안했을 때 나는 빚과 소비 패턴을 숨기고 싶었기 때문에 반대했습니다. 그러나 장기적인 관점에서 보면, 공유경제 시스템을 통해 돈과 재정 자원에 대한 정기적인 의사소통을 하며 우리 부부는 더 친밀감을 느꼈습니다. 인생을 살면서 내가 저항했던 것들이 때때로 귀중한 교훈을 주었는데, 공유경제 시스템도 그 중 하나입니다.

다른 재혼부부는 이중경제 시스템이나 삼중경제 시스템이 그들의 관계에 더 적합할 수 있습니다. 성공의 열쇠는 당신의 선택지를 솔직하게 드러내고, 당신 개인과 가족의 목표에 부합하는 합의점이나 타협에 도달하는 것입니다. 재정적 개방의 핵심은 모든 부부에게 가장 민감한 주제인 돈과 관련된 서로의 취약성을 공유한다는 것입니다. 사실, 재정을 공개하는 것은 쉽게 뛰어넘을 수 있는 장애물이 아닙니다. 만약 이 어려운 장애물을 넘겼다면 부부가 함께 크게 자축해도 좋습니다.

우리 집:
합가 그리고 삶을 살아가기

많은 재혼부부가 결혼 전이나 후에 어디서 살지 결정하다가 부부 사이에 복잡한 감정이 일어나고 갈등이 촉발됩니다. '가장 마음 편한 곳이 집이다', '집만 한 곳은 없다'는 말이 감정을 자극하는 데는 이유가 있습니다. 어떤 사람들은 이혼 후, 전 배우자 소유의 집을 팔고 재산을 분할한 후 다른 거주지로 이사합니다. 또 다른 경우에는 한쪽 배우자가 다른 집을 사서 나가고 다른 한쪽은 원래 집에 계속 살기도 합니다. 어느 쪽이든 이혼 가족은 대개 감정적인 격변을 경험합니다. 재혼부부가 가정을 합치고 살 곳을 결정하는 시기는 감정적으로 매우 혼란스럽기 때문에 이때 부부는 자기주장을 내세우며 긴장감이 높아질 수 있습니다. 합가할 때 발생하는 스트레스의 정도는 여러 요인의 영향을 받습니다. 학령기 자녀가 있는지 여부, 각 배우자의 통근 거리, 기존 집에서의 거주와 새집 구입의 재정적 장단점 등이 예가 됩니다.

앤드리아와 칼은 4년 동안 교제하다가 약혼하면서 합가에 대해 상의했습니다. 칼의 직장은 앤드리아가 두 자녀와 함께 사는 집에서 80킬로미터나 떨어져 있어 그들은 재혼 후 어디에서 살 것인지 합의하기 어려웠습니다. 앤드리아는 그들이 만나기 3년 전에 이혼하면서 전남편 거주지 근처에 집을 구입했고, 그녀의 두 자녀인 데브라(10세)와 토미(13세)는 학군을 옮기지 않아도 되었습니다. 앤드리아와 그녀의 전남편은 함께 살던 집을 팔았고 이혼 후에도 자녀들이 양쪽 부모와 시간을 보낼 수 있었기 때문에 이 상황을 공정하고 편안하게 느꼈습니다. 앤드리아는 재혼 후 칼의 직장 근처로 이사하고 싶었지만, 그녀의 자녀들과 전남편은 전학 때문에 새로운 도시로 이사하는 것을 반대했습니다. 결국 칼이 임시로 그녀의 집으로 들어왔고, 아이들이 친아버지와 안정적으로 함께 시간을 보낼 수 있는 지역을 찾으면 집을 구입하기로 계획했습니다. 대신 칼의 요구 조건은 새로 구입할 집의 스타일을 자기가 선택하겠다는 것과 출퇴근 시간 최소화를 위해 재택근무용 홈오

피스를 갖는 것이었습니다. 이것은 앤드리아와 칼에게 이상적인 상황은 아니었지만 괜찮은 타협점이었고 이들은 자신들의 결정에 대해 점점 더 편안해졌습니다.

앤드리아는 다음과 같이 설명합니다. "칼의 통근 거리가 80킬로미터나 된다는 게 과하다고는 느껴요. 하지만 칼의 자녀들은 이미 성인이거든요. 저는 데브라와 토미가 전학까지 가야 한다면 재혼을 다시 고려해야 한다고 어렵게 말했어요. 다행히 그는 사랑이 많은 새아빠가 되고 싶어 했기 때문에 기쁜 마음으로 타협해주었어요. 대신 함께 집을 구입할 때 어떤 집을 구입할지 그가 선택하기로 했어요."

앤드리아와 칼의 이야기는 제가 인터뷰한 재혼부부의 전형적인 사례입니다. 인터뷰에 참여한 재혼부부의 약 70퍼센트가 거주지 선택과 관련해서 긴장감과 재정적 스트레스를 호소했습니다. 그들 대부분은 새로운 집에서 재혼의 첫 번째 페이지를 쓰고 싶어 했습니다. 이러한 장애물을 넘어 평화로운 공존을 위해 고려해야 할 사항이 다음에 나와 있습니다. 그러나 새 집으로 이사하는 것이 만병통치약은 아닙니다. 부모의 이혼 후, 자녀들은 두 집 생활에 적응해야 하고 새부모 및 이복형제자매와 함께하는 생활에 적응하면서 어려움을 겪는다는 점도 고려해야 합니다.

재혼부부가 합가할 때 고려해야 할 다섯 가지

1. 어디에 집을 사거나 얻을 것인가? 함께 사는 자녀들이 학교를 옮기지 않아도 되는 지역에 집을 구할 건가요? 비양육 자녀와 가까운 곳에 집을 구해서 자주 보기를 원하나요? 당신을 지지하는 친구나 친척 근처에 집을 얻고 싶나요? 전 배우자와 가깝거나 혹은 먼 곳에 거주하고 싶나요? 당신이 살았던 곳이라 편하게 느끼는 지역에 거주하고 싶나요?

2. 주택담보대출 비용은 누가 어떻게 지불할 것인가? 부부의 재산 규모의 차이가 클 경우에 이것은 까다로운 문제가 될 수도 있습니다.

3. 주택담보대출 또는 주택 소유권은 누구 이름으로 할 것인가? 이는 유언장 및 유산 계획과 관련해서 중요한 고려 사항입니다.

4. 한 명 이상의 재혼친자녀를 가질 계획이 있나? 그렇다면 가족의 규모가 커짐에 따라 더 넓은 공간이 필요합니다.

5. 아이들을 위한 공간이 얼마나 필요한가? 일부 자녀가 주로 주말에만 집에 오거나 가끔 방문하는 경우라면 이것은 까다로운 문제입니다. 당신은 아마 모든 자녀가 새 거주지에서 편안함을 느끼기를 원할 것입니다. 하지만 경우에 따라서는 재정적 자원을 고려하여 '함께 공유하는 것이 배려'라는 것을 자녀들에게 설명해야 합니다.

전 배우자가 이사 나간 후 실내 장식 등을 바꾼다고 해도 대부분의 재혼부부는 과거의 기운이 남아 있다고 느낍니다. 그래서 새로운 집에서 결혼생활을 시작하고 싶어 합니다. 양육해야 할 자녀가 있는 경우에도 이런 마음은 마찬가지입니다. 집을 새로 꾸밀 때는 두 사람 모두 편안함을 느껴야 한다는 점을 명심하세요. 두 사람이 함께 새로운 삶을 시작할 수 있도록 불필요한 가구나 물건을 최대한 많이 버리는 것이 좋습니다. 한쪽이나 양쪽 배우자 모두 자녀가 있다면 자녀가 자신의 방을 직접 꾸미고 정리정돈에도 적극 참여하도록 이끌어주세요!

재혼친자녀와 재정

심리학자 앤 번스타인에 따르면, 재혼가정에서 태어난 자녀, 즉 재혼친자녀에게는 독특한 특성이 있습니다. 《당신의 것, 나의 것, 그리고 우리의 것 Yours, Mine and Ours》에서 번스타인은 재혼친자녀는 일반적으로 부모님의 이전 결혼에서 태어난 한 명 이상의 이복형제자매를 갖게 되고, 재혼친자녀의 출생으로 인해 부부나 이복형제자매는 일종의 손실을 경험한다고 설명합니다. 재혼가족이 공개적으로 잘 언급하지 않는 손실 중 하나가 재정적인 것인데, 한

정된 자원을 사이에 두고 경쟁하다가 가족들 사이에 분노가 유발되기도 합니다.

타라와 코너는 재혼친자녀인 마이클이 태어나고 나서 세 자녀의 양육비 부담으로 재정적 어려움을 겪었습니다. 빚을 갚으면서 예산 범위 내에서 생활해야 했기 때문입니다. 타라는 세 자녀를 모두 공평하게 양육하고 싶었지만, 첫째와 둘째가 가정형편 때문에 등록금이 싼 대학으로 진학하거나 학자금 대출을 받게 되면 막냇동생을 원망하게 될까봐 걱정했습니다. 재혼친자녀를 계획할 때 재정적으로도 미리 고려했다면 부부와 자녀의 미래를 위해 더 신중한 계획을 세울 수 있었을 것입니다.

재혼친자녀 출생과 관련해 점검할 것들

퍼트리샤 시프 에스테스에 따르면, 재혼친자녀를 갖기로 결정하는 것은 재혼부부의 가장 어려운 결정 중 하나이며 그것은 모든 가족구성원에게 적합한 선택이 아닐 수도 있습니다. 대부분의 재혼부부는 나이가 많고 결혼할 때 이미 자녀가 있기 때문에 재혼친자녀를 갖고 싶지만 포기하는 경우가 많습니다. 그러나 부부가 재혼친자녀를 갖기로 결심했다면 가족구성원들을 보호하기 위해 시프 에스테스와 같은 전문가가 제안하는 조치를 따르길 권합니다.

- **비상시를 대비한 예비 자금을 보강하세요.** 한 가정에 한 명 이상의 가족구성원이 추가되면 지출이 증가하고 긴급한 상황들이 발생하게 마련입니다. 시프 에스테스는 비상시를 대비해 3~6개월 정도의 예비 생활비 확보를 권장합니다.

- **보험을 업데이트하세요.** 새로 태어날 아기의 질병이나 사고를 대비해서 적절한 보험에 가입하거나 기존 보험에 추가하세요.

- **추가된 원천징수 공제액을 챙기세요.** 이것은 세금이 감면되고 가용 자금이 늘어난다는 의미입니다.

- **교육 계획을 시작하세요.** 모든 자녀를 위해 자금 계획을 세우세요. 세액 공제 예금을 알아보세요.

- **재산 계획을 수정하세요.** 첫째, 장기적인 관점에서 모든 가족구성원의 재정적 안녕을 고려한 유언장을 작성해두면 어린 자녀들에게도 안전장치가 됩니다. 유언장을 검토하고, 부부가 둘 다 사망할 경우를 대비해서 재혼친자녀와 자녀들의 후견인을 정해두어야 합니다. 가족 중 가장 어린 구성원을 누가 돌볼 것인지 명확히 해야 합니다. 부모 사망 후 자

녀들이 이성적 판단을 할 수 없는 어린 나이에 타의에 의해 이런 중요한 결정들이 내려져서는 안 됩니다. 자녀에게 재산을 공평하게 분배하는 문제는 부부 사이에서 먼저 논의되어야 하며, 유산 설계 전문가와 협의하는 것도 필요합니다. 유언장이 작성되고 자녀도 이를 이해할 나이가 되었다면 자녀에게 유언장 내용을 잘 설명해야 합니다. 현금 외에 부동산, 예적금, 귀중품 등도 고려사항에 포함되어야 합니다.

재혼부부가 아이를 낳으면 큰 기쁨을 얻기도 하지만 재정적 경계가 모호해집니다. 예를 들어, 공유경제 시스템을 사용하면 가족이 새로운 자녀를 수용하기가 더 쉽지만, 자금이 별도로 관리되는 이중 또는 삼중경제 시스템에서는 상황이 더 복잡합니다. 자산분배와 예산 책정에 있어서 최선의 방법을 선택하기가 어렵다면 재무설계사 등 전문가와 상의하세요. 재정 문제로 인한 갈등은 모든 부부에게 발생합니다. 하지만 재혼친자녀가 추가된 재혼가정은 상황이 훨씬 더 복잡해집니다. 그러나 긍정적인 측면도 있습니다, 재혼부부가 함께하겠다는 서약을 잘 지키고 갈등을 우호적으로 잘 해결한다면 재혼친자녀란 존재는 모든 가족구성원에게 안정감을 더 선사합니다.

가정을 위한 재정적 비전 세우기

부부는 돈에 대해 서로 관점이 다를 수 있는데, 이를 잘 이해하고 소통하는 것은 매우 중요합니다. 우선, 내가 살아오면서 돈과 관련해서 어떤 경험을 했는지 살펴보고, 그것이 돈에 대한 나의 생각이나 재정적 결정에 어떤 영향을 미치는지 자각해야 합니다. 또한 돈과 관련된 당신의 경험을 배우자에게 정직하게 개방해야 합니다. 만약 재정 문제를 논의하는 것이 관계의 스트레스를 크게 가중시킨다면 전문가나 상담사의 도움을 받는 것을 고려하기 바랍니다.

부부가 재정에 대한 비전을 공유한다면 결혼생활에서 겪게 되는 여러 굴곡들이 덜 힘들 것입니다. 부부가 인생의 큰 의미를 함께 공유한다면 눈앞에 일어나는 소소한 일에 얽매이지 않고 큰 그림을 그리게 될 것입니다. 사려 깊고 존중하는 자세로 재정적 목표에 대해 논의하는 것은 당신과 배우자 사이의 신뢰를 크게 키워줄 것이고, 아울러 꿈과 비전까지 함께 다룬다면 부부는 훨씬 더 친밀해질 것입니다. 존 가트맨에 따르면, 서로의 희망과 꿈에 대해 개방적으로 대화하는 부부는 재정, 시간, 자원의 우선순위를 함께 세우고, 부부의 목적의식을 형성하며, 행복을 찾을 가능성이 더 높습니다.

재정적으로 성공하는 재혼을 위한 네 가지 실천 방안

1. 돈에 대한 논의의 기본 규칙을 정하세요. 배우자와 돈 문제에 대해 사랑을 기반으로 한 생산적인 대화 방식을 찾아보세요. 다만, 돈에 관한 대화는 민감하고 격한 감정과 두려움을 유발할 수 있다는 점을 기억하세요. 따라서 부부가 단둘이 있고 TV나 집안일 등으로 주의가 산만하지 않은 시간에 돈에 대한 대화를 나누세요.

2. 적극적 경청 기술을 사용하세요. 배우자의 말을 진심으로 듣고, 그 속에 숨은 감정까지 이해하려고 노력하세요. "전남편이 당신을 배신하고, 그동안 모았던 돈을 다 써버렸을 때 정말 힘들었겠어요. 그 일에 대해서 당신은 어떤 마음이에요?"와 같이 말하여 상대방의 감정을 확인하세요.

3. 당신의 재정적 이력을 완전히 공개하세요. 재정적 이력 공개에는 돈, 자산, 부채에 대한 당신의 '생각'까지도 포함됩니다. "당신은 해외여행에 관심이 많아 보이는데, 언제부터 그런 생각을 했어요?"와 같은 질문을 활용해보세요.

4. 누가 옳은지 논쟁하기보다는 서로의 차이를 알고 문제를 해결하세요. 예를 들어, 돈을 어떻게 관리할지(공유, 이중, 삼중경제 시스템 또는 이것들의 조합)를 선택하는 것은 재혼부부가 가정에 대한 통제력을 갖고 순조롭게 지내는 데 도움이 됩니다.

위의 실행 단계 중 어느 것도 쉽지는 않겠지만, 부부가 자신의 취약한 부분을 개방하고 공유함으로써 사랑과 신뢰가 잘 구축된다는 것을 마음에 새기세요. 각자가 가진 모든 정보를 공개하고 부부가 함께 커피나 와인을 마시며 예산, 부채, 재정 문제에 대해 이야기하는 모습을 상상해보세요. 그리고 돈에 대한 대화를 계획하세요. '재정적 성공을 이루는 재혼'이라는 목표에 당신은 이미 절반 이상 다가갔습니다.

5장

자신의 취약한 부분을 개방하고 부부 친밀감을 높이는 법

결혼을 가볍게 여기면 안 된다고 생각해요.
부부는 서로한테 관심을 갖고, 잘 돌봐야 돼요.
행복한 재혼생활을 하려면 매일 긍정적으로 의사소통하고,
애정과 신뢰를 보여주는 게 중요해요.

_리사(47세)

 재혼은 사랑과 관심으로 돌봐야 하는 신성한 결합입니다. 그러나 나의 재혼생활을 돌아보면, 신혼 기간이 지나면서 불신이 수면 위로 고개를 내밀었고 매일의 삶 속에서 혼란을 뼈저리게 경험했습니다. 우리 부부를 괴롭히는 문제는 사소한 것들이었습니다. 예를 들어 남편이 저녁 약속에 15분 정도 늦게 나타나거나, 내 양육 방식이 너무 관대하다고 아이들 앞에서 나를 비난하는 것과 같은 일들이었습니다. 우리가 재혼생활의 폭풍우를 헤쳐나갈 수 있을 만큼 충분한 신뢰관계를 구축하는 데는 몇 년이 걸렸습니다.

 내 경험에 따르면, '불신'의 문제를 잘 다루지 못하면 그것은 재혼에서 가장 파괴적인 문제가 됩니다. 재혼에서 '신뢰'를 쌓게 되면 부부는 관계 속에서 안전함을 느끼고 상대방이 나의 행복을 추구한다고 믿으면 연결감이 생깁니다. 하지만 이 책을 위해 내가 인터뷰한 대부분의 재혼부부는 사소한 문제들 때문에 배우자의 의도를 오해하고 불신과 의혹이 커진다고 말했습니다. 불신은 다양한 방식으로 드러나며 배우자의 휴대폰을 항상 감시하거나 불륜의 증거를 찾기 위해 배우자의 주머니를 뒤지는 것만을 의미하지는 않습니다. 불신은 배우자가 당신을 진정으로 사랑하지 않는다는 생각이 마음속에 남아 있는 것입니다. 배우자가 당신을 진정으로 사랑하고 최선을 다한다고 믿는다면 당신은 배우자를 신뢰하게 됩니다.

예를 들어, 미셸(47세)은 전 배우자의 불륜을 겪었기 때문에 재혼 초기 몇 년 동안 재혼 남편인 폴(56세)을 신뢰하기 힘들었습니다. 내가 이 부부를 상담실에서 만났을 때, 이들은 혼합가정을 형성하여 네 명의 자녀를 키우고 있었고 불신의 문제로 인해 어려움을 겪고 있다고 말했습니다. 미셸은 폴이 늦게 귀가하거나 낯선 사람들과 어울릴 때 폴을 종종 의심했습니다. 하지만 다행스럽게도 미셸은 폴의 행동이 그녀를 불편하게 한다는 것을 솔직하게 개방하였고, 폴은 기꺼이 그녀를 안심시키고자 노력했습니다. 폴은 자신이 언어병리학자이고 외향적인 사람이기 때문에 많은 사람들과 대화하는 것이 편안하다고 설명해주었습니다. 폴은 직장에서 10분 이상 늦게 출발하게 되면 미셸에게 미리 전화하는 방식으로 간단한 조치를 실천했고, 그 덕분에 미셸은 안정감을 느끼고 남편에 대한 신뢰를 쌓을 수 있었습니다. 폴은 자신의 외향적인 천성을 바꿀 생각은 없었지만, 미셸이 불신의 원인을 설명함으로써 부부가 개방적인 대화를 나눌 수 있어서 기뻤습니다.

미셸은 이렇게 말합니다. "사실 폴을 불신한다고 얘기하는 게 너무 난처했어요. 왜냐하면 폴은 정말 좋은 사람이고 많은 사람들이 그를 존경하니까요. 게다가 폴은 제 친자녀인 네 아들들한테 정말 훌륭한 새아빠이기도 하고요. 제가 계속해서 폴이 전남편처럼 저를 배신하지는 않을 거란 확신을 갖지 않으면, 우리 부부한테 더 이상 진전이 없을 거고 진심으로 친밀해질 수도 없다는 걸 깨달았어요."

재혼부부의 신뢰 구축은 친밀감으로 이어진다

이 장에서는 폴과 미셸처럼 불신의 문제로 정서적 단절을 경험하는 재혼부부들의 이야기를 다룹니다. 그들의 불화와 극복의 이야기를 통해 당신도 배우자에 대한 신뢰를 키우고, 사랑을 방해하는 여러 장애물들을 걷어내기 바랍니다.

배우자를 신뢰하는 것은 성공하는 재혼생활의 핵심 기반입니다. 그리고 내가 인터뷰한 부부들 중에서 안정 애착을 갖고 정서적으로 연결된 부부들은 자신의 취약성을 기꺼이 드러내는 위험을 감수하고 있었습니다. 그 결과 그들은 친밀감과 함께 관능과 열정을 즐겼습니다. 모든 부부는 때때로 긴장감을 경험하지만 그것을 활용하여 더욱 정서적으로 연결되고, 성적인 애정을 갖고, 서로가 만족하는 결혼생활로 나아가는 것이 중요합니다.

행복한 재혼부부는 불신의 문제가 현재의 관계에서 비롯된 것인지, 아니면 과거의 배신으로 인한 정서적 짐인지 식별합니다. 자신이 살아온 삶과 배우자의 과거를 이해하려고 노력한다면 해로운 패턴의 반복을 멈출 수 있습니다. 사랑하는 재혼이라는 맥락에 부합하는 말과 행동을 함으로써 서로에게 신뢰를 쌓아야 '과거라는 유령'에 효과적으로 대처할 수 있습니다.

재혼에는 이전 결혼의 짐이 따라오기 때문에 부부가 관계 초기에 정서적 촉발 요인, 과거 경험 및 신뢰 문제에 대해 개방적으로 논의하고 부부 사이에 거리감이 생기지 않도록 노력해야 합니다. 자신의 생각, 감정, 욕구에 대해 개방적인 대화를 지속하면 정서적 연결이 강화됩니다.

정서적 친밀감, 신뢰, 취약한 부분의 개방은 배우자와 안정애착을 형성하고 재혼에 만족하기 위한 필수요소입니다. 새로운 관계는 종종 신나고 강렬하며 흥미진진합니다. 그러나 재혼부부를 지탱하는 것은 그런 게 아니라 자신의 취약한 부분을 개방하고 매일매일 신뢰를 쌓으며 친밀감을 키우는 것입니다. 재혼가정에 일상적인 스트레스 요인이 생기면 부부는 서로에게 호의를 베풀고 결혼생활을 유지하는 데 어려움을 겪습니다. 부부가 신뢰와 친밀감을 키워나가는 주된 방법은 버림받음이나 상실에 대한 두려움을 내려놓고 매일매일 투명한 대화를 통해 부부 애착을 강화시키는 것입니다.

신뢰는 친밀감의 필수 요소

40대 후반의 리사와 라이언은 재혼한 지 6년이 되었고, 라이언의 친딸 두 명을 키우고 있습니다. 리사는 친구로부터 내 연구에 대해 듣고는 재혼생활을 더 잘하기 위해 나를 찾아왔습니다. 리사는 말로는 자신의 재혼생활이 행복하고 성공적이라고 설명했지만, 사실은 라이언의 10대 딸 마리사와 빅토리아의 전업 엄마 역할을 하느라 매일 분투하고 있었습니다. 그녀는 친자녀를 키워본 적은 없지만 새엄마 역할을 잘하고 싶었습니다. 재혼한 사람들이 대부분 그렇듯 리사도 두 번의 결혼생활을 비교하곤 했는데, 특히 라이언의 의도에 대해 불안이나 불신이 느껴질 때 더욱 그러했습니다.

리사는 첫 번째 결혼이 건강하지 않았고 자신의 개성을 억누른 데 반해 재혼은 자신을 성장시킨다고 말합니다. 그녀는 라이언이 결혼생활에 전적으로 헌신하고 신뢰와 친밀함을 바탕으로 진정한 사랑을 발전시키키 위해 노력하는 배우자라는 사실에 감사함을 느낍니다. 그녀는 라이언처럼 좋은 남자와 결혼한 것이 행운이라고 생각합니다. 리사는 전남편이 재정적 배신 후 갑자기 이혼을 요구해서 생긴 불신과 라이언이 바빠서 연락 없이 30분 늦게 귀가하는 데서 비롯된 작은 상처를 구별하는 법을 배우고 있습니다.

리사는 다음과 같이 말합니다. "저는 결혼이 항상 완벽한 게 아니라는 걸 알게 됐어요. 그리고 첫 번째 결혼을 통해서 감정을 솔직하게 나누는 게 중요하다는 걸 배웠어요. 저는 원래 말수가 적은 사람이에요. 그래서 종종 입을 다물어버려요. 그런데 제가 그런 모습을 보여도 라이언은 참을성 있게 대화를 시도해요. 저는 아직도 남편이 나를 떠나면 어떡하나 하는 걱정을 하는데, 이런 제 감정을 드러내는 게 어려워요. 저는 계속 배우는 중이에요. 고마운 건 라이언이 저를 판단하지 않고 수용한다는 걸 매일 표현해 주는 거예요."

라이언은 리사 옆에 있는 소파에 편안히 앉아서 부드러운 목소리로 말합니다. "전부인은 너무 요구가 많아서 저는 정말 쉴 틈이 없었어요. 제가 리사에게 반한 건 리사의 털털한 성격 때문이에요. 저는 리사가 항상 저하고 편안하게 얘기할 수 있으면 좋겠어요. 그래서 제가 리사의 전남편처럼 그녀를 버리고 떠나지 않을 거라고 항상 안심시켜주려고 해요. 저는 무슨 일이 있어도 항상 리사를 위해 제 자리를 지킬 거예요."

마음을 열려고 노력하는 리사를 향한 라이언의 진심 어린 열린 태도와 관심을 볼 때 신뢰가 친밀한 관계의 필수 요소라는 것을 알 수 있습니다. 신뢰는 자신의 취약한 부분을 개방해도 될 만큼 배우자와의 관계 속에서 안전함을 느낄 때 경험하는 것입니다.

안전한 연결감이 핵심

만약 당신이 친밀감이 두렵거나 연결감이 부족하다고 느낀다면 부부 중 한 사람 또는 둘 다 관계 안에서 정서적인 안전함을 느끼지 못한다는 신호입니다. 더욱이 배우자를 신뢰해도 되는지 자신이 없다면 단절과 고통마저 느끼게 되며 이는 부부를 불안정 애착으로 이끕니다.

리사는 전남편이 자신을 진정으로 사랑한다고 믿지 않았기 때문에 그에게 자신의 취약한 부분을 개방하는 것을 편안하게 느껴본 적이 없습니다. 자신의 생각, 감정, 필요를 숨김으로써 그녀는 신중하게 행동했지만 결국 관계를 큰 위험에 빠뜨렸습니다. 그 여파로 리사는 재혼 후 라이언에게 편안하게 마음을 여는 데 몇 년의 시간을 보냈습니다.

리사는 말합니다. "라이언이 이혼한 지 얼마 안 된 시점에서 우리가 만났기 때문에 그가 반발심으로 저를 만날까봐 조심스러웠어요. 그래서 그가 저를 사랑한다는 안정감이 들 때까지 굉장히 조심했어요. 제가 진짜 어떻게 느끼는지, 저의 취약한 부분이 무엇인지 보여주지 않으려고 굉장히 노력했어요."

우리는 취약성을 드러냄으로써 배우자와의 관계에서 정서적 안정에 도달할 수 있습니다. 그리고 그것은 부부 유대감을 강화하고 사랑을 계속 유지하는 주요 방법입니다. 취약성을 통해 당신은 결혼생활에서 정서적인 안정 애착을 다시 확립하고 친밀감을 유지하게 될 것입니다.

획기적인 책인 《꼭 안아주세요》의 저자 수 존슨에 따르면, 상실에 대한 극심한 공포에 사로잡힌 사람들은 안심시켜주는 말이 필요할 때 요구적인 행동을 보이는데, 이것을 근원적 공포[primal panic](신경과학자 야크 팬크세프가 만든 용어)라고 합니다. 반면에 어떤 사람들은 안정감을 얻고 보호받고 있다는 느낌을 받기 위해 뒤로 물러나는 모습을 보일 수도 있습니다. 특히 재혼한 사람들 중 과거에 불륜과 배신을 경험한 경우에 뒤로 물러나는 패턴을 보일 수 있습니다.

예를 들어, 단절감이 느껴지면 당신은 취약한 부분을 개방하고 자신의 솔직한 감정을 공유하기보다 요구적인 행동을 보일 수 있습니다. 그렇게 되면 한 사람은 요구하고 한 사람은 뒤로 물러나는 행동 패턴$^{\text{demand-withdraw pattern}}$이 발생합니다. 수 존슨에 따르면 이 패턴이 오래 지속될수록 부부는 더 부정적이 됩니다. 상황을 바꾸는 한 가지 방법은 이 패턴에 당신이 영향을 미치는 부분에 집중하고 '지금 이 순간'에 머무는 것입니다. 현재에 머물면 자신의 요구사항이 충족되지 않을 것이라는 두려움에 집중하는 데서 빠져나올 수 있기 때문에 부부는 정서적 친밀감, 대화, 스킨십, 성적 친밀감을 늘리며 유대감을 형성할 수 있습니다.

리사는 다음과 같이 설명합니다. "라이언은 저를 '있는 그대로' 받아들여줘요. 제가 화가 나면 남편은 뒤로 물러나는 대신 저를 안아주는 게 더 좋다는 걸 알고 있어요. 남편은 저를 꼭 안고는 천천히 숨을 쉬라고 말해주는데 그게 저한테 도움이 돼요. 이런 스킨십이 부부가 친밀해지는 데 도움이 된다고 생각해요. 배우자한테 스킨십을 하면서 사랑을 표현하고 '당신이 내가 필요할 때 언제든지 나는 당신 옆에 있을게요'라고 말해주지 않으면, 어떻게 그걸 알 수 있겠어요?"

리사는 계속해서 말합니다. "저는 그에게 '당신은 충분히 잘하고 있어요'라고 말해줘요. 하지만 제가 패닉 상태일 때 그가 소리를 지르기 시작하면 저는 어찌할 바를 모르겠더라고요. 그래서 그럴 때는 '그냥 나를 안아줘요. 그냥 내 옆에 있어 줘요'라고 말해요. 사소한 행동이 중요하다고 생각해요. 남편이 녹초가 되어 귀가해서 허리가 너무 아프다고 말할 때 제가 마사지를 해주는 것처럼요. 그런 것들이 모든 불신을 씻어내고 우리가 친밀감과 연결감을 느끼게 해줘요."

리사와 라이언은 6년의 재혼 기간 동안 서로에게 취약성을 드러내는 데 능숙해졌고, 성적으로 그리고 정서적으로 만족스러운 관계를 맺고 있습니다. 서로의 결점에 초점을 맞추고 비난하는 대신 그들은 더 깊은 연결을 키우는 데 에너지를 씁니다. 리사와 라이언은 상대방의 말을 '일단 믿어주는 태도'를 배웠으며 '요구하고 뒤로 물러나는' 행동 패턴을 종식시켰습니다. 대신 그들은 이전 결혼에서 가져온 정서적 짐을 내려놓고 취약한 부분을 개방하면서 연결감을 경험하고 자신들의 과거를 치유하고 있습니다.

취약성:
정서적 친밀감의 열쇠

자립과 자율성이 인생의 폭풍우를 헤쳐나가는 데 도움이 되긴 하지만 반면에 당신이 마땅히 받아야 할 사랑과 친밀감을 얻는 것을 방해하기도 합니다. 친밀한 관계가 균형을 이루려면, 배우자는 서로에게 의지할 수 있어야 하고 배우자가 주는 지지를 필요로 하며 그것에 대해 고맙다고 느껴야 합니다. 과거의 관계에서 실망한 경험이 있다면 누군가를 필요로 한다는 사실이 두려움으로 다가올 것입니다. 배우자에게 마음을 열면 자신이 취약해지고 벌거벗은 듯한 느낌을 받을 수 있지만, 이는 친밀한 신뢰 관계의 가장 중요한 요소입니다.

《마음 가면$^{Daring\ Greatly}$》에서 브레네 브라운은 취약성^{vulnerability}이란 불확실성, 위험 그리고 정서적 개방이라고 정의합니다. 실제로 사랑에 빠지는 행위는 궁극적으로 위험한 것입니다. 사랑은 불확실합니다. 배우자가 당신을 예고 없이 떠나거나 배신하거나 혹은 사랑하기를 멈출 수 있기 때문에 사랑은 본질적으로 위험을 내포합니다. 자신을 사랑에 내모는 것도 마찬가지입니다. 일이 잘 안 풀릴 경우, 다른 사람의 비난을 받거나 상처를 입을 수 있기 때문에 더 큰 고통의 위험이 따릅니다. 브라운은 취약성이 모든 정서와 감정의 핵심이라고 설명합니다. 브라운은 "감정을 느낀다는 것은 취약해짐을 의미합니다. 취약성을 약점이라고 믿는 것은 감정을 느끼는 것이 약점이라고 믿는 것과 같습니다."라고 언급합니다. 그녀는 우리가 취약성을 두려움, 수치심, 슬픔과 같은 어두운 정서와 연관시키기 때문에 취약성을 두려워한다고 말합니다. 우리는 삶의 모든 측면에서 어두운 정서가 깊은 영향을 미치는 순간에도 그것에 대해 논의하기를 꺼립니다.

궁극적으로 위험을 감수한다는 것은 당신이 배우자를 진정한 방식으로 사랑하고 자신의 취약성을 스스로 허용하는 것입니다.

이를 위해서는 상처받거나 버려질 것이라는 두려움을 버려야 합니다. 자신의 일부를 잃지 않고도 취약성을 택하고 다른 사람들과 가까워지는 것이 가능합니다. 이렇게 하면 배우자와 안정 애착을 형성하고 정서적으로 안전함을 느낄 수 있습니다.

자신의 취약한 부분을 개방하는 위험을 감수함으로써 리사는 버림받음에 대한 두려움을 극복했고, 자신을 보호하기 위해 취했던 관계에서 뒤로 물러나는 패턴을 멈추었습니다. 그녀는 또한 수년 동안 전남편의 거부와 배신을 겪으면서 경험한 무가치함과 수치심이라는 감정을 덜어냈습니다. 이제 리사는 두려움을 느낄 때 라이언에게 안아달라고 하거나 사랑한다는 말로 안심시켜달라고 부탁합니다. 라이언은 기꺼이 긍정적으로 반응하며 아내가 자신에게 고마워하는 것을 느낍니다. 이제 리사는 스스로를 신뢰하고 거절감이나 잠재적 갈등을 처리할 수 있다는 자신감을 갖게 되었습니다. 자신의 두려움에 정면으로 맞선 리사의 용기 덕분에 이 부부는 정서적으로 깊게 연결되었고, 라이언의 두 친딸도 잘 키우고 있습니다. 리사의 사례처럼, 배우자에게 자신을 개방하는 것이 왜 두려운지 통찰하는 것이 중요합니다.

배우자에게 취약성을 드러내는 것이 두려운 이유

당신의 취약성이 드러나는 것에 대한 두려움이 재혼생활을 방해하고 있지는 않은지 생각해보세요. 당신이 약점을 배우자에게 솔직하게 개방하는 것을 두려워한다면, 그로 인해 결혼생활에 완전히 몰입하지 못할 가능성이 있습니다. 당신은 마음속 깊은 곳의 생각, 감정, 필요를 배우자에게 진실하게 말하지 못해서 깊이 사랑할 기회를 놓치고 있을지도 모릅니다. 다음 질문을 통해 스스로를 점검해보세요.

- 배우자에게 수용 받지 못할까봐 당신의 성격 중 일부를 배우자에게 보여주는 것이 두렵나요?
- 배우자와 거리를 유지할 때 오히려 안전하고 감정을 통제할 수 있다고 느껴지나요?
- 당신의 수치심이 자신의 진정한 감정을 드러내고 어려운 주제에 대해 이야기 나누는 것을 방해하나요?
- 배우자가 당신을 버리거나 배신할까봐 두렵나요?

지속적인 사랑을 만드는 데 성공한 부부들은 '거리 두기'나 '요구하기'와 같은 습관적 반응이 부정적 관계 패턴을 만들고 유지시킨다는 것을 압니다. 습관이 된 자신의 방어 행동을 검토해야 합니다. 배우자가 변하길 기대하고 요구하는 대신 자신의 부정적인 습관을 바꾸도록 노력하세요. 취약한 감정을 공유한다는 것은 배우자의 행동에 대한 당신의 생각이나 비판을 전달하는 것이 아니라 당신이 어떻게 느끼는지 표현하는 것입니다.

만약 당신이 두려움에 사로잡혀 취약한 부분을 배우자에게 개방할 수 없다면 당신이 취할 만한 몇 가지 간단한 조치가 있습니다. 첫째, 자각해야 합니다. 두려움은 저절로 사라지지 않습니다. 두려움은 다른 무언가로 형태를 바꾸어 나타나는 경향이 있습니다. 감정을 억누르고 부정하는 방식으로 일상의 상처를 다룬다면 오히려 에너지가 고갈됩니다. 연구에 따르면, 부정적인 생각이나 감정을 최소화하거나 무시하려고 시도하면 실제로 그것들은 더 강화되어 감정을 폭발하게 합니다.

《꼭 안아주세요》에서 수 존슨은 우리 모두에게 '아픈 곳'이 있다고 설명합니다. 그것이 우리로 하여금 취약한 부분을 다른 사람에게 보여주기를 꺼리게 만듭니다. 예를 들어, 30대 후반의 재혼부부이자 자녀가 없는 수잔느와 키스는 정서적 예민함 때문에 진정한 감정 표현을 두려워합니다. 수잔느는 말합니다. "키스한테 제가 어떻게 느끼는지 말하는 게 정말 어려워요. 키스에게 '당신이 필요해요.'라고 말하려고 할 때 제 머릿속에서 '그 사람을 그렇게 필요로 하면 안 돼.'라는 목소리가 들려요. 그러면 저는 겁이 나요." 그러면서 수잔느는 자신을 개방하는 대신 점점 더 남편에게 집착하고 요구하며 근원적 공포 모드에 들어갑니다.

만약에 수잔느와 키스가 좀 더 투명하게 자신의 진정한 감정을 표현한다면 그들은 보다 정직하고 직접적인 방식으로 연결될 것입니다. 예를 들어, 수잔느가 키스에게 자기와 함께 지내기 싫어서 그렇게 늦게까지 일하냐고 불평할 때, 키스가 방어적인 태도를 취하지 않고 "나도 당신이 정말 보고 싶고 집에 더 일찍 오고 싶어요. 우리 주말 계획을 짜 볼까요?"라고 말할 수 있을 것입니다. 수잔느 또한 마찬가지입니다. 키스가 의도적으로 일을 오래 한다고 비난하는 대신, 수잔느는 자신의 취약성을 개방하면서 "당신이 늦게까지 일하고 있을 때 나는 당신이 너무 보고 싶어요. 사랑해요."와 같이 말할 수 있습니다.

부부는 자기 개방의 위험을 감수함으로써 불평, 비난, 정서적 단절의 파괴적 순환을 멈추게 됩니다. 정서적 접촉이 불가능하게 느껴질 때 오히려 자신의 취약한 부분을 개방해보세요. 배우자와 안전하게 정서적 연결을 구축하고 서로를 향한 비난을 멈출 수 있습니다.

취약성이 정서적 친밀감으로 이어지는 길

1. 취약성을 개방하면 자신의 가치감과 진실함이 더 커집니다.
2. 취약성을 개방하면 배우자와 친밀하게 연결되어 있다고 느끼게 됩니

다. 동시에 당신의 정체성을 확립할 수 있습니다.

3. 취약성은 일방적 요구나 담쌓기(배우자와의 관계 끊기 혹은 거리 두기)를 피하는 데 도움이 됩니다.

4. 취약성은 다른 사람에 대한 신뢰를 구축하고 친밀한 관계를 맺는 데 도움이 됩니다.

5. 취약성은 마음을 열어 사랑을 온전히 주고받게 해줍니다.

신뢰와 취약성은 관계에서 친밀감을 키우는 데 필수적인 요소입니다. 브레네 브라운에 따르면, 분리된 관계가 신뢰를 무너뜨리는 가장 위험한 요인입니다. 이를 피하는 유일한 방법은 도움을 요청하고, 동시에 자립하고, 서로 다른 견해도 공유하고, 자신과 배우자에 대한 신뢰를 가지고, 배우자에게 기꺼이 자신의 취약성을 개방하는 것입니다. 궁극적으로 위험을 감수한다는 것은 기꺼이 사랑에 빠지는 일이며, 그러기 위해서는 통제를 포기하고 상처받거나 거절당할 것이라는 두려움을 버려야 합니다.

배우자와의 관계에서 자신이 취약해지도록 허용하는 4단계

모든 관계에는 위험이 따르는데, 감수할 가치가 있는 위험도 있습니다. 당신이 만약 과거에 버림받았거나 배신을 당했더라도 방패를 내려놓고 배우자가 당신에게 올 수 있도록 허용해주세요. 두려움을 내려놓고 사랑이 주는 선물을 받을 자격이 있다고 스스로를 믿을 때 건강한 파트너십이 가능합니다.

1. 정직하고 개방적인 관계를 맺고 있는 자신을 마음속에 떠올려보세요. 이는 당신이 배우자에게 취약성을 더 잘 드러내고 개방하는 데 도움이 됩니다.

2. 당신의 부정적인 신념과 자멸적인 생각에 도전하세요. 어떤 신념은 배우자의 양육과 지지를 받아들이는 것을 방해합니다.

3. 도움을 받는 것은 건강한 것이라고 매일 상기하세요. 도움을 요청하는 것은 약함보다 강함의 표시입니다. 거절과 상처에 대한 두려움이 사랑과 친밀감을 방해하게 두지 마세요. 새로운 행동을 받아들이는 데는 시간이 걸리므로 작은 단계부터 취약성 개방 연습을 하세요. 일기를 쓰거나 상담사와 대화하는 것도 도움이 됩니다.

4. 자신이 취약한 부분을 개방하도록 허용하세요. 취약성 개방이라는 위험을 감수할수록 배우자와 더욱 신뢰하며 편안하게 꿈을 공유하는 참된 관계로 발전할 수 있습니다.

취약성과 신뢰는 함께 가는 것

10년 전 남편 로드니(59세)를 만났을 때 주디스(58세)는 취약성 개방이 엄청난 도전으로 느껴졌습니다. 둘 다 이혼을 경험했고 네 명의 자녀를 키우고 있었는데, 이들 부부는 첫 번째 결혼에서 가져온 정서적 짐으로 인해 거절당하는 것에 대한 두려움을 갖고 있었습니다. 4장에서 배운 것처럼 주디스는 로드니에게 재정에 대해 투명하게 개방하는 것이 너무 어려웠습니다. 그녀는 불필요한 물건을 구입하는 데 지나치게 돈을 많이 썼고 이것을 남편에게 숨겼습니다. 주디스는 아주 엄격한 아일랜드 가톨릭 가정에서 자랐고 첫 남편의 정서적 학대를 경험했기 때문에 재혼 초기 몇 년 동안 관계가 안전하다고 느끼지 못하고 자신의 취약성 개방을 힘들어했습니다. 그로 인해 부부는 많은 의견 차이를 겪었습니다.

주디스는 이전 결혼에서 관계가 끝나기만을 바라며 억지로 버텼습니다. 그 때문에 재혼 후에 로드니와 신뢰를 쌓는 데 수년이 걸렸습니다. 주디스는 다음과 같이 말합니다. "저는 제 의견이 무시당하는 가정에서 자랐어요. 그래서 남편과 친밀해지는 데 시간이 많이 걸린 것 같아요. 그리고 첫 번째 결혼에서는 부부의 의사소통과 성생활 모두가 끔찍했어요."

그녀는 이렇게 설명합니다. "제가 화가 났을 때, 로드니는 뭐가 잘못됐는지 물어보더라고요. 그런데도 저는 제가 뭘 원하는지 남편한테 바로 말하지 못했어요. 남편은 남들에겐 별로 대수롭지 않은 일이 저한테는 괴로울 수 있다는 걸 깨달은 것 같아요. 그의 딸이 저한테 버릇없이 말해서 상처가 됐겠다고 위로해줬고, 그가 자기 아들과 시간을 보낼 때 질투해도 괜찮다고 저를 안심시켜줬어요. 하지만 우리는 모든 문제를 다 잘 처리할 수는 없다는 걸 깨달았어요. 그냥 서로를 위해서 늘 그 자리에 있어주며 충분히 사랑하고 있어요."

로드니는 말합니다. "우리는 외출하기 전에 항상 키스하고 나가려고 노력해요. 저는 아내가 정말 아름다운 사람이라고 생각해요. 그리고 아내가 아이들과 저를 잘 보살펴줘서 너무 고마워요. 우리는 함께 개를 산책시키면서 부부만의 대화 시간을 가져요. 우리는 서로 사랑하고, 성관계도 자주 갖는 편이에요."

주디스와 로드니의 말에서 알 수 있듯이, 친밀감은 편안함의 주요 원천이 되고 불확실한 세상에서 예측 가능성을 높여줍니다. 사실, 배우자가 신호를 보낼 때(예: 키스를 하려고 손을 내미는 것), 당신의 첫 번째 반응은 배우자를 향해 몸을 돌리는 것이어야 합니다. 웃기게 들릴 수도 있지만, '연결'을 원하는 배우자의 요청에 잘 반응한다면 부엌이나 마트에서도 낭만적인 부부가 될 수 있습니다. 성적 애정은 관능적인 의사소통과 더 나은 성적 친밀감으로 이어질 수 있는데, 이에 대해서는 6장에서 자세히 살펴보겠습니다.

'서로를 향해 몸을 돌리는 것'의 중요성

나는 항상 재혼부부들에게 정서적 친밀감을 강화하고 깊은 사랑을 나누려면 서로를 향해 몸을 돌려야 한다고 말합니다. 이는 공감을 보여주고, 상대방이 연결을 위해 노력할 때 적절하게 반응하며 방어하지 않는 것을 의미합니다. 배우자에게 개방형 질문을 하는 것도 정서적 친밀감을 높이는 좋은 방법입니다. '네' 또는 '아니오'로 대답할 수 있는 질문은 친밀한 대화의 문을 닫습니다. 시간을 갖고 '말'을 통해 배우자와 사랑을 나누십시오.

주디스와 로드니의 이야기는 배우자가 연결을 위한 노력을 할 때 배우자를 향해 몸을 돌리는 것의 중요성을 보여줍니다. 존 가트맨에 따르면, 배우자를 향해 몸을 돌리는 것은 신뢰, 사랑, 활력 있는 성생활의 기초입니다. 그는 40년에 걸쳐 수천 쌍의 부부를 연구하면서 우리가 배우자의 접근에 반응하는 세 가지 방법이 있으며 이 중 배우자에게로 향하는 반응이 친밀감을 심화시키는 놀라운 방법이라는 것을 발견했습니다.

연결을 위한 노력의 예시

"오늘 하루 종일 너무 힘들었어요. 오늘 내가 저녁식사 준비한다고 했는데, 혹시 당신이 해줄 수 있어요?"

"오늘 내가 세차했는데, 눈치 챘어요?"

배우자를 향해 반응하기

이러한 유형의 반응은 배우자와의 정서적 유대감을 강화합니다.

"나도 피곤하긴 한데, 당신이 너무 피곤해 보이니까 남은 음식을 데워서 내가 샐러드를 만들어볼게요."

"당신이 세차한 걸 눈치 채지 못했네요. 내가 알 수 있게 얘기해줘서 고마워요."

적대적 반응하기

일부 부부는 상대방의 연결을 위한 노력에 자신도 모르게 적대적으로 대응하거나 방어적이 되거나 입을 다물어버리기도 합니다.

"오늘은 당신이 저녁 준비하기로 했잖아요. 내가 뉴스 보고 있는 거 안 보여요?"

"당신은 왜 항상 생색을 내요?"

외면 반응하기

이러한 유형의 반응은 배우자의 연결 노력에 대해 대화나 인정 없이 지나쳐버리므로 단절과 분노를 유발합니다.

배우자가 당신에게 다가갈 때 당신은 휴대폰을 들여다봅니다.
배우자가 무엇을 요청하거나 대화를 시작할 때 당신은 TV를 켭니다.

주디스는 로드니를 만났을 때 이혼한 지 2년밖에 되지 않았기 때문에 자신이 다시 사랑에 빠질 준비가 되었는지 확신할 수 없었습니다. 그러나 그녀를 사로잡은 것은 그녀의 노력에 로드니가 항상 긍정적으로 반응하고 그녀에게 감사하고 있다는 느낌을 주는 것이었습니다. 그녀의 첫 번째 남편은 그녀가 연결감을 위해 노력할 때 항상 침묵으로 일관했기 때문에 로드니의 반응은 그녀에게 특히 소중했습니다.

주디스는 말합니다. "로드니는 처음부터 저를 잘 대해줬어요. 저를 만나서 행복하다는 걸 그의 표정으로도 알 수 있었어요. 로드니는 항상 친절하려고 애썼고 저를 많이 칭찬해줬어요. 우리는 서로에게 강하게 끌렸어요."

주디스와 로드니의 결혼생활에 어려움이 없었던 것은 아닙니다. 사실, 그들은 로드니의 작은딸 사만다 때문에 수년 동안 어려움을 겪었습니다. 사만다는 친엄마가 친아빠 로드니를 욕하는 것을 너무 많이 듣고 자라서 오랫동안 아빠에게 원망을 품고 있었습니다. 사만다는 주디스를 공개적으로 반대했으며 심지어 소셜미디어에 주디스에 대한 나쁜 소문을 퍼뜨리기도 했습니다. 그 와중에 그들의 재혼을 구해준 것은 부부의 '신뢰'였습니다. 모든 결혼에는 긴장감이 있기 마련이지만, 함께 어려움을 헤쳐나갈 만큼의 충분한 신뢰는 두 사람을 하나로 묶어주고 재혼을 더욱 견고하게 만드는 접착제와 같습니다.

이렇게 어려움이 있는 관계를 발전시켜나가는 것은 재혼부부에게 큰 도전입니다. 주디스는 "남편이 일 때문에 출장 간다고 말하면 저는 그가 돌아오지 않을까봐 걱정부터 돼요."라고 말했습니다. 로드니는 완벽한 사람은 아니지만 항상 개방적이고 신뢰할 수 있는 사람입니다. 그리고 그도 간혹 실수를 하지만 부부가 함께 해결하지 못할 만큼 큰 실수는 하지 않았습니다. 이 세상에 완벽한 배우자는 없으며, 지금 당신과 함께 삶의 여행을 떠나는 그가 최고의 배우자입니다.

모든 관계가 같지는 않겠지만, 재혼한 사람은 자신이 어떻게 관계 파괴자가 될 수도 있는지 깨달아야 합니다. 정당한 이유 없이 배우자를 의심하는 것은 관계를 망가뜨릴 위험이 있습니다. 주디스는 로드니가 신뢰할 만한 사람이고 자신을 속이거나 상처주려는 의도가 없음을 알기 때문에 남편을 신뢰해야 한다는 것을 압니다. 로드니는 자신이 사랑이 많고 친절하며 신뢰할 만한 사람임을 입증해주었습니다. 하지만 로드니에 대해서 자의적으로 추측하고 그의 행방에 대해 불안감을 느끼면서 주디스는 결혼생활에서 자신의 역할을 다하지 못하고 있었습니다.

신뢰는 시간이 지남에 따라 크고 작은 행동을 통해 구축되고 유지됩니다. 신뢰가 흔들리기 시작하면 두려움이 당신을 압도하고 의심과 의혹이 커질 것입니다. 당신은 선택에 직면해 있습니다. 배우자를 사랑하고 신뢰할지, 아니면 의심하고 경계할지 선택해야 합니다. 이때 고려해야 할 가장 중요한 것은 배우자가 신뢰할 만한 사람인가 여부입니다. 배우자의 말과 행동이 일치하는가? 배우자가 나를 정중하게 대하는가? 배우자가 믿을 만한가? 배우자가 충실한가? 이 질문에 대한 대답이 '예'라면 신뢰를 선택해야 합니다. 물론 때에 따라 상처를 받게 될지도 모릅니다. 그러나 배우자가 당신에게 신뢰할 만한 행동을 지속적으로 보여주었다면 그에게 신뢰로 보답해야 합니다.

신뢰는 부부를 친밀하게 만들 것입니다

신뢰 없이 정서적, 성적 친밀감을 형성하는 것은 불가능합니다. 이 장에 나오는 이야기에서 알 수 있듯이, 신뢰하는 법을 배우는 것은 재혼부부가 직면하는 가장 큰 어려움 중 하나입니다. 재혼하면 실제로 불신의 문제가 심화될 수도 있습니다. 첫 결혼의 파탄으로 인해 새로운 관계에 조심스럽게 접근하게 되고 최악의 상황을 예상하기도 합니다. 때로는 배우자가 과거를 재현하도록 프로그래밍된 사람처럼 보일 수도 있습니다. 그러나 용기와 끈기를 가지고 노력한다면 다시 신뢰하는 법을 배우고 사랑에 대한 신뢰를 회복하게 될 것입니다.

누군가를 신뢰하는 데 있어 가장 어려운 점은 자신의 판단에 자신감을 갖는 것입니다. 신뢰는 배우자가 당신의 행복을 진심으로 추구하는 사람이라는 점을 믿는 것입니다. 모든 사람은 다른 사람을 신뢰하는 경향성을 가지고 태어나지만 살다 보면 자기 보호를 위해 타인을 덜 신뢰하게 됩니다. 사랑에 빠지고 재혼을 한다는 것은 활기를 북돋워주기도 하지만 동시에 두려운 일이기도 합니다. 새 배우자에 대한 불신은 상대방이 부정직하고 비밀스럽다고 느낀다거나 약속을 잘 지키는 사람인지 의심하는 등 다양한 형태로 나타날 수 있습니다.

잠시 시간을 내어 이런 점도 생각해보세요. 불신감을 조성한 것이 온전히 배우자의 책임만은 아닐 수 있습니다. 대부분의 경우, 관계 내에서 안전하고 안정적인 분위기를 조성하기 위해서는 당신도 동일한 책임을 져야 합니다. 배우자와의 불신을 극복하기 위해 다음과 같이 자문해보세요.

- 상실과 버림받음에 대한 두려움 때문에 관점이 흐려지고 배우자의

행동에 과잉반응하게 되는가?
- 불신은 현재 일어나고 있는 일에서 비롯된 것인가, 아니면 나의 과거와 관련되어 있는 것인가?
- 필요한 것을 요청하거나 나의 취약한 부분을 개방하는 것이 편안하게 느껴지는가?
- 배우자와의 상호작용에서 나는 최선을 다하고 있는가?
- 나는 스스로를 사랑하고, 내가 사랑받고 존중받는 것을 허용하는가?

많은 관계가 '자기실현적 예언'으로 인해 방해를 받습니다. 배우자가 당신에게 상처를 줄 것이라 믿는다면 당신은 무의식적으로 관계에서 상처가 나타나도록 유도할 수도 있습니다. 그러나 배우자가 당신을 사랑하고 당신에게 가장 좋은 것을 주려 한다고 날마다 생각한다면 재혼생활에 신뢰를 불러올 수 있습니다.

의도적으로 정서적 친밀감을 키우고 견고한 재혼 유지하기

배우자와 정서적 친밀감을 느끼는 것은 인생에서 가장 만족스러운 경험 중 하나입니다. 그러나 많은 재혼부부는 안정감과 긴장감 사이에서 균형을 이루기 위해 줄타기를 합니다. 균형이 깨지면 부부는 불안을 느끼고 조화를 이루면 평온함을 느낍니다.

《꼭 안아주세요》에서 존슨은 "부부의 연결감을 유지하려면 서로의 움직임에 맞춰주고 서로의 정서에 반응해야 합니다. 서로 연결될 때 균형을 유지할 수 있습니다. 이것이 정서적 균형 상태입니다."라고 설명합니다.

재혼부부의 경우, 연결하려 애쓰는 배우자의 노력에 반응하고 서로 신뢰하는 법을 배운 시간이 길지 않기 때문에 정서적 균형 상태는 더욱 중요합니다. 로드니와 주디스는 서로 감정과 애정을 공유하는 것의 중요성을 이해하기 시작했습니다.

로드니는 이렇게 말합니다. "직장에서 일이 너무 힘들 때, 아내와 함께 긴장을 풀고 하루를 마무리할 시간을 상상하면 스트레스가 사라져요. 예전에는 우리가 빗나가고 있다고 느꼈지만 요즘 우리는 서로에게 더 잘 맞추고 있습니다. 저는 퇴근 때 아내에게 전화해서 저녁에 같이 쉴 수 있게 음식을 사갈지 묻곤 해요."

자신의 감정과 필요에 대해 스스로 책임지려 노력할 때 부부의 정서적 친밀감이 더 좋아집니다. 재혼부부는 지금 이 순간 자신이 경험하고 있는 것이 무엇인지 자각해야 하고, 부부가 한 팀이 되는 데 헌신해야 합니다. 부부의 깊은 정서적 연결 없이 이것은 불가능합니다. 부부는 무엇이 필요 없는지가 아니라 무엇이 필요한지 자신의 욕구와 감정에 대해 긍정적으로 이야기해야 합니다. 긍정적인 욕구는 비판과 비난 없이 정보를 전달하고 요청하므로 듣는 사람과 말하는 사람 모두 성공할 수 있는 대화 비결입니다.

많은 재혼부부가 이혼 후 반발심으로 급하게 결혼하곤 합니다. 이 때문에 이전 결혼에서 경험한 불신의 문제를 해결할 시간과 기회가 없는 경우가 많습니다. 어떤 경우에는 마치 과거에 여전히 살고 있는 것처럼 보이고, 이전 결혼의 문제로 인해 새 배우자를 불신하기도 합니다. 이러한 문제는 재혼한 사람의 마음과 감정에 남아 있는 성적/재정적 배신, 정서적/성적 학대, 버림받음 또는 이러한 것들의 조합으로 인해 발생합니다.

예를 들어, 켈리는 재혼 남편인 마크에게 불신을 느낄 때 상황을 확대하고 과장하는 경향이 있습니다. 켈리는 30대 중반의 교사이고, 남편의 불륜으로 인해 첫 결혼이 파탄 났습니다. 켈리의 첫 결혼에서 낳은 두 딸(9세와 13세)은 이들과 함께 살고 있고 마크의 아들(10세)은 주말에만 이 집에 옵니다.

켈리는 마크와 짧은 교제 후 반발심으로 다소 급하게 결혼했습니다. 켈리는 마크가 늦게 귀가했을 때, 왜 늦었는지 납득되지 않으면 두려움과 의심을 드러냅니다. 마크가 조금이라도 늦게 귀가하면 켈리는 종종 화를 내면서 남편의 이야기를 거의 듣지 않습니다. 그러고는 곧바로 비난을 시작합니다. "당신은 항상 늦게 들어와요. 당신은 나한테 관심도 없어요."

이에 대해 전에는 마크도 부정적으로 반응했지만 이제 그는 켈리가 단지 안심이 필요하다는 것을 압니다. 그래서 그는 야근을 해야 하거나 차가 너무 막힐 때는 미리 켈리에게 전화를 합니다. 켈리는 다음과 같이 말합니다. "마크가 귀가 시간이 좀 더 오래 걸리는 날이 있어요. 그럴 때가 저한테 촉발 요인이고, 저는 거의 마크를 닦달하게 돼요. 그래도 최근엔 과잉반응하지 않으려고 굉장히 노력하고 있어요. 마크는 저한테 불신 문제가 있다는 걸 알고 있어요. 그래서 화내거나 방어하지 않고 제 물음에 차분하게 대답하려고 굉장히 노력해요."

남편이 늦은 이유에 대한 의심이 들면 자신이 일을 너무 부풀리고 과장한다는 것을 켈리는 자각합니다. 그녀는 첫 번째 결혼의 고통스러운 기억과 어린 시절에 목격한 부모님의 부부싸움을 재현하는 자신을 인식하고 있습니다. 켈리가 두려움과 불신의 공간에서 마크에게 반응하기를 멈추는 것, 그리고 마크가 화내거나 방어하지 않고 그녀를 안심시켜주는 것 모두 너무 중요합니다. 일관성 있는 말과 행동을 보여주려고 노력함으로써 마크는 켈리에게 자신이 항상 곁에 있음을 인식시킵니다. 그는 그녀에게 깊이 헌신하고 있고, 과거 관계 이력에서도 누군가를 배신한 적이 없습니다.

켈리는 자신의 사고 과정을 점검해야 합니다. 그녀는 자기 부정과 타인에 대한 불신이 현실에 근거한 것인지, 아니면 과거의 파편인지 잘 살펴보아야 합니다. 자신의 부정적 생각에 도전해야 이전 삶에서 벗어날 수 있습니다. 또한 켈리는 자기 파괴적 패턴을 버리고, 마크를 신뢰하고 자신의 취약한 부분을 개방해야 합니다. 종종 재혼과 같은 친밀한 관계에서는 어린 시절의 공포가 다시 일어나면서 사랑, 신뢰, 헌신과 뒤얽히는 상황이 연출됩니다. 이런 문제를 부부가 함께 해결하면 건강한 결혼생활을 구축하고 그에 따른 안정감을 누리게 됩니다.

내 연구에 참여한 재혼부부 중 40퍼센트 이상이 신뢰 문제로 어려움을 겪었습니다. 신뢰는 감정 그 이상의 것입니다. 그것은 습득된 능력이며, 이혼을 경험했다면 그 능력을 키우는 데 시간이 걸립니다. 하지만 불신과 관계 상실을 경험한 사람들은 더 똑똑하게 신뢰할 만한 사람을 예리하게 알아볼 수 있는 능력을 개발했을 것입니다. 두려움을 솔직하게 다룰 때 자신의 본능과 판단을 신뢰하는 법을 배울 수 있습니다. 자기를 자각하고, 자신의 어떤 결정이 신뢰를 단절시켰는지 깨달으면 믿음과 낙관성을 가지고 다른 사람들에게 접근할 수 있습니다.

재혼에서 신뢰를 구축하기 위한 네 가지 방법

1. 불신하는 사고에 도전하세요. 스스로에게 질문해보세요. '신뢰가 부족한 것이 배우자의 행동 때문인가 아니면 내가 가진 이슈 때문인가? 아니면 둘 다가 원인인가?' 현재의 불신을 촉발하는 과거의 미해결 과제가 무엇인지 인식해야 합니다.

2. 당신의 직관과 본능을 믿으세요. 자신의 통찰에 자신감을 갖고, 경고

신호에 주의를 기울이세요. 그리고 자신의 취약성을 개방하고, 불신감이 느껴지면 안심시켜달라고 요청하세요.

3. 배우자에게 나쁜 의도가 있을 거라 가정하지 마세요. 배우자가 당신을 실망시킨다면 그것은 단지 능력 부족일 수도 있습니다. 사람들은 때때로 실수를 합니다.

4. 배우자의 입장을 들어보세요. 세상에는 정직한 사람들이 있다는 것을 믿으세요. 배우자를 불신할 강력한 근거가 없다면 배우자를 믿으세요.

행복한 재혼이 이루어지려면 서로를 신뢰할 수 있어야 합니다. 신뢰하는 법을 배우기 어렵다면 당신의 재혼생활은 이미 많은 어려움에 놓여 있을 것입니다. 하지만 이 장의 여러 이야기에서 볼 수 있듯이 당신만 그런 것은 아닙니다. 많은 사람들이 신뢰 문제를 잘 해결하고 성공적인 재혼을 지속합니다. 불신이 삶을 지배하지 못하게 할 힘이 당신에게도 있다는 것을 기억하세요!

6장

성적 매력을 회복하고 다시 부부의 사랑을 나누는 법

남편과 성관계를 피하고 싶어서 저는 늦게까지 안 자거나
옷을 안 갈아입곤 했어요. 제가 살이 많이 쪄서 그것도 핑곗거리였어요.

_멜리사(48세)

　모든 오래된 관계가 그렇듯 재혼부부도 무미건조한 시간을 겪게 됩니다. 일부 재혼부부는 그들 사이의 열정이 이미 식었고 성관계를 안 한 지 너무 오래되었다고 말합니다. 연구에 따르면, 부부나 커플은 평균적으로 일주일에 한 번 성관계를 한다고 합니다. 그러나 성관계를 한다고 해서 그것이 둘 다 만족한다는 의미는 아니며, 배우자들의 성욕에 차이가 있는 경우가 흔합니다.

　중학교 교사인 로라(42세)는 전기기사인 남편 케빈(41세)이 자신보다 성욕이 더 강해서 한동안 일부러 남편을 회피했다고 합니다. 실제로 이 부부는 수면 시간대가 달라서 포옹이나 스킨십을 거의 하지 않았습니다. 재혼한 지 8년 된 이 부부는 다섯 자녀를 키우고 있었으며 둘 다 이혼에 대한 반발심으로 급하게 재혼에 뛰어들었습니다. 짧은 연애 후 결혼했기 때문에 이 부부는 성적, 정서적 친밀감에 대한 서로의 기호와 요구를 파악할 시간을 갖지 못했습니다.

로라와 케빈은 재혼 전 데이트 때 자신들이 무척 열정적이었다고 회상합니다. 그러나 지난 몇 년 동안 그들의 성적 친밀감은 급격히 줄어들었고, 자녀들 없이 부부만의 시간을 보내면서 성관계를 나눈 것이 언제인지 기억도 나지 않는다고 말합니다. 부부의 대화는 대부분 직업, 집안일, 자녀 양육 등 결혼생활의 일상적인 주제에 관한 것입니다.

로라는 다음과 같이 말합니다. "남편과 제가 서로 사랑하는 건 알아요. 그래서 예전처럼 다시 지내고 싶은데 항상 아이들과 함께 있다는 게 걸림돌이에요. 게다가 우리 둘 다 첫 결혼에 문제가 많았기 때문에 어떻게 해야 더 친밀하고 가까워질 수 있는지 잘 모르기도 해요. 그리고 무엇보다 부부만의 시간을 거의 낼 수 없다는 게 가장 큰 문제예요. 하지만 남편이나 저나 포기하고 싶지는 않아요. 부부만의 시간을 어떻게든 내고 싶어요."

성공적인 재혼생활을 하고 있는 부부들은 정서적, 신체적, 성적 친밀감을 키우는 것이 얼마나 중요한지 압니다. 5장에서 배웠듯이, 정서적 친밀감은 거절에 대한 두려움 없이 자신의 생각, 감정, 소망, 꿈을 배우자와 공유하기 위해 자신의 취약한 부분을 개방할 때 생깁니다. 당신은 친밀한 관계 속에서 자신이 사랑받을 자격이 있다고 느껴야 하며, 배우자가 정서적으로 당신에게 접근할 수 있도록 갑옷을 벗고 당신의 취약성을 개방해야 합니다. 만약 당신이 전 배우자에게 배신을 당했다면 새로운 관계에서 친밀감을 키우는 것은 꽤 어려운 일입니다. 이혼한 많은 사람들이 정서적 고통으로부터 자신을 보호하기 위해 상대방에게 담을 쌓고 친밀감을 피하는 법을 배우기 때문입니다.

성적 친밀감과 정서적 친밀감은 밀접하게 연결되어 있습니다. 성적 친밀감은 단순히 성관계를 갖는 것 외에도 포옹, 손잡기, 어루만지기 등 모든 형태의 스킨십을 포함합니다. 이것은 부부 사이에 사랑을 확인하는 좋은 방법입니다. 스킨십은 성적 접촉을 하는 즐거운 무대가 됩니다. 정서적, 신체적 친밀감이 없으면 재혼생활과 성생활 모두 충만하지 않고 단조롭게 느껴질 수 있습니다. 좋은 성적인 관계는 정서적, 신체적 친밀감을 바탕으로 구축됩니다. 즉, 열정적인 재혼생활을 하고 싶다면 먼저 배우자와 정서적, 신체적으로 가까워지도록 노력해야 합니다.

부부 모두에게 만족스러운 성관계는 깊고 의미 있는 유대감 유지에 도움이 됩니다. 그러나 재혼부부가 바쁜 일정을 소화하면서 성관계를 위한 시간을 내기란 쉽지 않습니다. 또한 어린 자녀들을 잘 돌보자면 너무 많은 시간과 노력이 들고, 사춘기나 10대 자녀들의 정서를 보살피며 학교, 학원, 진학 등을 챙기는 것도 여간 어렵지 않습니다.

케빈은 이렇게 한탄합니다. "우리 부부는 가급적 수면 시간을 맞추려고 노력했어요. 그리고 최소 일주일에 몇 번은 성관계를 하려고 노력했는데, 최근에 로라가 너무 바빴어요. 채점을 해야 한다거나 청구서를 처리해야 한다면서 바쁘다고 하더라고요. 저의 첫 번째 결혼생활이 불행하기도 했고 로라에게 끌린 이유 중 하나가 그녀와 성욕이 잘 맞기 때문이었는데, 우리 사이에 틈이 생기기 시작했다고 느꼈어요. 전에는 로라가 섹시한 잠옷을 사기도 하고, 촛불을 켜고 와인 한잔 하면서 분위기를 내곤 했어요. 근데 마지막으로 언제 그랬는지 이제 기억도 안 나요. 다시 외로운 결혼생활을 하고 싶지는 않아요."

사실 내가 인터뷰한 재혼부부 중 60퍼센트는 연애부터 재혼 후 몇 년까지는 열정적 배우자를 만난 것이 정말 행운이라고 느꼈다고 말했습니다. 하지만 재혼생활과 혼합가정의 어려움을 겪으면서 열정이 급격히 식었다고 합니다. 어떤 사람들은 지루한 성적 루틴에서 벗어나 좀 더 격렬하고 흥미로운 것을 시도하고 싶지만 어떻게 해야 할지 잘 모르겠다고 했습니다. 또 어떤 사람들은 솔직히 성관계를 매주 하고 싶진 않지만, 그러면 배우자가 다른 마음을 품을까봐 걱정된다고 했습니다.

'부부 성생활의 질이 이전 결혼생활의 짐으로 인해 영향을 받고 있는가?'라고 자문해보세요. 만약 그렇다면 성적 친밀감에 대한 선입견을 버리고 새 배우자의 욕구와 열정을 함께 탐색하면서 새로운 출발을 시도하시기 바랍니다. 당신의 취약한 부분을 개방하고, 당신의 취향과 숨겨진 욕구도 공유해보세요. 그렇게 한다면 재혼부부로서 일상생활을 영위하면서도 성적 매력과 친밀한 관계를 유지할 수 있습니다.

주디스는 다음과 같이 말합니다. "로드니가 전남편과 전혀 다르다는 걸 깨닫는 데 시간이 좀 걸렸어요. 로드니는 정말로 저를 있는 그대로 사랑한다고 느껴져요. 그게 무슨 뜻이냐면 그는 제 견해를 존중하고, 제가 똑똑한 사람이라 생각하고, 뭐든 저와 함께 하는 걸 좋아해요. 그리고 저를 성적으로도 매력적이라고 여겨요. 로드니는 저와 장난치거나 열정적으로 스킨십하고 키스하는 걸 좋아해요."

나의 연구에 참여한 많은 재혼부부는 서로에 대한 깊은 존중과 성관계라는 행위를 넘어서는 상대방에 대한 열정을 표현했습니다. 이것은 자신의 취약한 부분을 편안하게 개방하고, 부부가 서로 돌봐주고, 자신의 결점, 완벽하지 못한 체형, 성적인 콤플렉스, 불안하거나 피곤할 때 느끼는 초조함을 배우자가 수용할 거라고 신뢰하는 것입니다.

앞서 만난 주디스와 로드니는 40대 초반의 재혼부부로서 전 배우자와 여전히 심한 갈등을 겪으면서 네 자녀를 키우고 있었고, 그 외에도 부부가 감당해야 할 짐이 많았습니다. 로드니는 다음과 같이 말합니다. "저는 주디스를 있는 그대로 사랑해요. 아내는 전부인이나 제가 만났던 어떤 누구와도 달라요. 아내와 함께 살면서 저는 평가받는 것에 대해 걱정하지 않고 그냥 저 자신이 될 수 있다고 느껴요. 저는 사실 성적인 스킬과 지속력에 대해 자신감이 부족했는데, 주디스가 중요하게 생각하는 건 그런 게 아니라 친밀감이더라고요. 우리는 삶의 모든 측면에서 잘 통한다고 생각해요. 사실 전에는 이런 것들이 가능할 거라고 생각하지 않았어요."

재혼생활에서 성적 친밀감을 키우기

좋은 성적인 관계는 침실 밖에서 시작됩니다. 성공적인 관계를 맺고 있는 재혼부부는 '친밀감을 키운다는 것은 긴장감과 연결감의 균형을 의미한다'는 것을 이해합니다. 스킨십, 대화, 성관계와 같은 연결의 순간은 모두 친밀한 관계를 하나로 묶는 접착제와 같습니다. 재혼부부가 멋진 성관계를 원한다면 두 사람 모두가 만족하는 신체적, 정서적 관계를 형성하는 데 에너지를 쏟아야 합니다.

재혼부부가 다시 사랑에 빠지는 것이 가능할까요? 《당신을 좋아하지만 사랑하지는 않아요 I Love You, But I'm Not in Love with You》의 저자 앤드류 마셜이 그 질문에 답합니다. 그는 부부가 자신과 서로에 대해 더 잘 이해한다면 궁극적으로 더 견고하고 열정적 관계를 구축하여 다시 사랑에 불을 붙이는 것이 가능하다고 말합니다. 그는 심리학자 도로시 테노프가 자신의 저서 《사랑과 리머런스$^{\text{Love and Limerence}}$》에서 만든 용어인 '리머런스^{limerence}(누군가에게 사랑받고 호응받고 싶어하는 심리적 상태 혹은 누군가를 향한 집착적, 강박적인 감정: 옮긴이 주)'가 사랑에 빠지는 초기 단계이며, 이 단계의 특징은 기쁨과 열정이라고 설명합니다. 마셜은 "리머런스의 마법에 빠진 사람은 사랑하는 사람이 아무리 나쁜 행동을 하더라도 그 사람과 단단하게 연결되어 있습니다."라고 언급합니다.

그렇다면 리머런스가 사라진 후 사랑의 감정은 어떻게 될까요? 마셜은 그 다음 단계를 '사랑 애착'이라고 합니다. 이는 깊은 연결, 성적 친밀감, 삶의 어려움을 함께 해결하는 능력을 특징으로 하는 사랑의 유형입니다. 마셜은 사랑 애착을 파괴하는 두 가지 주요 원인은 신체적 친밀감을 무시하는 것과 서로의 차이점을 받아들이지 않는 것이라고 합니다.

사랑이 식으면 결혼도 끝나는 건가요?

인터뷰를 위해 해나(43세)와 맷(45세)을 만났을 때, 그들은 결혼한 지 8년이 되었고 해나가 첫 결혼에서 얻은 두 명의 10대 자녀를 키우고 있었습니다. 맷에게는 열 살 된 딸이 있는데, 아이는 한 달에 두 번 주말에 이들의 집에 와서 지냈습니다. 그들의 도시 생활은 너무 바빴고, 부부의 삶은 일하는 것과 자녀들 양육에만 집중되어 있었습니다. 부부의 대화도 대부분은 재혼가정 유지를 위한 일상 이야기였습니다.

해나는 말합니다. "저는 맷을 좋아하지만 더 이상 그를 사랑하지는 않는 것 같아요." 해나가 이렇게 폭탄 발언을 하자 맷이 말합니다. "저는 사실 우리 부부가 괜찮다고 생각했어요. 정말이에요. 비록 우리가 이제 성관계를 많이 하지는 않지만, 그냥 우리가 겪고 있는 과정이라고 생각했어요. 해나가 별거 얘기를 꺼내고 아이들과 친정에 며칠간 갔을 때 저는 정말 충격을 받았어요."

해나는 수년간 혼자 감정을 쌓아왔고 다시 싱글로 돌아갈 생각마저 하고 있어 남편에게 죄책감을 느낀다고 말합니다. 맷은 해나에게 말했습니다. "내 마음은 당신에 대한 배신감으로 갈가리 찢어졌어요. 당신에겐 부부간의 최소한의 의리도 없나요? 이런 일은 정말이지 상상도 못했어요."

맷은 기습 공격을 받은 느낌이었습니다. 하지만 그는 재혼가정의 스트레스가 시작되기 전에 가졌던 부부의 열정을 다시 되살리기 위해 해나에 대한 사랑을 표현할 방법을 찾아야 합니다.

해나와 맷이 설명한 그들의 전형적인 관계 패턴은 이렇습니다. 항상 해나가 정서적, 성적 친밀감을 위해 맷을 쫓아가고, 맷은 거리두기를 하거나 뒤로 물러나버립니다. 맷은 해나로부터 뒤로 물러나는 자신의 행동에 대해 이렇게 설명합니다. "언제나 너무 가까이 붙어 있으면서 아내의 여러 기대를 충족시키는 게 불가능하다고 느꼈어요. 저는 배관 사업을 하는데 대부분 밤이 되면 녹초가 돼서 침대에 누워요. 혹시 긴급 상황이라도 발생하면 언제라도 출동해야 되고요."

해나와 맷은 재혼 초기에는 정서적으로나 성적으로 매우 가까웠습니다. 하지만 부부의 관계를 우선순위에 두지 않았기 때문에 지난 몇 년 동안 그들의 성생활은 크게 줄었습니다. 이들은 자녀 없는 부부만의 시간을 거의 보내지 않았고, 부부라기보다 룸메이트에 더 가까웠습니다. 이 부부의 '추격자-도망자' 패턴은 바뀔 수 있지만, 그러려면 자신들의 패턴을 확실히 파악하고 이를 바꾸기 위한 계획을 세우고 노력을 쏟아야 합니다.

해나는 이렇게 말합니다. "제가 맷에게 너무 강하게 다가가면 그는 마치 돌처럼 굳어버린다는 걸 알게 됐어요. 그럴 때 저는 두려움을 느끼며 남편의 마음을 열려고 더 노력하곤 했어요. 전남편과도 같은 문제를 겪었기 때문에 우리의 이 패턴이 상황을 더욱 악화시킨다는 걸 이제는 알고 있어요. 저는 맷을 질식시키지 않으면서 그에게 가까이 다가가고 싶어요."

저명한 심리학자이자 작가인 해리엇 러너는 《결혼 규칙 Marriage Rules》에서 다음과 같이 말합니다. "문제의 발생에 대한 나의 책임을 인정하는 것보다 배우자를 비난하는 것은 항상 더 쉽습니다. 이미 멀어졌거나 멀어지려는 배우자와 진정으로 다시 연결되기 위해서는 먼저 문제를 식별해야 합니다. 그리고 이를 바꾸기 위한 조치를 취해야 합니다."

추격자-도망자 패턴은 재혼부부에게 매우 흔하게 나타나므로 이것을 더 자세히 살펴보려고 합니다.

추격자-도망자 패턴

전문가들에 따르면 부부의 사랑이 식고 성적으로 친밀한 관계를 유지하지 못하는 가장 일반적인 이유는 시간이 지남에 따라 추격자-도망자 패턴이 발달하기 때문입니다. 수 존슨은 이 패턴을 '항변의 춤곡 protest polka'으로 명명하고 이것이 세 가지 '악마의 대화' 중 하나라고 말합니다. 존슨은 한 배우자가 비판적이고 공격적으로 행동하면 다른 한쪽은 종종 방어적이고 거리두기를 하게 된다고 설명합니다. 수천 쌍의 부부를 대상으로 한 존 가트맨의 연구에 따르면, 결혼 초기에 이러한 패턴에 갇힌 부부는 4~5년 안에 이혼할 확률이 80퍼센트 이상인 것으로 나타났습니다.

이런 관계 패턴이 왜 그렇게 흔할까요? 가트맨은 친밀한 관계에 있는 남성은 뒤로 물러나는 경향이 있고 여성은 쫓아가는 경향이 있음을 발견했습니다. 또한 그는 이러한 경향성이 우리의 생물학적 기능에 연결되어 있으며 기본적인 성별 차이를 반영한다고 설명합니다. 그의 '사랑 연구소' 관찰에 따르면 부부 사이에 이러한 패턴이 매우 흔하고 이것이 결혼을 파탄으로 몰고 가는 주요 원인임을 알 수 있습니다. 그는 또한 이러한 추격자-도망자 패턴이 변하지 않으면 재혼뿐 아니라 다른 친밀한 관계에서도 이 패턴이 나타난다고 경고합니다.

친밀한 관계인 부부 사이에는 자신의 필요가 충족되지 않으면 상대방을 비난하는 경향이 있습니다. 그러면 추격자-도망자 댄스가 이어지고 패턴은 점점 더 강해집니다. 실제로 부부들은 자신들이 같은 싸움을 반복한다고 보고합니다. 이렇게 되면 부부는 더 이상 당면한 문제를 다루지 못하고 원망, 좌절, 분노의 악순환에 빠지기 때문에 결코 문제를 해결할 수 없습니다.

부부관계에는 자율성과 친밀감이 필요합니다. 하지만 많은 경우 추격자-도망자 댄스를 추느라 어려움을 겪으면서 자율성과 친밀감에 대한 불만족을 자주 느낍니다. 추격자-도망자 패턴이 뿌리 깊게 자리 잡으면 한쪽 배우자의 행동이 상대방의 행동을 자극하고 유지시킵니다. 추격자-도망자 패턴은 침실에서도 발생하게 되며, 정서적, 성적 친밀감에 대한 당신과 배우자의 욕구가 일치하지 않을 때 실망감을 느끼는 것은 정상입니다. 이러한 패턴이 이혼의 가장 흔한 원인 중 하나이긴 하지만 당황하지 마세요! 성적 친밀감의 부족은, 열심히 일하는 많은 부부들이 일, 양육, 부부 친밀감 사이에서 균형을 유지하려다 경험하는 일반적인 어려움입니다.

《다시 사랑하고 싶어요 $^{Wanting\ Sex\ Again}$》에서 성 치료사인 로리 왓슨은 "대부분의 성적인 문제는 결혼생활의 관계 갈등에서 비롯됩니다."라고 했습니다. 그녀는 배우자와 너무 가까워지는 것과 너무 멀어지는 것 사이의 줄다리기를 '반복적인 추격자-도망자 패턴'이라고 설명합니다. 많은 경우에 '도망자'는 스트레스를 받을 때 뒤로 물러나서 혼자만의 시간을 찾는 경향이 있습니다. 이런 행동은 상대방의 친밀감에 대한 욕구를 자극하여 '추격자' 패턴을 강화시킵니다. 문제는 이 패턴이 깊게 자리 잡으면 부부 둘 다 자신의 필요를 충족시킬 수 없다는 것입니다. 때때로 '도망자'는 배우자의 괴로움이 아주 심각하다는 것을 너무 늦게 깨닫게 되고, '추격자'는 이미 관계를 끝내기 위한 계획을 갖고 있을 수 있습니다.

'추격자'와 '도망자'를 다루는 방법

앞서 만난 수잔느와 키스의 전형적인 시나리오를 살펴보면 추격자-도망자 패턴이 일반적으로 어떻게 작동하는지 알 수 있습니다. 더 많은 성적 친밀감을 요구하는 수잔느의 행동은 남편의 마음을 열고 남편의 확인시켜주는 말을 듣고자 하는 시도입니다. 이 경우에 수잔느와 키스가 서로에게 반응하는 방식은 결국 역효과를 낳고 부부관계에서 부정적인 패턴을 만들어냅니다.

"우리가 왜 함께 시간을 보내지 않는 건지 얘기 좀 해요." TV를 보던 남편이 수잔느의 연결감을 위한 노력을 외면하자 그녀는 불평을 시작합니다. "우리가 문제를 해결하려고 노력하지 않는데 어떻게 사이좋게 지낼 수 있겠어요?" 키스는 "당신이 말하는 문제가 대체 뭔지 모르겠네요. 나는 이 정도면 우리가 잘 지내는 편이라 생각해요. 게다가 부부들은 다들 힘든 시기를 겪기도 하는 거 아니에요?"라고 대답합니다.

수잔느는 키스를 끌어당기려는 시도를 하다가 점점 더 좌절감을 느낍니다. 한편 키스는 전형적인 '도망자' 전략을 사용할 것이고, 아마도 침묵으로 일관함으로써 아내의 대화 시도에 담을 쌓을 것입니다. 그녀는 키스에게 계속해서 더 많은 실망을 표현할 것이고, 그는 더욱 뒤로 물러날 것입니다. 이 패턴이 바뀌지 않는다면, 부부는 어떻게 서로 비난하고 비난받는다고 느끼는지, 어떻게 서로에게 경멸을 퍼붓고 있는지 쉽게 알아차릴 수 없습니다. 존 가트맨에 따르면 '비난'과 '경멸'은 결혼생활이 실패할 운명이라는 두 가지 주요 경고 신호입니다.

부부 사이의 많은 상호작용이 추격자-도망자 패턴에 빠져버리는 것은 놀라운 일이 아닙니다. 부부는 이런 교착상태에서 결혼생활에 비통함과 환멸을 느끼게 됩니다. 이런 관계를 개선하기 위해서는 자신의 의도를 긍정적인 방식으로 표현해야 하고, 부정적인 순환의 고리에 자신이 끼친 역할을 책임지기 시작해야 합니다. 변화를 시작하려면 다음과 같이 말해보세요. "여보, 내가 프로젝트 때문에 오늘 늦게까지 일해야 하는 상황이에요. 오늘 저녁식사를 당신이 준비해주면 정말 고맙겠어요."

대다수의 추격자들은 생각보다 강하게 '추격 모드'에 빠지게 되고, 이 때문에 도망자인 배우자가 훨씬 더 뒤로 물러날 수 있음을 깨닫지 못합니다. 마찬가지로 '도망자'인 배우자는 뒤로 물러나는 반응을 통해 '추격자'인 배우자가 더욱 격렬하게 쫓아오도록 만듭니다. 왓슨은 이러한 패턴에 빠진 부부에게 역할을 서로 바꾸어봄으로써 상대의 입장을 파악해보라고 제안합니다. 그렇게 함으로써 상대방에 대한 공감과 자신에 대한 자각을 강화하고, 배우자의 성적인 접근을 유도하고, 거기에 반응하는 새로운 행동패턴을 시작할 수 있습니다. 부부는 침실 안에서든 밖에서든 배우자가 친밀감을 원할 때, 상대방의 취약성을 인식하고 자비로운 마음으로 세심하게 반응해야 하며, 그럴 때 성적 친밀감과 분리 사이에서 균형을 맞출 수 있습니다. 그러기 위한 첫 번째 단계는 '정서지능이 발달된 대화'를 나누는 것이며, 이는 두 사람 모두 상대방이 자신의 의견을 경청하고 자신을 인정한다고 느끼게 합니다.

더 친밀해지는 대화

다음은 재혼부부가 서로에 대해 더 잘 이해하고 정서적으로나 성적으로 함께 성장할 수 있는 대화의 예입니다.

배우자 A: 당신이 나한테 마음을 열지 않아서 소외감을 느껴요. 내 감정이 어떤지 얘기할 때, 당신은 어떻게 생각하는지 얘기해주면 좋겠어요.

배우자 B: 당신이 나한테 당신의 감정을 얘기할 때, 내가 어떻게 생각하는지 얘기해주기를 원하는 거네요. 노력할게요.

배우자 A: 당신이 하루를 어떻게 지냈는지 알고 싶고 당신하고 더 친밀해지고 싶어요. 그래서 당신이 저녁식사 때 TV만 보면 마음이 상해요.

배우자 B: 당신은 저녁식사 시간에 나와 더 많이 대화하길 원하는 거네요. 당신이 마음 상한 걸 몰랐어요. 하루 종일 일하고 귀가하면 좀 피곤하긴 했어요. 그래도 당신한테 중요한 거니까 더 많이 대화하도록 노력할게요.

배우자 A: 당신과 사랑을 느끼며 성관계를 나누면 더 친밀해진 느낌이 들어요. 우리가 성적으로 더 기쁘고 상대방의 욕구를 충족시켜줄 수 있는 방법에 대해 대화하고 싶어요.

배우자 B: 나도 성관계를 나누면 당신과 더 친밀해지는 느낌이 들어요. 성관계에 대한 대화가 좀 어색하긴 하지만 서로 성적 욕구를 잘 충족시켜주면서 더 친밀해지는 방법을 같이 찾아보도록 해요.

이러한 유형의 대화를 매일 연습한다면, 당신과 배우자 사이에 더 강한 정서적, 성적 연결감이 형성될 것입니다. 매일 최소 30분 동안 함께 대화하고 사랑, 애정, 존중을 표현하세요. 강한 유대감 형성과 함께 두 사람 모두 침실에서 그리고 침실 밖에서도 성장하게 될 것입니다.

멋진 성생활과 정서적 연결감은 이어져 있다

멋진 성생활을 하는 부부는 무엇이 다를까요? 이것이 《노멀바》의 저자인 크리스아나 노스럽, 페퍼 슈워츠 및 제임스 위트가 24개국 7만 명을 대상으로 한 온라인 연구에서 알아보고자 했던 내용입니다. 그들의 연구 결과는 재혼부부에게 놀라운 점을 시사합니다. 멋진 성생활을 하는 부부는 모두 다음과 같은 것을 실행합니다.

- 매일 "사랑해요."라고 말합니다.
- 이유 없이도 서로 열정적으로 키스합니다.
- 서로에게 깜짝 선물을 줍니다.
- 무엇이 배우자를 성적으로 흥분시키는지 혹은 식게 만드는지 압니다.
- 공공장소에서도 신체적으로 다정함을 표현합니다.
- 지속적으로 함께 놀고 즐거운 시간을 보냅니다.
- 자주 포옹합니다.
- 부부의 성관계를 할 일 목록의 마지막이 아닌 우선순위에 둡니다.
- 서로에게 좋은 친구가 되어줍니다.
- 자신들의 성생활에 대해 편안하게 대화합니다.
- 매주 데이트를 합니다.
- 낭만적인 휴가를 갑니다.
- 서로를 향해 몸을 돌리는 것을 늘 생각합니다.

이 포괄적 연구의 결과는 부부가 만족스러운 성생활을 원한다면 서로 친밀하고, 애정이 넘치며, 관심을 유지하기 위해 노력해야 한다는 것을 의미합니다. 모든 부분에서 배우자와 연결하는 방법을 배우는 것은 어렵지만 시도해볼 가치가 있습니다.

내 연구에서 가장 나이가 많은 부부 참여자인 댄과 프리실라는 이 연구 결과를 전형적으로 보여줍니다. 둘 다 60대 후반이고, 30년 동안 재혼가정에서 여섯 자녀를 키워낸 후 지금도 건강하게 함께 지내고 있습니다. 그들은 '성적인 감각을 유지하는 행복한 재혼'이 무엇을 의미하는지 알고 있습니다.

댄은 말합니다. "40년 동안 많은 우여곡절을 겪었지만 나는 프리실라에게 여전히 성적 매력을 발견해요. 아내가 나에게 특별한 간식을 만들어주고, 자기와 함께 테니스를 치러 가자고 할 때 저는 행복을 느껴요. 우리는 성관계할 기분을 내기 위해 칵테일이 필요하지 않아요. 우리는 함께 있는 것, 함께 시간을 보내는 것 자체를 즐기기 때문이에요."

일상 속에서 친밀한 순간을 성공적으로 만들어나가면 재혼생활이 더 충만해집니다. 하지만 정서적으로나 성적으로 연결감을 유지하지 못하는 부부의 경우는 어떨까요? 부부가 어떻게 서로 멀어지는지, 정서적 짐과 바쁜 일정이 친밀감을 어떻게 방해할지는 쉽게 상상할 수 있습니다.

성욕의 차이 다루기

성적 열정의 부족은 부부가 상담사를 만나게 되는 일반적 문제 중 하나입니다. 결혼 초기에 부부는 사랑에 빠져 흥분에 취해 있습니다. 하지만 불행하게도 이런 행복은 영원히 지속되지 않습니다. 많은 재혼부부들은 성생활이 심각하게 건조하고 서로의 성욕에 차이가 많다고 생각합니다. 한 배우자가 다른 배우자보다 성욕이 더 높은 것은 흔한 일이고, 이는 정서적, 성적 단절감을 유발할 수 있습니다.

일단 부부가 성관계를 멀리하기 시작하면 그것은 곧 성적 메마름으로 가는 빠르고 위험한 길입니다. 만약 당신이 배우자와 정서적으로 연결감을 못 느끼거나 또는 과거에 재정적 배신이나 성적 외도로 인해 배우자에 대한 신뢰를 잃은 경험이 있다면 재혼 후 배우자와 이 주제에 대해 대화하는 것은 굉장히 어려운 일입니다. 그러나 당신이 배우자와 성적 단절감을 느낄 때, 비록 얘기하기 꺼려지더라도 대화를 시작한다면 배우자는 당신의 감정에 공감하고 오히려 안도감을 느낄 가능성이 높습니다.

자녀가 없는 30대 후반의 재혼부부인 애덤과 멜리사를 만났을 때, 그들의 성욕은 분명히 차이가 있었습니다. 멜리사는 자신이 남편이 너무 가까이 다가오지 못하게 하는 걸 알게 되었습니다. 상담이 진행되면서 그녀는 어릴 적에 부모가 이혼했을 때, 그리고 첫 결혼 때 겪었던 불신과 버림받음에 대한 두려움이 아직 해결되지 않았다는 것을 깨달았습니다. 첫 남편은 갑자기 그녀를 떠나면서 미련조차 없어 보였기 때문에 그녀는 애덤도 너무 가까워지면 첫 남편처럼 자기를 떠날 것이라고 걱정했습니다.

애덤은 다음과 같이 말합니다. "멜리사가 더 이상 성관계를 하고 싶지 않다고 했을 때 처음에는 너무 힘들었어요. 하지만 상담 후에 마음이 한결 가벼워졌어요. 아내가 저를 정말로 사랑하고 있고, 다시 저와 성적인 감정을 되살리고 싶어 한다는 걸 알게 됐으니까요. 아내는 단지 제가 떠나버릴까봐 두려워하고 있는 거였어요."

멜리사는 다음과 같이 대답합니다. "우리는 성적으로 즐기며 친밀감을 느끼는 데 문제가 있었어요. 그런데 그것에 대해 터놓고 얘기할 수 있어 좋았어요. 제가 최근에 살이 많이 쪄서 불안하다 보니까 스스로 비난하고 있더라고요. 최근에 책에서 봤는데, 성관계는 하면 할수록 더 하고 싶어진다는 내용이 인상적이었어요."

성욕의 차이를 극복하는 4가지 팁

1. 변명을 멈추고 성관계를 더 자주 하세요. 부부는 피로, 일, 자녀 등을 핑계로 대는 경향이 있습니다. 그럴더라도 단순히 성관계를 더 자주 하면 됩니다. 사실 성관계는 그 자체로 최음 효과가 있기 때문에 하면 할수록 더 하고 싶어집니다. 대부분의 사람들은 성관계를 하면 더 많은 성호르몬이 생성되므로, 이로 인해 우리 몸은 성관계의 즐거움을 더 떠올리게 되고 더 잦은 성관계를 원하게 됩니다.

2. 당신이 성생활에서 뭔가 부족함을 느낀다면 당신의 배우자도 그럴 가능성이 높습니다. 당신의 취약한 부분을 개방하고 배우자와 열린 대

화를 해보세요. 아마 배우자도 성생활이 심각하게 건조하다고 느끼고 있을 것입니다. 열린 대화는 당신이 혼자가 아니라는 안도감을 주고, 부부로 하여금 진정한 변화를 시작하게 합니다.

3. 다양성은 삶의 묘미입니다. 성적 환상과 욕망에 대해 터놓고 대화하세요. 당신은 부엌이나 욕조에서 격렬하고 열정적인 성관계를 나누고 싶을 수도 있고, 다양한 자세를 시도해보고 싶을지도 모릅니다. 에로틱한 밤을 계획해보세요. 배우자를 애무하고, 옷을 벗겨주고, 성관계에 대한 환상과 욕망에 대해 터놓고 얘기하면 부부는 강하게 연결될 것입니다.

4. 성관계에 대한 의욕을 되찾는 데 시간이 걸릴 수 있다는 점을 기억하세요. 중단됐던 성관계를 다시 시작할 때 어색함이 느껴질 수도 있습니다. 그러나 계속 노력하면 점점 상황이 좋아질 것입니다. 위 제안사항 중 일부를 시도했지만 몇 달이 지나도 진전이 없다면 전문가의 도움을 받는 것이 좋습니다. 부부의 성적 문제 해결을 돕는 전문 상담사를 찾으세요. 당신은 혼자가 아니며, 언제든 도움을 받을 수 있습니다.

관능적인 의사소통의 예술

말을 통해서 배우자와 사랑을 나누거나 전희의 한 형태로 성관계에 대한 대화를 나누면 성적 친밀감이 높아집니다. 일, 양육, 가사일 등이 쌓여 있을 때 성적인 대화는 확실한 자극제가 됩니다. 이때 필요한 것은 올바른 태도와 좀 더 관능적이 되겠다는 의지뿐입니다. 즐거운 성생활은 몸의 연결뿐 아니라 결혼생활의 질과도 관련됩니다.

배우자와 성적 욕구에 대해 마지막으로 대화한 것이 언제인가요? 많은 사람들이 자신의 성적 욕구에 대해 부끄럽게 느끼며 '내 배우자는 내가 말하지 않아도 내게 필요한 것이 무엇인지 알고 있어야 한다'는 왜곡된 신념을 갖고 있습니다. 그러나 당신이 연결감을 위한 노력의 일환으로 성적 욕구에 대해 솔직하게 이야기하고 인내심을 갖고 배우자의 반응을 기다린다면 성적 욕구가 채워질 가능성은 훨씬 높아집니다.

배우자와의 의사소통에서 더욱 관능적이 된다는 의미는 당신이 배우자에게 얼마나 끌리는지, 배우자를 성적으로 얼마나 매력적이라고 생각하는지, 그리고 성관계를 나누는 동안 무엇을 기대하는지에 대해 이야기하는 것을 포함합니다. "우리가 샤워하면서 사랑을 나누고 전희를 많이 하는 게 정말 좋아요"와 같은 말을 한다면 나중에 더 즐거운 경험을 하게 될 것입니다.

부부 사이의 플러팅은 즐거움을 선사하고 서로 성적인 조화를 잘 이루도록 도와줍니다. 플러팅을 지속하는 재혼부부는 긴장감이 줄어들고 성적 끌림이 높아집니다. 주디스와 로드니는 그들의 관계 초기에 플러팅의 가치를 배웠습니다. 그들은 서로의 열정과 성적 끌림을 촉발하는 새로운 방법을 모색하며 함께 성장합니다. 특히 로드니의 딸들이 등교하고 집이 조용한 아침은 좋은 타이밍입니다. 최근에는 출근 전에 함께 샤워하거나 성관계를 자주 합니다.

배우자를 성적으로 기쁘게 하는 것이 무엇인지에 대한 우리의 선입견 중 상당수는 사실에 근거한 것이 아닙니다. 이러한 선입견 때문에 배우자에게 언제, 어디서, 어떻게 사랑을 나누고 싶은지와 같은 배우자의 선호를 묻지 않는 경우가 많습니다. 마찬가지로 우리는 자신이 성적으로 좋아하거나 싫어하는 것에 대해 솔직하게 표현하는 것도 불편하게 느낍니다. 그러나 훌륭한 성생활의 핵심요소 중 하나는 자신의 선호와 욕구를 개방하고 배우자와 그것에 대해 대화하는 것입니다. 타인의 마음을 읽을 수 있는 사람은 없습니다. 당신의 성적 욕구를 분명히 표현하는 것은 시도해 볼 가치가 충분합니다.

실제로 대부분의 성 전문가들은 오르가슴보다는 즐거움에 집중할 때 부부가 부담스럽지 않고 유쾌하게 성적 친밀감을 증진시킬 수 있다고 권장합니다. 성적 친밀감은 부부가 서두르지 않고 소통하며, 다양한 자세를 시도하고, 목표지향적인 성적 접촉을 추구하는 것이 아니라 교대로 서로를 기쁘게 해주려 할 때 효과가 잘 나타납니다. 일이나 가족에게 집중하지 않아도 되는 시간에 일주일에 적어도 한 번은 야간 데이트를 계획하세요. 이 시간에 성적, 정서적 친밀감을 최우선 순위에 둔다면 부부의 열정을 다시 불러일으키는 데 도움이 될 것입니다.

성적 친밀감을 높이는 일곱 가지 팁

1. 매일 배우자에게 사랑한다고 말하세요. 대담하게 당신의 사랑을 터놓고 표현하세요. 배우자를 향한 당신의 사랑을 자유롭고 넉넉하게 표현하는 법을 배우면 멋진 성관계가 선물로 따라올 것입니다. 다른 사람들과 함께 있을 때도 배우자에 대한 사랑과 애정을 표현해보세요.

2. 신체적인 애정 표현에 집중하세요. 배우자와 손을 잡고, 더 자주 포옹하고, 성관계를 먼저 시작해보세요. 스킨십을 통해 사랑을 표현하고 매일 열정적으로 키스하세요. 손을 잡고, 포옹하고, 스킨십을 하면 옥시토신(유대감 호르몬)이 분비됩니다. 브리검영대학교의 심리학자 줄리앤 홀트-런스태드의 연구에 따르면 성적 오르가슴을 경험할 때와 애정 어린 스킨십을 할 때 옥시토신이 분비되는 것으로 나타났습니다. 신체적 애정 표현은 또한 스트레스 호르몬인 코르티솔의 일일 수치를 낮추고 관

계 만족에 대한 감각을 증가시킵니다. 시간을 내서 잠들기 전에 함께 마사지를 즐기는 것도 좋습니다.

3. 긴장감을 유지하세요. 우리의 두뇌는 실제 보상이 주어질 때보다 보상에 대한 기대심리가 지속될 때 더 많은 즐거움을 경험합니다. 그러므로 시간을 갖고, 성적 환상을 공유하고, 자세를 바꾸고, 성관계를 더욱 낭만적으로 만드십시오. 문젯거리에 대해 대화하거나 서로 비난하는 것을 피하십시오. 배우자의 부정적인 측면에 초점을 맞추면 성적 흥분이 급감합니다. 대신에 배우자와 장난치거나 플러팅하면서 에로틱한 에너지를 자극하세요.

4. 성관계를 최우선 순위에 두세요. 친밀감을 느낄 수 있는 분위기를 이른 저녁에 만들어 보세요. 가벼운 식사, 좋아하는 음악, 맛있는 와인 한 잔이 멋진 성관계의 무대가 됩니다. 그리고 좋은 수면 습관은 성적 문제를 완화하는 데 도움이 되므로 충분한 수면을 취하도록 노력하세요. 만족스러운 성관계는 수면 문제로 고통 받는 사람들에게도 도움이 됩니다. 운동을 하고, 상담을 받고, 자신의 감정과 생각을 배우자와 공유함으로써 스트레스 수준을 낮추는 연습을 해보세요.

5. 서로의 입장을 이해하고 추격자 – 도망자 패턴을 끝내세요. 모든 방법을 동원하여 힘겨루기를 끝내세요. 예를 들어, '도망자'는 성관계를 시작

하는 연습을 더 자주 해야 합니다. 반대로 '추격자'는 조용하게 유혹적으로 '도망자'가 자신에게 다가오도록 분위기를 조성해야 합니다.

6. 부부 모두에게 즐거움을 선사하는 다양한 성적 활동을 실천해보세요. 사랑스러운 문자 메시지를 보내거나 특별한 데이트를 계획하면서 배우자와 즐겁게 연애하고 더욱 로맨틱해지는 연습을 해보세요. 배우자에게 열정적인 키스를 하거나 귓가에 숨을 불어넣어 에로틱한 관심을 표현하세요. 성적인 환상에 대해 대화하고, 성적 기호를 표현하고, 배우자가 원하는 것을 듣고 반응하며, 다양한 자세로, 여러 공간에서 사랑을 나눠보세요.

7. 성관계 중에 정서적 취약성을 개방하는 연습을 하세요. 배우자와 함께 당신의 가장 깊은 소원, 환상, 욕구를 공유하세요. 만약 정서적 친밀감이 두렵게 느껴진다면 개인상담이나 부부상담을 고려해보세요. 예를 들어, 성욕의 차이를 다루는 가장 좋은 방법은 배우자가 원하는 것을 수용하면서 당신이 원하는 것을 개방하고, 서로 존중하는 태도로 소통하는 것입니다. 배우자를 비난하기보다 무엇이 당신을 흥분시키는지 알려주세요!

한때 부부로서 경험했던 열정의 불꽃을 회복하기 위한 몇 가지 간단한 제안이 이 장의 마지막에 있습니다. 당신이 스킨십을 잘하는 사람이 아니더라도 신체적 애정 표현과 정서적 연결을 많이 하면 깊고 의미 있는 유대감을 유지할 수 있습니다.

앞서 만났던 폴과 미셸은 재혼가정에서 네 자녀를 키우느라 바쁜 부부지만 활기 넘치는 성생활을 유지하는 비결을 개발했습니다. 자녀를 최우선으로 생각하는 것을 잠시 밀어두고, 일주일에 적어도 이틀 밤은 정서적으로 성적으로 친밀해지는 부부만의 시간을 갖는 것입니다. 미셸은 말합니다. "저는 재혼한 지 2년이 지나면서 우리 부부의 열정이 줄어들기 시작한다는 것을 알았어요. 아이들 양육, 일, 가족 일정 때문에 우리는 부부만의 시간을 도저히 낼 수가 없었어요. 그때 남편이 집에서 100킬로미터 떨어진 곳의 호텔을 예약하고는 저한테 여행 가방을 싸고 주말에 아이들 돌봐줄 사람을 찾아달라고 부탁했어요. 그것이 저희 성생활에 다시 불을 붙이는 데 큰 도움이 됐어요. 그 후로 우리는 1년에 한두 번씩 부부만의 주말 휴가를 떠나는데, 저는 이게 정말 가치가 있는 일이라고 생각해요."

배우자와의 관능적인 의사소통은 당신이 배우자에게 얼마나 매력을 느끼는지 함께 있을 때 무엇을 기대하는지에 대해 대화하는 것을 의미합니다. "당신하고 소파에서 껴안고 충분히 스킨십하는 게 좋아요."와 같은 말을 한다면 정서적 친밀감이 높아질 것입니다. 그 다음 단계로는 시간을 두고 관능적 의사소통을 향상시키는 연습을 반복해야 합니다. 몇 달이 지나도 진전이 보이지 않는다면 부부상담을 받아 보는 것도 좋습니다.

관능적 의사소통을 강화하는 네 가지 단계

1. 이틀 동안 비언어적 방법을 사용하여 배우자와 연결하고 친밀감을 높이는 데 집중해보세요. 더 많이 웃어주고, 소파에서도 더 가까이 앉고, 더 자주 스킨십을 하는 등의 행동으로 배우자와의 친밀감을 높이세요.

2. 성관계에 대한 논의와 염려를 잠시 내려놓고 성관계에 대한 부담을 줄이세요. 《열정적인 결혼 Passionate Marriage》의 저자인 심리학자 데이비드 슈나크에 따르면 '추격자'는 배우자를 자꾸 귀찮게 하려는 본능적 욕구를 내려놓는 것, '도망자'는 염려에 싸여 배우자로부터 도망치려는 본능적 욕구를 내려놓는 것이 매우 중요하다고 합니다. 이런 노력을 통해 성관계에 대한 부담을 줄여 보세요.

3. 스킨십을 두 배로 늘려 신체적 애정도를 높이세요. 매일 배우자와 키스하는 동안 추가 스킨십을 한다면 더 깊은 친밀감을 느끼게 될 것입니다. 키스할 때 배우자의 뺨에 손을 얹는 등 신체의 한 부분 이상과 접촉하세요. 손을 잡거나 마사지할 때도 스킨십을 지금보다 두 배 더 늘려 사랑을 표현해보세요. 아침에 출근할 때와 일과를 마치고 귀가했을 때 이런 의식을 실천하기 좋습니다.

4. 일주일 동안 하루에 한 번 이상 "사랑해요."라는 문자를 보내거나 어딘가에 메모를 붙여 놓아보세요. 이런 메모를 남길 수 있는 재미있고 특별한 장소를 생각해보세요. 가방, 지갑, 속옷 서랍 등등. 메시지에는 낭만적인 내용이 더 들어가면 좋습니다. "당신을 꼭 안고 싶어서 밤까지 기다리기 너무 힘들어요. 사랑해요!" 같은 메시지를 남길 수 있습니다.

정서적, 성적 연결을 이끌어내는 배우자의 노력에 긍정적으로 반응하세요. 이는 서로의 장점을 최대한 이끌어내고, 재혼생활을 충만하고 성적으로 만족스럽게 유지시켜줍니다. 행복한 결혼생활에서 성관계의 목적은 활력과 만족감을 높이는 것입니다. 오늘 배우자에게 사랑과 열정을 선물하세요. 성관계 후의 좋은 느낌은 부부에게 친밀감을 지속시켜줄 것입니다.

7장

사소한 일을 크게 부풀리지 않고 핵심 문제를 다루는 법

남편은 더 이상 제 말을 들어주지 않아요.
처음에는 남편한테 무엇이든 말할 수 있었어요.
하지만 최근 들어서 우리는 거의 소통이 없어요.

_수잔느(38세)

　재혼생활에서 논쟁으로 이어지는 대부분의 오해는 사소한 문제에서 비롯됩니다. 예를 들어 우리가 배우자로부터 조건 없는 사랑을 받고 있는지 아니면 버림받을 위험은 없는지 확인하려고 배우자를 계속해서 테스트하면서 문제가 생기기도 합니다. 3장에서 배웠듯이, 재혼하는 사람들은 첫 번째 결혼의 정서적 짐을 갖고 오는 경우가 많아 재혼에 대해서도 불신과 비관적인 사고방식을 갖기 쉽습니다. 그리고 부부의 기대치나 요구사항이 서로 다를 때 사소한 문제(예를 들어 저녁식사로 무엇을 먹을지)로 대화하다가 금세 큰 싸움으로 이어지기도 합니다.

　재혼한 지 10년이 넘었고 50대 후반의 자녀가 없는 부부인 마리아와 제이슨의 다음 대화는 재혼부부가 하는 대부분의 논쟁이

사소한 것에서 시작됨을 보여줍니다. 두 사람 모두 첫 결혼에서 비롯된 예민함이 자신들이 취약성, 방어적 태도, 거절에 대한 두려움을 키웠음을 인정합니다.

제이슨: 오늘 저녁에는 어떤 샐러드를 만들까요?

마리아: 그린 샐러드요, 아니면 뭐 다른 거?

제이슨: '다른 거'라는 게 무슨 의미예요?

마리아: 그러니까, 우리가 보통은 그린 샐러드를 해 먹는데, 다른 것도 만들 수 있겠다는 거죠.

제이슨: 그럼 내가 만든 그린 샐러드가 별로라는 의미예요?

마리아: 그게 아니라, 좋아하는데 다른 것도 만들어볼 수 있다는 의미예요.

제이슨: 오늘 식사로 그린 샐러드가 별로라면 안 만들게요.

마리아: 그게 아니에요. 그럼 오늘은 과일 샐러드를 만들어보든가요.

제이슨과 마리아의 대화를 통해 잘못된 의사소통과 잘못된 의도 파악이 어떻게 다툼의 무대가 되는지 볼 수 있습니다. 마리아가 "아니면 뭐 다른 거?"라고 했을 때의 의도는 "바보같이 그걸 또 묻고 있어요? 이제 그 정도는 알아서 해야지."였습니다. 제이슨은 마리아의 이런 표현이 비판적이고 까다로울 뿐 아니라 직접적이거나 명확하지도 않다고 생각했습니다.

《그런 뜻이 아니야! That's Not What I meant!》의 작가인 언어학자 데보라 태넌은 이렇게 설명합니다. "우리는 의사소통이 본질적으로 모호하다는 것과 사람마다 대화 스타일이 다르다는 사실을 자각하지 못하고, 사랑한다면 말하지 않아도 나를 이해해야 한다는 기대를 갖고 있어서 시간이 지남에 따라 친밀한 관계가 악화되는 것을 봅니다. 그리고 살다 보면 오해가 발생하기 마련인데, 그때 경험하는 어려움을 실패(즉, 자신의 실패, 다른 사람의 실패, 사랑의 실패)로 여기곤 합니다."

태넌에 따르면, 서로 더 많이 접촉할수록 오해의 소지도 더 많아집니다. 사실 말을 많이 할수록 일반적으로 문제가 더 악화됩니다. 왜냐하면 서로 다른 소통방식이 문제의 근원이기 때문입니다. 이 장에서는 사랑하는 재혼부부라는 맥락 속에서 부부가 어떻게 위험을 감수하고, 비현실적인 기대를 조정하고, 보다 효과적으로 의사소통하고, 실망과 오해를 잘 처리할 수 있는지 배우게 됩니다.

재혼부부의 가장 흔한 오해의 원인

앞에서 예로 든 대화에서 배우자가 나의 기대와 매우 다르게 해석할 수도 있음을 살펴봤습니다. 마리아와 제이슨의 대화처럼, 우리는 종종 간접적인 신호, 메타 메시지$^{meta-message}$(대화 속의 언어적 표현에 포함된 여러 비언어적 표현, 즉 음성·표정·태도 등이 종합된 메시지: 옮긴이 주), 부수적 의사소통을 통해 마음을 주고받습니다. 따라서 화자의 의도와 청자의 해석이 항상 일치하지는 않습니다. 그러므로 겉으로 보기에는 상냥한 말이 상대방에게 끔찍한 감정을 불러일으켜 말실수를 한 결과를 낳을 수도 있습니다.

리사는 다음과 같이 말합니다. "라이언은 대부분의 경우에 저를 있는 그대로 받아줘요. 그런데 얼마 전에 퇴근하고 와서는 거실을 보며 큰소리로 '거실에 쓰레기가 많아서 정원에 거름을 주고도 남겠어요!'라고 말하는 거예요. 저는 '내가 집안일을 그렇게 형편없이 한다는 의미라면 가정부를 고용하지 그래요?'라고 말했어요."

라이언은 리사가 청소를 하지 않는다고 노골적으로 비난하지는 않았지만 그의 메타 메시지는 분명했습니다. 라이언은 거실이 난장판이 된 원인에 대해 묻지 않았습니다. 만약 그랬다면 자신의 딸이 친구들과 집에서 스터디한 후 거실을 어지럽혀 놓고 급하게 축구 연습을 하러 나갔음을 알게 됐을 것입니다.

라이언은 이렇게 말합니다. "때로는 아내가 방어하지 않도록 하면서 내가 원하는 걸 말하는 게 불가능하다고 느껴요. 얼마 전에 아내한테 새로 산 식기세척기에 그릇을 잘 넣는 방법을 알려주겠다 했더니 아내가 대뜸 '당신은 항상 그런 식이에요. 식기세척기에 그릇 뒤집어 넣는 건 거의 당신 딸들 짓인데 항상 나를 비난해요. 그만 좀 해요.'라고 하더라고요."

이런 상황은 리사와 라이언처럼 일과 자녀 양육과 집안일로 바쁜 재혼부부에게 흔하게 발생합니다. 리사는 새엄마가 된 지 얼마 되지 않았고 아직 새자녀들의 신뢰를 얻지 못했기 때문에 아이들은 아직 그녀를 외부인처럼 대합니다. 게다가 리사와 라이언은 둘 다 조화로운 관계보다는 자신의 주장이 옳음을 증명하는 데 집중하고 있습니다. 또한 두 사람 모두 과거의 의사소통 패턴과 첫 배우자와의 관계에서 생긴 경험을 기반으로 자기만의 필터를 형성하고 있는 것도 문제의 원인입니다.

원활한 의사소통을 방해하는 필터

긍정적인 의사소통을 가로막는 일반적인 장벽 중 하나는 배우자가 듣는 내용과 우리가 전달하려는 내용이 매우 다르다는 것입니다. 《행복한 결혼생활 만들기 Fighting for Your Marriage》에서 심리학자 하워드 마크맨과 동료들은 대부분의 사람들이 정보의 의미를 바꾸는 필터(또는 뇌에 있는 비물리적 장치)를 가지고 있다고 설명합니다. 여기에는 산만함, 정서 상태, 신념 및 기대, 의사소통 스타일의 차이, 자기방어 등이 포함됩니다. 따라서 의사소통 필터에 들어가는 내용과 나오는 내용이 다른 경우가 많습니다. 예를 들어, 제이슨이 집에 들어오면서 "오늘 저녁은 뭐예요?"라고 묻는다면 마리아는 그것을 불만으로 해석할 수도 있습니다. 제이슨이 단순히 "하루 종일 너무 힘들게 일해서 배가 너무 고파요."라고 말했다면 상황은 또 달랐을 것입니다.

우리는 때때로 배우자의 오해에 좌절감을 크게 느낍니다. 그것은 우리가 자신의 생각과 감정을 명확하고 간결하게 전달했다고 생각하기 때문입니다. 따라서 부부 사이에 있는 '의사소통의 주요 필터'를 식별하고 그것에 대해 함께 대화한다면 배우자가 나를 더 잘 이해한다고 느끼게 됩니다.

대부분의 재혼부부처럼 앞서 만난 수잔느와 키스도 재혼부부의 일반적인 문제를 보여주는 의사소통 방식을 고수합니다. 30대 후반인 이 부부는 재혼으로 가져온 정서적 짐을 반영하듯 어리석은 일로 다툼을 벌이는 경향이 있습니다. 예를 들어, 수잔느는 지역 대학에서 바쁜 일과를 보낸 후 지쳐서 퇴근했는데 컴퓨터 앞에 앉아 있는 남편 키스를 보게 됩니다. 키스는 기술 분야 종사자로 재택근무를 하기 때문에 이것은 일상적인 장면입니다. 그런데 수잔느가 연결을 시도할 때 키스는 관심 없다는 듯 아내에게 눈길을 보내지도 않고 대답도 피하면서 대화의 주제를 바꿔버립니다. 수잔느는 오해받고 있다고 느끼고 퇴근 후 몰려오는 피곤함에 짜증이 납니다. 이들의 대화는 다음과 같이 진행됩니다.

수잔느 (힘든 일과를 마친 후라 밖에 나가서 즐거운 시간을 보내고 싶다고 생각하며): 오늘 너무 피곤한데 당신은 아직 저녁식사 준비를 시작도 하지 않았네요. 근처에 새로 생긴 식당에서 간단하게 식사해요. 거기에서 오늘 밤에 음악 공연과 특별 이벤트를 한대요.

키스 (속에서 불만이 올라오는 것을 느끼며): 당신이 너무 피곤해서 요리하기 싫다는 것 때문에 우리는 왜 항상 외식을 해야 하죠? 나도 하루 종일 집에서 힘들게 일해요. 당신은 항상 피곤하다고 하는데 내가 컴퓨터 앞에 앉아 있다고 해서 놀고 있는 게 아니라고요.

수잔느 (남편과 자신의 친구들과 함께 즐거운 시간을 보내고 싶었을 뿐인데 남편의 대답에 당황스러워하며): 우리 둘 다 돈을 잘 버는데 일주일에 하룻밤 정도는 외식할 수 있는 거 아니에요? 내가 항상 피곤한 건 아니에요. 오늘 그 식당에 가서 밴드 공연을 보고 싶었어요. 친구들도 많이 온다고 했고요.

키스 (화가 나서): 난 당신이 돈을 못 번다고 말한 적 없어요. 당신이 나보다 돈을 잘 번다는 거 알고 있고 나도 그게 신경 쓰인다고요. 당신이 나보다 친구들과 함께 있는 걸 더 좋아하는 것도 알지만, 그렇다고 그런 식으로 말할 필요는 없지 않아요?

수잔느: 당신은 결코 잘못한 적이 없죠. 그죠?

우리 모두는 오해를 불러일으키는 필터를 많이 갖고 있습니다. 이는 배우자가 사용하는 '단어'를 보고, 듣고, 인식하는 방식에 영향을 미칩니다. 그것은 우리의 정서, 삶의 경험, 가족 및 관계의 역사, 문화적 배경에서 비롯됩니다. 마크맨에 따르면, 대화에 집중하지 않는 것이 오해하고 있다고 느끼게 만드는 가장 흔한 원인입니다.

일반적인 방해 요소

배우자와 대화할 때 배우자가 당신에게 집중하고 있다고 생각하나요? 당신은 각종 걱정, 피곤함 등의 내부 요인 때문에 배우자가 하는 말에 집중하지 못하나요? 아이들, TV 소리, 휴대폰 등의 외부 요인도 효과적인 의사소통에 큰 장애물이 될 수 있습니다.

화가 난 목소리로 수잔느는 이렇게 말합니다. "대화하려고 할 때 남편은 자주 TV를 켜둬요. 그래서 우리는 대화가 거의 없어요. 대화를 하려면 남편과 별도의 스케줄을 잡아야 할 지경이에요."

키스는 이렇게 대답합니다. "저희는 생활 패턴이 정말 달라요. 아내는 현관으로 들어오면서 바로 대화를 시작하려고 해요. 하지만 저는 하루 종일 재택근무를 하고 나면 저녁에 뉴스를 보면서 좀 늘어져 있고 싶어요. 저는 대화를 반대하는 게 아니에요. 단지 우리는 타이밍이 맞지 않는 거예요."

수잔느와 마찬가지로 나도 남편 크레이그가 TV를 너무 많이 본다고 종종 불평합니다. 특히 크레이그는 자신이 좋아하는 스포츠 팀들이 경기할 때면 TV에 거의 붙어 있습니다. 한번은 내가 남편과 상의할 중대한 안건이 있었는데 남편이 생방송에 너무 강렬하게 집중하고 있어 무시당하는 기분과 좌절감을 느꼈습니다. 다행인 건 결혼한 지 20년이 넘은 시점이어서 내가 남편에게 대화를 위해 볼륨을 좀 낮춰달라고 정중히 요청할 수 있었다는 것입니다. 예전 같았으면 남편이 보고 있는 TV를 꺼버리거나 계속 말을 걸어 긴장감을 조성했을지도 모릅니다.

정서 상태

우리의 기분은 의사소통에 큰 영향을 미칩니다. 기분이 좋지 않으면 배우자가 말하는 것에서 부정적인 것을 감지할 가능성이 더 높습니다. 리사가 피곤한 날을 보내고 축구연습이 끝난 딸 마리사를 픽업해 집으로 돌아왔을 때, 부부가 보여준 부정적인 상호작용이 이것을 잘 보여줍니다.

리사 (불만 섞인 어조로): 시내에 차가 얼마나 막히는지 당신은 상상도 못할 거예요.

라이언 (차가운 어조로): 마리사를 데리러 가고 싶지 않았다는 뜻이에요?

리사 (방어적으로 느끼며): 그냥 짜증이 좀 나네요. 아직 저녁식사도 못했고, 이번 주에는 마트에 갈 시간도 없었어요.

라이언 (눈을 이리저리 굴리며): 내가 당신보다 근무시간이 더 길어서 장 보는 건 당신이 맡기로 했잖아요. 내가 하길 원한다는 거예요?

리사 (화가 나서): 난 장을 보지 않겠다고 말한 적 없어요. 그냥 이번 주는 아버지가 병원에 입원하셔서 너무 바빴고, 차가 이렇게 막힐 줄 몰랐다는 말을 하는 거예요.

《무엇이 여자를 침묵하게 만드는가$^{\text{The Dance of Connection}}$》에서 해리엇 러너는 정서적 분위기가 자연스럽고 편안할 때 우리는 많은 것을 그냥 흘려보낼 수 있다고 설명합니다. 기분이 좋을 때는 배우자를 더 느긋하게 대할 수 있는 것입니다. 그러나 그 반대도 성립됩니다.

리사와 라이언의 대화를 재구성해서 살펴보겠습니다. 리사는 축구 연습에서 딸 마리사를 데리고 집으로 돌아옵니다. 그녀가 차 키를 탁자에 던지며 한숨을 쉴 때 분명히 불만이 있는 것처럼 보입니다. 라이언은 방어적인 태도를 내려놓고 그녀가 힘든 하루를 보냈다는 것을 인정해줍니다.

리사 (불만에 찬 어조로): 차가 너무 막혀서 길거리에서 시간을 너무 낭비했어요!

라이언 (차분하고 다정한 어조로): 아, 차가 많이 막혀 힘들었겠네요. 내가 보기에 당신 이번 주 너무 정신없이 보냈고 아버님 걱정도 많을 텐데,

길거리에서 시간을 너무 낭비하게 됐군요.

리사 (라이언과 눈을 마주치며): 내 말이요! 일주일을 정신없이 보냈는데 길거리에 갇혀 있기까지 해야 하냐고요.

라이언 (부드럽고 다정한 어조로): 나도 이번 주에 정말 바빴네요. 우리 중국음식이나 피자 시켜 먹을까요? 오늘밤에는 뭐가 더 당겨요? 내가 주문할게요.

명시적으로 밝히지 않았지만, 라이언은 '리사의 나쁜 기분'이 필터라는 것을 알아차렸습니다. 라이언은 공감과 이해로 반응했습니다. 기분이 좋지 않다고 나쁜 행동이 용인되는 것은 아니지만, 부부는 종종 사소한 문제로 말다툼을 하고 이로 인해 갈등이 심화되고 가정환경이 긴장된다는 것을 알아둘 필요가 있습니다. 대부분의 정서적 필터는 배우자의 말에 대한 해석과 그에 대한 당신의 반응을 오염시킬 수 있습니다.

두 번째 예에서 라이언은 적극적 경청, 지원 및 솔루션(배달음식 시키기)을 제공함으로써 리사에게 도움을 주었습니다. 《부부와 가족 치료의 과학》에서 존 가트맨은 "부부에게는 '미세한 애착 상처'가 많은데, 이것은 배우자가 나의 곁에 존재하지 않는 순간에 생깁니다. 하지만 대부분의 애착 상처는 악의 없이 생기는 경우가 많습니다. 따라서 배우자가 사소한 요구사항을 언제 어떻게 표현하는지 주의 깊게 인식하면 시간이 지남에 따라 부부 사이에 큰 변화가 일어납니다."라고 말합니다.

신념과 기대

필터는 당신이 생각하는 방식과 배우자에게 무엇을 기대하는지와 관련 있습니다. 다음에 예를 든 타라와 코너 사이의 다툼에서 볼 수 있듯이, 비현실적 기대는 부부의 의사소통에 부정적인 영향을 미칩니다. 코너와 타라는 재혼가정에서 세 자녀를 키우고 있으며 코너는 최근에 대학원에서 공부를 시작했습니다.

타라 (냉담한 어조로): 수업 끝나고 7시까지는 귀가한다고 했잖아요. 대학원에 간다 했을 때 가족은 뒷전일 거라 생각은 했어요. 집안일이며 애들이며 책임은 다 나한테 떠밀어놓고 있네요.

코너 (화난 어조로): 당신은 나를 정말 신뢰하지 않는군요. 지난주에 결석했기 때문에 노트를 빌려야 해서 그 학생이 수업 끝날 때까지 기다릴 수밖에 없었어요.

타라 (실망한 표정으로): 참나, 오늘 저녁은 애들이 다 집에 있어서 같이 식사할 수 있었다고요. 좀 늦을 거라고 전화도 못 해요?

코너가 공부를 다시 시작한 것이 가족을 내팽개치려는 시도라는 타라의 해석은 그녀의 부정적 신념과 부정적 예측을 만듭니다. 남편의 말을 일단 믿어주기는커녕 타라는 그를 비난하고 최악의 상황을 가정합니다. 《행복한 결혼생활 만들기》에서 하워드 마크맨은 다음과 같이 설명합니다. "당신이 어떤 상황에 대해 '이럴 것이다'라고 기대한 것과 실제로 '이러하다'라고 인식한 것이 얼마나 부합하는가에 따라 실망하기도 하고 행복하기도 할 것입니다. 그러므로 당신의 기대가 결혼생활의 행복에 결정적 역할을 하게 됩니다."

예를 들어, 배우자가 신뢰할 만한 사람이라고 믿는다면 우리는 우리의 기대에 부합하는 행동을 하게 됩니다. 따라서 배우자가 우리를 실망시키는 순간이 아니라 우리의 기대에 부응하는 순간에 더 집중하게 됩니다. 타라의 경우 코너가 일관성 없고 신뢰할 수 없는 사람이라고 생각하고 있었습니다. 그로 인해 코너의 말과 행동을 평가할 때 부정적인 렌즈를 통해 보았고, 큰 그림보다 사소한 문제들에 집중하게 되었습니다.

의사소통 스타일의 차이

50대 후반인 마리아와 제이슨은 긍정적인 의사소통 방법을 개발하는 데 도움을 받기 위해 1년 동안 부부상담사를 만나왔습니다. 명료하고 외향적인 중학교 교사 마리아는 그들 부부가 어려운 상황을 겪고 있을 때 제이슨이 부부상담에 참석한 것을 칭찬했습니다.

마리아는 다음과 같이 표현합니다. "남편과 저는 사소한 집안일로 논쟁을 많이 벌이는 편인데, 저는 사실 그것들이 우리가 다투는 진짜 원인이라 생각하지 않아요. 저희가 주고받는 부정적이고 비판적인 말의 대부분은 과거의 관계로부터 온 것들이에요. 남편은 말다툼을 할 때 입을 닫아버리는 경향이 있는데, 그럴 때 저는 너무 화가 치밀어요. 제 아버지와 전남편이 저한테 그랬기 때문에 더 화가 나는 거예요. 그리고 남편이 집에 늦게 오면 그걸 저의 개인적인 문제로 받아들이게 돼요. 남편이 일부러 늦은 게 아니라는 걸 알면서도요. 남편은 전자제품 매장을 운영하고 있거든요."

제이슨은 "마리아와 더 잘 소통해야 한다는 걸 알아요. 저는 아내를 사랑하지만 아내와 대화가 충분하지는 않아요. 퇴근이 늦어질 때 문자나 전화를 해야 하는데 그게 잘 안 돼요. 그리고 제가 사업을 하다 보니까 스트레스도 많고 해서 집에 오면 TV 보면서 쉬는 게 제일 좋아요. 그래서 아내가 TV 끄고 대화하자고 하면 화가 나는 거예요. 그러면 아내는 자기가 무시당했다며 나를 비난하고요."라고 말합니다.

마리아와 제이슨의 핵심 문제는 재혼부부에게 흔히 나타나는 것입니다. 부부가 의사소통을 전혀 하지 않는다는 것이 아닙니다. 문제는 부부 대화의 대부분이 부정적이고 비판적이라는 것입니다. 이는 마치 부부가 서로 다른 나라 말을 사용하는 것과 같습니다. 이들은 평소에 감정을 숨기고 회피하기 때문에 막상 논쟁이 벌어지면 '숨겨진 문제들'이 표면으로 마구 떠오르는 것입니다. 이러한 파괴적인 관계 패턴은 나이가 많이 들어 결혼했거나 이전 결혼의 짐이 많은 부부들 사이에서 흔히 볼 수 있습니다. 그것은 또한 재혼이 거친 풍파를 겪을 것이라는 예고편과 같습니다.

갈등이 반드시 관계에 문제를 일으키거나 해를 끼치는 것은 아닙니다. 성공적인 결혼생활에서 가장 중요한 것은 발생하는 문제를 어떻게 처리하느냐입니다. 존 가트맨에 따르면, 관계에 해를 끼칠 수 있는 부정적인 행동에는 비난(특히 배우자의 성격에 대한 인신공격), 배우자를 무가치하다고 느끼게 함으로써 경멸이나 무례함을 나타내는 것(모멸감 섞인 눈빛, 욕하기, 흉내 내기 등), 방어적으로 행동하거나 회피하거나 담쌓기 등이 있습니다. 불행하게도 이러한 패턴은 습관이 되기 쉬운데, 이를 방치하면 배우자에게 상처와 분노를 남기고 갈등은 해결되기 어려워집니다.

마리아는 다음과 같이 말합니다. "오늘 아침에 저는 카드 명세서를 검토하고 있었고 남편은 운동하러 막 나가려던 참이었어요. 제가 우리 재정 상태에 대해 상의할 것이 있으니 몇 분만 앉아 보라고 요청했어요. 제 말투를 봤을 때 남편도 이게 중요한 문제라는 걸 눈치 챘을 텐데 나가야 한다는 말만 계속하는 거예요. 저는 남편의 지출이 너무 많아서 걱정된다고 했고 앞으로 어떻게 지출을 줄일지 대안도 제시했는데 남편은 듣지도 않았어요. 남편은 중요한 문제에 대해서는 절대 대화하지 않으려는 사람처럼 보여요. 그게 저의 분노를 날마다 키우고 있어요."

어려운 대화를 나눌 때는 현명하게 싸워야 합니다. 즉 문제를 제기할 가치가 있는 것과 없는 것을 분별해야 합니다. 상습적인 말다툼은 결국 관계의 소멸로 이어집니다. 잦은 다툼은 관계의 질을 저하시키고 어려운 주제를 더 다루기 어렵게 만듭니다. 따라서 배우자와의 차이점을 다룰 때 명심해야 할 것은 주의 깊게 듣고, 서로의 관점을 이해하고, 방어적인 자세를 멈추고, 서로를 비난하고 탓하는 것을 중단하는 것입니다.

자기 보호

재혼생활에서 부부가 직면하는 장애물 중 하나는 '방어적인 태도를 내려놓고, 자신의 입장 증명을 멈추고, 어려운 대화도 시도하는 것'입니다. 두 배우자 모두 자신이 옳다는 것을 증명하고 자기를 보호해야 한다고 믿으면 공격과 방어 패턴을 반복하게 됩니다. 결국 잘못된 의사소통이나 분쟁에 두 사람 모두 기여하고 있는 것입니다. 심리학자 대니얼 B. 와일에 따르면, 이러한 패턴이 지속된다면 배우자 간의 사랑과 존중이 사라진다고 합니다. 더 큰 문제가 되기 전에 방어적인 태도를 내려놓는 방법을 다음에 제시하였습니다.

방어적인 태도를 내려놓는 네 가지 방법

1. 차분하게 마음의 평정을 유지하세요. 공격 받았다고 느낄 때 목소리

가 높아지고 동요하는 것은 자연스러운 반응이지만, 가급적 목소리를 낮추고 더 친근한 어조를 취해보세요. 만약 자신이 그 상황을 부정적으로 해석하고 있다면 일시정지 버튼을 누르세요. 갈등을 일으키는 대화를 계속하지 말고 10~15분 정도 휴식을 제안하세요. "당신 말을 잘 들으려고 노력하고 있는데 내가 너무 방어적이 되는 느낌이 들어요. 15분 후에 다시 대화를 시작해도 될까요?"라고 말해보세요.

2. 배우자의 입장을 듣고 인정해주세요. 자신의 안건과 의견에 초점을 맞추는 대신 무엇이 배우자를 괴롭히는지 물어보세요. 그리고 성급하게 답을 제시하지 말고 경청하세요. 응답할 때는 배우자의 관점을 확인한 후에 "나는 당신의 의견을 소중히 여기고 당신의 생각을 더 듣고 싶어요."와 같은 말로 부드럽게 대화를 이어가세요. 배우자가 안심하도록 반드시 눈을 잘 맞추고 가볍게 토닥여주는 것도 좋습니다.

3. 당면한 문제에 집중하세요. 배우자를 바꾸는 데 집중하다 보면 해결책을 찾기 위해 함께 협력할 기회를 놓치게 됩니다. 그렇게 되면 부부는 더 이상 같은 팀이 아닙니다. 그러지 말고 두 사람의 요구사항이 모두 충족되도록 당면한 문제에만 집중하여 대화하세요. 현재에만 집중해야 합니다. 케케묵은 문제를 끌고 나오거나 배우자의 아픈 곳을 건드리고 싶은 충동을 억제하세요.

4. 책임을 지세요. 문제가 발생하면 자신이 영향을 끼친 부분에 좀 더 집중하세요. 그래야 배우자에 대한 비난을 줄일 수 있습니다. 당신의 말과 행동이 배우자에게 어떤 느낌을 주는지 생각하고, 당신이 끼친 영향에 대해 책임지세요. 제이슨은 다툼에서 자신의 문제에 대해 책임을 짐으로써 마리아의 감정을 인정하고 건강한 의사소통을 회복하기 시작했습니다.

파트너에게 사랑과 감탄을 표현하는 것은 연애의 특징인데, 재혼부부는 일상생활의 스트레스를 처리하고 적응하면서 이런 표현의 빈도가 줄어들기 시작합니다. 배우자에 대한 감사를 자연스럽게 말로 표현하는 것이 어색할 수 있습니다. 그리고 사소한 문제로 유난을 떨다가 큰 그림을 놓칠 수도 있습니다. 이러한 패턴을 잘 인식하는 것이 변화의 열쇠입니다.

의사소통을 늘리고 친밀감을 조성하기 위한 여섯 가지 전략

1. 먼저 상대방을 이해하세요. 그 다음에 당신이 이해 받기를 요구하세요. 지금 이 순간 배우자가 말하고 있는 것에 답하세요. 당신 자신이 경험한 것이 아니라 배우자의 경험에 마음을 맞춰보세요.

2. 배우자에 대한 존경심과 애정을 자유롭게 표현하세요. "당신은 정말 특별한 사람이고, 당신이 내 배우자라는 건 정말 행운이에요."라고 말해

보세요.

3. 배우자가 '올바른' 일을 하는 모습을 볼 때 그것에 대해 칭찬하세요.

4. 정기적으로 서로 감사하는 연습을 하세요. 예를 들어 "가족을 위해 열심히 일해줘서 너무 고마워요. 오늘 많이 피곤해 보이네요. 차 한 잔 마시면서 오늘 하루 어떻게 지냈는지 듣고 싶어요."라고 말할 수 있습니다.

5. 배우자를 향해 몸을 돌리세요. 배우자가 당신의 관심, 애정 또는 기타 긍정적인 의사소통을 위해 노력하는 순간을 놓치지 마세요. 배우자가 미소를 짓거나 어깨를 쓰다듬는 등 기본적이고 강력한 방식으로 다가올 때가 바로 그때입니다.

6. 배우자의 긍정적 특성을 기억하고 그에 대한 당신의 긍정적 느낌을 매일 표현하세요. 《신뢰의 과학 The Science of Trust》에서 존 가트맨은 배우자와 좋은 관계를 구축하기 위해 배우자에게 긍정적인 말을 더 자주 하라고 권합니다. 배우자의 관점에 귀를 기울이고 상호작용의 비율을 5 : 1로 유지하세요. 부정적 상호작용 한 개에는 긍정적 상호작용 다섯 개가 필요합니다.

'나 대화법'을 사용하는 방법

한 배우자가 효과적으로 의사소통을 하면 다른 배우자도 이와 같이 행동하게 됩니다. 의사소통은 우리가 관계 안에서 그리고 친밀감에 대해서 얼마나 안전하다고 느끼는지에 영향을 미칩니다. 신뢰하지 않는 사람에게 솔직하게 말하는 것은 어려운 일입니다. 당신은 아마 상대가 부정적으로 나오거나 당신에게 상처를 줄까봐 걱정할 수도 있습니다. 예를 들어, 마리아는 제이슨을 비난하기보다 솔직하게 자기감정을 공유하고 자기감정에 스스로 책임질 때 제이슨으로부터 더 많은 피드백을 얻을 수 있었습니다. 이제 이 부부는 비효율적인 패턴을 인식하고 의사소통의 질을 향상시키기 위해 서로의 말을 더 긍정적으로 듣고 반응하는 방법을 연구하고 있습니다.

배우자와의 관계에서 부정적 순환을 줄이는 매우 간단하면서도 효과적인 방법 중 하나는 '나 대화법'을 사용하는 것입니다. '나 대화법'은 배우자를 비난하거나 판단하지 않고 자신의 생각이나 감정을 적극적으로 말하는 것입니다. '나 대화법'을 사용하면 배우자가 당신의 말을 더 잘 듣고 방어하지 않을 가능성이 높아집니다. 반면에 '너 대화법'은 보통 부정적이고 상대방을 비난하기 때문에 상대방이 방어적으로 행동하게 만듭니다.

책임을 받아들이는 것은 의사소통의 가장 중요한 측면인데, '나 대화법'을 사용하는 것은 이를 수행하는 좋은 방법입니다. '나 대화법'을 효과적으로 사용하는 데는 세 가지 측면이 있습니다.

1. 당신의 감정을 표현하세요. "나는 ~라고 느껴."는 '나'를 지칭하여 자기를 드러내고 느낌을 표현합니다. "당신은 나를 ~게 느끼게 해."가 아니라 '내'가 어떻게 느끼는지를 진술해야 합니다.

2. 당신의 감정을 불러일으키는 배우자의 행동이나 상황을 설명하세요. "당신이 ~게 했을 때, 나는~." 어떤 상황에서 당신이 무언가 느꼈을 때, 당신의 감정에 영향을 준 배우자의 행동과 상황을 언급하세요. 의견, 위협, 비난, 최후통첩, 독심술 등 방어를 유발할 수 있는 말이나 행동을 하지 말고 사실만 진술하세요.

3. 발생한 그 상황이나 배우자의 행동이 왜 당신에게 그런 느낌을 주는지 설명하세요. "왜냐하면…." 배우자가 어떤 행동을 할 때 당신이 왜 그러한 감정을 느끼는지 이유를 설명하세요. 또한 당신이 어떠한 방식으로 배우자의 행동을 해석하는지와 배우자의 행동이 당신에게 미치는 구체적인 영향도 함께 설명하세요. "왜냐하면"을 설명할 때 비난하지 않도록 특히 주의하세요.

아이들을 키울 때, 남편 크레이그는 내가 아이들에게 너무 관대하다고 말하곤 했는데 그때마다 나는 비난받는다고 느꼈습니다. 이럴 때 '나 대화법'을 사용한다면 이렇게 말할 수 있습니다. "당신이 내가 아이들을 너무 쉽게 대한다고 말할 때 나는 상처받은 기분이 들어요. 아이들이 하기로 한 집안일을 내가 해주면 당신은 그걸 내가 만만한 사람이 되는 걸로 해석하는 것 같아요. 나는 단지 아이들을 사랑하고 지지해주려고 노력하는 것인데 말이에요. 이런 오해가 생길 때마다 나는 당신에게 이해받지도 인정받지도 못한다는 느낌이 들어요."

적극적 경청과 인정하기

적극적으로 경청하려면 자신의 안건을 옆으로 제쳐두고 배우자가 말하는 것에 집중해야 합니다. 적극적 경청은 당신이 배우자와 온전히 함께 있고 배우자의 말의 의미, 목소리 톤, 비언어적 의사소통에 동조하면서 당신의 염려, 필요, 생각을 일시적으로 중단할 의향이 있음을 의미합니다. 적극적 경청에서 청자는 화자가 하는 말을 더 잘 이해하고 그 의미를 명확하게 하기 위해 피드백을 제공합니다. 피드백을 통해 청자는 화자가 말한 내용을 자신이 잘 이해했는지 확인하고, 동시에 화자가 이해받고 있고 친밀하게 연결되어 있다는 느낌을 갖도록 돕습니다.

마찬가지로, 부부 사이에서도 적극적 경청을 통해 청자는 배우자가 말한 것을 정확하게 듣고 해석했는지 확인합니다. 이러한 행동은 오해와 다툼의 가능성을 줄여줍니다. 이는 전화로 꽃을 주문할 때, 명확성과 정확성을 위해 꽃집 점원에게 다시 주문 내용을 말해달라고 요청하는 것과 비슷합니다. 배우자가 부부의 관계나 가족의 문제에 대해 화가 난 것 같을 때, 특히 부부가 이전에 논쟁을 많이 벌였던 주제에 대한 경우라면 배우자의 말을 적극적으로 듣는 것이 매우 중요합니다.

부부는 적극적으로 듣는 것이 조언을 하는 것과는 다르다는 것을 깨달아야 합니다. 우리는 대개 지시를 내리거나 어떤 일을 하는 방법을 설명함으로써 상대에게 도움을 준다고 생각하는데, 사실 배우자는 우리의 이런 행동을 '내가 옳아야 한다'는 욕구의 표현으로 해석할 수 있습니다. 만약 자신이 옳다고 생각하더라도 "옳은 것과 행복해지는 것 중 무엇이 더 중요한가? 내가 옳다는 걸 증명하는 것이 부부의 관계를 파괴할 만큼 가치 있는가?"라고 자문해보세요. 배우자가 요청할 때 조언해주는 것은 문제가 없지만, 대부분은 상대방이 원치도 않을 때 조언을 하며, 이는 도움보다는 마치 게임에서 이기려는 노력으로 보일 수 있습니다.

더욱이 '무효화'(상대방의 생각이 틀렸다는 것을 입증하는 것: 옮긴이 주)는 재혼가족의 어려운 문제를 더욱 악화시키는 경향이 있습니다. 이전 장에서 만난 50대 후반의 재혼부부인 주디스와 로드니는 로드니의 첫 결혼에서 얻은 10대 딸아이 두 명과 재혼 후 낳은 두 명의 재혼친자녀를 키우고 있습니다. 주디스는 딸들의 부정적인 말에 상처를 받아도 로드니와 항상 그것을 공유하지는 않았습니다. 왜냐하면 남편에게 그런 말을 하면 그는 즉시 조언을 던질 것이고, 그러면 자신은 판단이나 비난 받는 느낌이 들 것이라 생각했기 때문입니다.

대부분의 사람들은 급하게 문제를 해결해주기 위해 해결책을 제시하곤 하는데 그렇게 하면 감정을 인정하는 과정을 건너뛰게 됩니다. 주디스가 갈망하는 것은 남편이 자신의 말을 경청하고 자신의 감정을 인정해주는 것입니다. 그녀는 자신에 대해 부정적 소문을 퍼뜨린 딸 사만다의 새엄마 역할에서 많은 어려움을 느낍니다. 그러나 로드니가 자신을 이해하고, 자신의 감정을 인정하고, 여전히 자신을 사랑한다는 사실을 확인시켜준다면, 주디스는 자기 생각을 남편에게 더 공유할 것이고 결국 남편으로부터 이해받는다고 느낄 가능성이 높아질 것입니다. 중요한 것은 '인정'입니다. 결국 문제는 언젠가 해결될 것이고, 대부분의 사람들은 자신의 문제를 스스로 해결할 수 있습니다. 그들이 원하는 것은 배우자가 자신을 바라보고 자신의 말을 들어주는 것입니다.

주디스는 이렇게 말합니다. "사만다는 친엄마와 너무 친해서 제가 새엄마 역할을 하는 것이 쉽지 않아요. 사만다가 저를 욕하고 다니는 것도 알고 있어요. 하지만 저는 가끔은 로드니가 저의 고통을 들어주고 이해해주길 원해요. 로드니의 작은딸은 괜찮아요. 그 애는 어려서부터 저와 유대감을 잘 형성했거든요. 솔직히 사만다와 제 상황이 나아질 희망은 별로 없지만, 큰딸의 부정적인 면을 제가 다 받아주는 게 얼마나 힘든지 남편이 좀 알아주면 좋겠어요."

적극적 경청과 인정은 일반적인 의사소통 방법과 달라서 어색하게 느껴질 수도 있다는 점을 명심하세요. 그러나 재혼부부가 동의한 경우, 적극적 경청과 인정은 민감한 주제에 대한 의사소통의 질을 향상시키는 강력한 방법입니다. 예를 들어, 주디스와 로드니는 둘 다 주디스와 사만다의 관계(새엄마와 새자녀의 관계)로 인해 스트레스를 받고 있습니다. 하지만 주디스가 남편이 자신의 어려움을 이해한다고 느낀다면, 두 사람 모두 큰 그림, 즉 견고하고 사랑이 넘치는 파트너십을 유지한다는 목표에 집중할 수 있습니다.

매일 나누는 20분의 대화

앞서 매일 20분 동안 스트레스를 줄이는 대화를 나누면 부부가 유대감을 느끼는 데 도움이 된다고 언급했습니다. 이것은 부부가 시간을 내어 서로에게 질문하고, 서로를 알아가고, 공유된 의미를 구축하는 '면대면 대화'를 하는 것입니다. 가급적 이 대화는 부부 사이의 일이 아니라 외부의 어떤 일에 대한 것이면 좋습니다. 지금은 부부 사이의 갈등을 논하는 시간이 아닙니다. 부부가 함께 이 시간을 존중한다면 20분간의 대화를 통해 신뢰와 친밀감을 쌓을 수 있습니다.

스트레스를 줄이는 대화를 위한 네 가지 실천 방안

1. 20분간 함께 대화하기로 결정하세요. 정기적으로 할 수 있다면 아침이나 퇴근 후 모두 상관없습니다.

2. 이 대화 중에(그리고 다른 때에도) 배우자에게 감사한 것을 인식하고 그 마음을 표현하세요. 상대의 감정을 인정해주고, 배우자의 특정 행동을 당신이 좋아한다면 그것을 구체적으로 말해주세요. 예를 들어, "당신이 아침식사를 차려주는 게 정말 좋아요. 당신이 주는 커피는 정말 맛있어요!"라고 말할 수 있습니다.

3. 이 20분의 대화를 매일의 의식으로 실천하겠다고 약속하세요. 처음에는 어색하게 느낄 수도 있지만 시간이 지나면 자연스러워질 것입니다.

4. 당신과 배우자가 서로의 삶에 대해 새롭게 알 수 있는 질문을 고안하세요. 다음과 같은 질문이 가능할 것입니다.

- 우리는 어떤 부분에서 한 팀으로 잘 운영되고 있고, 어떤 부분에서 개선이 필요할까요?
- 우리의 관계는 사이가 원만하지 않은 부부들과 어떻게 다른가요?
- 언제 처음으로 나와 사귀고 싶다는 생각을 했어요?
- 가장 좋았던 휴가는 언제였어요?
- 당신의 숨겨진 소망이나 꿈은 뭐예요?

때때로 재혼부부는 자신의 문제에 너무 몰두하여 배우자를 한 명의 '사람'으로 보는 것을 잊어버립니다. 배우자에 대해 더 많이 알아가고, 배우자의 생각과 감정에 대해 이야기하며 관계를 강화하세요. 위의 질문에 먼저 각자 답을 한 후 서로의 답변을 비교해보세요. 당신은 진정한 사랑을 만들고 재혼의 질을 향상시키는 길에 이미 들어서 있습니다.

8장

재혼가정의 갈등의 씨앗을 잘 다루는 법

우리 부부는 서로 베프예요.

얘기가 정말 잘 통해요.

우리는 문제가 생기면 같이 상의하고 해결책을 마련해요.

_타라(49세)

예전에 만났던 에린과 론 부부의 후속 인터뷰를 위해 이들이 사는 동네의 카페에서 부부를 다시 만났습니다. 기억하겠지만 이 부부의 사랑 이야기는 특별합니다. 이들은 학창 시절에 사귀다가 대학에 다니면서 헤어졌고, 각자 다른 사람을 만나 결혼과 이혼을 했습니다. 그리고 SNS를 통해 예상치 못한 재회를 하면서 다시 연결되었습니다.

에린은 이렇게 말합니다. "우리가 재혼한 지 이제 몇 년이 지났네요. 지난번에 쇼핑몰에서 선생님을 만났을 때 우리가 어떻게 지내는지 물어보셨잖아요. 그때 간단하게 대답할 수가 없었어요. 이렇게 선생님을 다시 만나 저희가 애들 양육 문제로 어려움을 겪고 있는 걸 얘기할 수 있어 너무 다행이에요. 이 문제가 우리 사이를 갈라놓는 걸 원치 않거든요."

인터뷰에서 론은 에린의 두 10대 아들들을 키우면서 불거진 문제에 대해 이야기했습니다. 그는 에린의 아이들이 착하긴 한데 정말 게으르다고 불평했습니다. '집안일 전쟁'은 보통 오전 6시에 시작됩니다. 이때쯤 론은 대형 리조트호텔에서 3교대 근무를 한 후 집으로 돌아오고, 아들 토미와 콜은 고등학교 스쿨버스를 타러 갈 준비를 하느라 정신이 없습니다.

론은 "저는 제 아이들을 이렇게 키우진 않았습니다. 제 아이들은 지저분하지도 않고, 아침식사도 스스로 준비해서 먹고, 설거지까지 했어요. 제 생각엔 에린이 자기가 이혼한 게 아이들에게 미안해서 오히려 아이들을 망치고 있는 것 같아요. 저는 아이들의 친아버지 역할을 해보겠다고 참견하는 게 아니에요. 하지만 아이들이 예의 없고 지저분하게 생활하는 걸 더 이상 참기 힘들어요. 저와 에린 사이에도 이미 틈이 벌어지기 시작했고, 요즘 우리 집은 엉망진창이에요."

론은 확신에 찬 목소리로 자신의 두 자녀가 성공적인 성인으로 자랐다는 것과 자신이 두 명의 새자녀들의 행동에 불만을 느끼는 게 타당하다고 설명합니다. 반면에 에린은 자신이 6개월 전에 해고돼서 집에 있는 상태이기 때문에 아들들의 방을 청소해주고 아침식사를 만들어주는 것이 문제가 되지 않는다고 반발합니다.

에린은 다음과 같이 말합니다. "몇 년 동안 싱글맘으로 바쁘게 지냈는데, 사실 요즘 집에서 아들들을 돌볼 수 있어서 너무 좋아요. 아이들이 제 이혼 때문에 너무 스트레스를 많이 받았어요. 제 생각에 론은 가정이 어떤 모습이어야 하는지에 대해 너무 경직된 사고방식을 갖고 있는 것 같아요. 우리가 예전에 데이트할 때는 론이 이런 사람인 줄 몰랐어요. 우리가 잘 지내려면 론이 제 아들들에 대한 기대를 낮춰야 한다고 생각해요. 저는 토미와 콜에게 집을 치우라고 소리 지르면서 하루를 보내고 싶지는 않아요."

이에 대해 론은 대답합니다. "왜 아내는 토미와 콜에게 책임감을 가르치지 않는지 이해가 안 돼요. 이렇게 키우면 애들은 다른 사람한테 의존하는 무책임한 성인으로 자랄 거예요. 저는 심지어 정리정돈이 생산성에도 큰 영향을 미친다고 생각하는 사람이에요. 그런데 우리 집은 거의 재난 수준이에요."

이 대화를 보면 에린과 론은 둘 다 자신의 입장을 방어하려는 것이 분명합니다. 이들은 자신이 옳다는 것을 증명하려는 강한 욕구가 있으며, 불행하게도 공격-방어 패턴을 통해 관계를 맺고 있습니다. 재혼가족의 일상적 대화에서는 이런 장면이 쉽게 포착됩니다. 당신과 배우자가 집안일, 재정 또는 누가 저녁식사를 준비할지 얘기하고 있었는데, 갑자기 배우자가 당신(또는 당신의 자녀)이 자기 책임을 다하지도 않고 약속대로 생활하지도 않는다고 불평하는 상황을 상상해보세요. 그런 순간은 누구나 자동 반사적으로 반응하기 쉽고, 곧이어 본격적인 다툼으로 연결되는 것이 전형적입니다.

그러나 갈등이 있다는 것이 재혼의 끝을 의미하지는 않으며 실제로 갈등은 결혼을 더 견고하게 만들기도 합니다. 부부 사이에 의견 차이는 항상 있을 것입니다. 그것을 완전히 피할 수는 없습니다. 이럴 때 당신이 할 일은 당신 생각을 말할 적절한 타이밍을 아는 지혜를 키우는 것입니다. 이를 통해 다툼에서 능숙하게 회복할 수 있습니다.

이 장에서는 효과적인 '회복 대화'를 나누는 방법을 배우게 됩니다. 갈등에서 회복하는 일반적 원칙은 옳고 그름에 초점을 맞추지 않고, 자기주장을 증명하려는 노력을 내려놓고, 적대적 접근방식이 아닌 협력적 접근방식을 통해 갈등을 다루는 것입니다.

자기주장을 내려놓고 회복을 시도하세요

에린과 론에게 필요한 것은 서로에 대한 비난을 멈추고 자기주장을 증명하려는 패턴을 없애는 것입니다. 이러한 역기능적 관계 패턴을 바꾸는 첫 단계는 '자각'입니다. 그리고 갈등을 해결하기 위해 부부는 한 팀이 되어야 합니다. 자기가 옳다는 것을 증명하는 것보다 한 팀이 되는 것이 더 중요함을 깨달아야 합니다. 부부가 자신의 생각을 표현하고 서로의 차이를 잘 다룰 때 문제 해결이 가능하고 파트너십이 형성됩니다. 무엇보다 중요한 것은 부부 사이의 사랑과 애착을 늘 유지하는 것과 논쟁을 하더라도 정상 궤도로 돌아가는 것입니다.

《행복한 결혼을 위한 7원칙》의 존 가트맨에 따르면 정서 지능이 높은 부부는 결혼생활을 실패하지 않고 행복하게 만들기 위해서 '회복 시도'를 비밀 무기로 사용합니다. 회복 시도란 부정적인 감정을 분산시키고 갈등이 고조되는 것을 막기 위해 하는 말이나 행동입니다. 40년이 넘은 고전적인 '사랑 연구소'의 연구를 통해 가트맨은 결혼 문제에 대한 최고의 해결책은 회복 기술을 익히는 것임을 알아냈습니다. 그는 회복 시도를 통해 부부가 싸우더라도 다시 정상 궤도로 돌아올 수 있으며 분노가 쌓이는 것을 피하게 된다고 설명합니다.

예를 들어, 에린과 론은 어느 날 아침 싱크대에 남아 있는 접시들을 놓고 논쟁을 벌입니다. 잠시 후 토미와 콜이 스쿨버스를 타러 나가자 에린은 론에게 다가가 애정을 표현하고는(자신의 팔을 남편의 어깨에 올리고 뺨에 키스함) 아침식사를 준비합니다. 아침식사를 하면서 론과 에린은 차분하게 회복 대화를 나눴고, 이를 통해 각자가 이 싸움에 영향을 끼친 부분이 있다고 인정합니다. 그리고 집안일을 어떻게 분담할지에 대한 의견을 교환합니다. 에린의 회복 시도는 부부의 유대감이 깨질 뻔한 위험을 극복하고 그들을 더 가깝게 만들어주었습니다. 론은 사랑의 표시로 하는 스킨십을 좋아하기 때문에 에린의 애정 어린 스킨십에 마음이 편안해졌고 그녀의 볼에 키스로 화답했습니다.

처음 만났을 때 에린과 론은 기쁨에 너무 취해 서로의 차이점을 보지 못하고 유사점에 더 집중했습니다. 그러나 얼마 후, 과거 관계에서 비롯된 정서적 짐은 사소한 촉발 요인(예를 들어 지저분한 집)에도 부부가 과잉 반응하게 만들었고, 이들은 서로에게 점점 더 비판적이고 방어적으로 행동하게 되었습니다. 그들은 처음에 서로를 하나로 묶어주었던 사랑의 감정을 잊어버렸습니다.

에린은 다음과 같이 말합니다. "우리는 고등학교 때나 대학교 때 그랬던 것처럼, 싸울 때 이성을 잃고 완강하게 버티는 경향이 있어요. 론은 '당신은 항상 옳지, 에린. 당신은 당신이 항상 옳다고 생각하지'라고 말하곤 해요." 에린은 잠시 말을 멈췄다가 계속 얘기합니다. "남편이 그렇게 말하면 사실 극도로 화가 나요. 그래도 저는 '내가 항상 옳다는 게 아니에요. 당신이 내가 어떤 의도로 말하는지 이해해주길 바라는 거예요. 우리가 지금 대화할 상태가 아닌 것 같아요. 좀 진정될 때까지 내가 다른 방에서 책이라도 좀 읽고 있을게요. 내가 다시 이 방으로 오면 그때 다시 얘기 나눠요.'라고 말하려고 노력해요."

론은 "보통 둘 중 한 명이 '여보, 사랑해. 우리가 서로 이해하지 못하는 게 있다면 잘 헤쳐나가 봅시다. 우리는 좋은 친구잖아요.'라고 말합니다. 그것이 우리가 갈등을 해결해나가게 해요. 사실 우리는 베프예요. 예전에는 논쟁하는 것이 나쁘다고만 생각했는데, 이제 우리는 잘 싸우는 법을 배우고 있어요."라고 말합니다.

모든 관계에는 필연적으로 어려움이 따르게 마련입니다. 사실 갈등은 일상적인 것입니다. 하지만 재혼부부에게 갈등이란 조금 다르게 느껴질 수 있습니다. 갈등은 첫 결혼의 끝을 상기시키고, 결코 해결될 수 없었던 쓰라린 논쟁들도 떠올리게 하기 때문에 재혼부부는 무의식적으로 갈등을 피하게 됩니다. 그러나 부부와 같이 친밀한 관계에서는 갈등을 피하는 것이 오히려 역효과를 낳습니다. 만약 당신이 부정적인 생각과 감정을 억누른다면 배우자가 변화할 수 있는 기회를 미리 제거해버리는 것이기 때문입니다.

좋은 재혼의 비결 중 하나는 사소한 문제와 정말로 중요한 문제를 분별하여 현명하게 싸우는 것입니다. 예를 들어, 론은 싱크대에 남아 있는 접시를 두고 논쟁을 벌일 가치가 거의 없다는 것을 깨달았습니다. 상대방을 이기려고 애쓰는 대신, 론와 에린은 아들들과 함께 집안일을 어떻게 처리할지에 대해 논의했고 긍정적인 방식으로 자녀들에게 부부의 기대치를 전달했습니다. 가족 모두가 토론에 참여했고 콜은 집안일 일정표를 만들었습니다. 아들들은 금요일 하루는 집안일을 건너뛰고 친구들과 집에서 피자를 시켜 먹고 싶다는 제안도 했습니다.

숨겨진 문제 다루기

7장에서 살펴본 것처럼, 사소한 문제가 너무 자주 발생한다면 혹시 근본적인 문제가 숨어 있는 게 아닌지 생각해보아야 합니다. 예를 들어, 이 장 앞부분의 에린과 론의 다툼은 사실 아들들이 집을 어지럽히는 것에 관한 내용이 아닙니다. 그것은 가족 내에서의 권한과 통제에 대한 다툼입니다. 대부분의 사람들은 가족을 위해 자신이 하는 일이 인정받지 못한다고 느끼거나, 자신의 부정적 감정을 표현할 만큼 가족이 안전하다고 느끼지 않을 때 설거짓거리를 쌓아두는 것과 같은 사소한 문제를 통해 불만을 터뜨리기도 합니다.

《행복한 결혼생활 만들기》에서 심리학자 하워드 마크맨은 부부 사이에 숨겨진 문제가 있다는 것은 부부가 서로 이기려고 애쓰고 있고, 서로 인정받지 못한다고 느끼고, 한 팀으로 생각하지 않는다는 신호라고 설명합니다. 그는 부부 사이의 숨겨진 문제는 표현되지 못한 기대, 필요, 감정을 반영하며, 그것을 방치하면 결혼생활에 큰 해를 끼친다고 설명합니다. 마크맨은 대부분의 부부가 어떤 사건이 드러난 맥락에서만 문제를 다룬다고 말합니다. 즉, 부부가 문제에 주의를 기울이는 유일한 시간은 그 문제로 싸우는 순간입니다. 이때 건강한 관계에 있는 부부는 서로의 결점을 들춰

내기보다 드러나지 않은 서로의 가능성을 끌어내줍니다.

관계의 질을 저하시키는 패턴

마크맨에 따르면 행복한 부부는 서로에게 맞서지 않고 부정적인 관계 패턴에 맞서 싸웁니다. 《행복한 결혼생활 만들기》에서 그는 부부관계의 질을 저하시킬 수 있는 네 가지 패턴, 즉 갈등 고조, 무효화, 부정적인 해석, 회피를 주의하라고 조언합니다.

● **갈등 고조**

이는 자신의 주장이 옳다는 것을 증명하려고 집중할 때 발생합니다. 당신을 화나게 하는 버튼이 눌렸을 때 잠시 타임아웃을 요청한다면 논쟁이 누그러질 수 있습니다. 일반적으로 한 배우자가 부정적 순환을 깨기 위해 물러서거나 논쟁을 가라앉히기 위해 노력할 때 갈등 고조가 짧게 끝납니다.

● **무효화**

이것은 상대방의 생각, 감정, 성격을 깎아내리는 것입니다. 이러한 행동은 미묘할 수도 있고 직접일 수도 있습니다. 배우자를 깎아내리지 않는 가장 좋은 방법은 관점의 차이를 존중하고 인정하는 것입니다. 예를 들어, 크레이그가 집수리를 다 마치지 않은 것을 보고 나는 "당신 나름대로 지하실 수리 계획을 세우고 있나 보네요. 빨리 끝내는 것보다 이번 기회에 확실히 수리하려는 거죠?"라고 말했습니다.

● 부정적인 해석

당신은 배우자의 의도를 계속해서 부정적으로 해석하고 있을지도 모릅니다. 예를 들어, 에린이 자신의 두 아들에게 너무 관대하다는 이유로 론은 화가 나서 "당신은 너무 만만해서 아이들이 당신을 이용하는 거예요."라고 말할 수도 있습니다. 그녀가 방금 아들들에게 욕실 청소를 부탁했다는 사실을 모른 채 말입니다.

● 회피

당신은 중요한 논의 중에 뒤로 빠져버리거나 회피하고 있을지도 모릅니다. 회피에는 논쟁 중에 입을 닫아버리거나 특정 주제나 문제에 대한 대화를 꺼리는 것이 포함됩니다. 6장에서 다룬 추격자-도망자 패턴은 한쪽 배우자가 물러나거나 회피할 때 흔히 나타납니다.

재혼부부의 경우, 이전 결혼생활에서 가져온 정서적 짐으로 인해 오해가 쉽게 고조될 수 있으므로 부정적인 관계 패턴을 자각하고 피하는 것이 특히 중요합니다. 정서적 짐을 갖고 있으면 재혼생활에 매우 해로운 파괴적 행동을 시도하게 됩니다. 모든 갈등을 해결할 수는 없지만 그렇다고 해서 결혼생활이 반드시 고통스러워야 한다는 의미는 아닙니다. 이는 어떤 문제를 수용하고 성공적으로 잘 관리할 것인가에 대한 선택의 문제입니다. 예를 들어, 우리 부부가 휴가를 어디로 가고 싶은지에 대해 서로 의견이 다르다면 나는 남편에게 "1부터 10까지의 척도로 본다면 당신은 그걸 얼마나 하고 싶은 거예요?"라고 묻습니다. 우리는 꼭 논쟁해야 하는 문제를 선택함으로써 결과적으로 논쟁을 덜 합니다!

해결되지 않은 갈등이 있어도 재혼생활을 잘할 수 있을까?

많은 부부가 결혼생활이 건강하다면 문제가 하나도 없어야 한다는 근거 없는 믿음을 갖고 있습니다. 그러나 관계에서 강조되는 것은 갈등의 존재 여부가 아니라 부부가 서로 반응하는 방식입니다. 긍정적 방식으로 요구사항을 표현하는 것처럼 분쟁을 해결하기 위한 도구를 개발하면 서로의 차이에 대해 정중하게 의사소통할 수 있고 성공적인 결혼생활을 유지하게 됩니다. 배우자 간의 의견 차이가 있더라도 부부가 관계를 깨지 않고 서로의 차이점을 수용하기로 약속한다면 결혼생활이 더욱 견고해집니다.

예를 들어, 부부 사이의 어떤 문제는 둘 다 완강하게 자기 입장을 고수하기 때문에 결코 해결되지 않을 수도 있습니다. 결과적으로 둘 모두 자신의 주장을 상대방에게 전달할 수 없게 됩니다. 이것이 바로 가트맨의 연구가 말하는 결혼생활 문제의 69퍼센트가 해결되지 않는 이유 중 하나입니다. 하지만 부부가 회복 기술을 갖고 있다면 성공적으로 문제를 다룰 수 있습니다.

갈등은 성장의 기회입니다. 각 배우자가 서로 동등하게 바라보며 문제에 접근한다면 갈등 해결을 통해 부부 관계에 더 많은 자양분을 공급하게 됩니다. 어떤 경우에는 부부가 상황을 그냥 흘러가게 내버려두기로 한 채 상처받은 감정을 회복하기도 합니다. 관점이 너무 다를 때는 타협이 불가능하다는 것을 수용하는 쪽을 선택하는 것입니다.

대부분의 경우 재혼부부는 갈등에서 회복하기 위해 노력합니다. 예를 들어, 30대 후반에 자녀가 없는 재혼부부 웬디와 마이클은 각자 쓰라린 이혼을 겪었습니다. 따라서 이 부부는 불신의 문제가 있고, 안전감 혹은 안정감과 관련된 다툼을 자주 합니다. 특히 사교모임에서 웬디는 더 불안을 느낀다고 인정합니다. 그러나 그녀는 마이클을 비난하고 그의 의도를 불신하기보다는 다툼에 자신이 영향을 미친 부분을 반성하고 스스로 책임지는 법을 배우고 있습니다.

자신의 취약한 부분을 드러내고, 발생된 문제를 제때 정중한 방식으로 논의하면서 부부는 회복 기술을 강화하고 있습니다. 그들은 친밀한 관계에서도 갈등이 불가피하며 모든 문제가 반드시 해결되어야 하는 것은 아님을 받아들이기 시작했습니다. 이를 통해 의견 차이에서 더 빨리 회복하고, 성공적이고 오래 지속되는 관계를 구축해나가고 있습니다.

웬디는 이렇게 말합니다. "삶의 90퍼센트의 시간 동안 저는 마이클을 신뢰하고 그 사람이 나를 위해 최선을 다하고 있다고 믿어요. 나머지 10퍼센트는 더 이상 큰 문제가 아니에요. 마이클은 문자 메시지 보내는 걸 깜빡하고 귀가가 늦어질 때도 있는데, 그게 일부러 저한테 상처주려는 게 아닌 걸 알아요. 남편은 매일매일 저한테 사랑한다고 표현하는 사람이에요. 우리 부부는 다툼이 생기면 둘 중 한 명이 어떤 친절한 행동을 하거나 자기주장을 멈추곤 해요. 그러면 다툼이 진정돼요. 저는 사실 한을 좀 품는 성격인데, 마이클에 대한 원망을 버리는 법을 배우고 있어요."

즉 웬디는 마이클의 결점에 초점을 맞추고 그를 비난하는 대신 더 깊은 관계를 조성하는 데 에너지를 쓰고 있습니다. 그녀는 남편에 대해 최악의 상황을 가정한다거나 또는 남편이 변해야 한다고 요구하는 것을 멈추었습니다.

배우자를 변화시키려는 노력을 중단해야 하는 여섯 가지 이유

1. 당신의 배우자는 변하지 않을 것입니다. 고양이를 개로 바꿀 수는 없

습니다. 사랑만으로 사람의 본성과 양육된 방식을 바꿀 수 있다는 착각을 버리세요. 당신이 만약 내성적인 사람과 결혼했는데 안정감을 느끼기 위해 배우자의 적극적 애정 표시를 원한다면 당신은 항상 불만족스러울지도 모릅니다. 아마도 이런 차이점은 시간이 지날수록 사랑한다는 느낌을 갉아먹고 관계의 긍정적 감정을 약화시킬 것입니다.

2. 배우자를 '고치려고' 하기보다 자신의 삶을 개선하는 데 집중하세요.
많은 사람들은 배우자를 고치겠다는 무의식적 욕구로 인해 역기능적 관계에 머물러 있습니다. 관계 전문가 로스 로젠버그에 따르면 사람들은 반응 없는 배우자와 동반의존 Co-dependency(일반적으로 한 사람이 다른 사람의 부정적 행동이나 감정에 과도하게 의존하게 되는 관계 패턴. 이러한 관계에서 동반의존적인 사람은 상대방의 문제를 해결하려는 경향이 있으며, 이 과정에서 자신의 삶과 감정을 무시하게 된다.: 옮긴이 주)적 춤을 추곤 하는데, 이렇게 되면 정서적 연결을 끊지 못하고 자신에게 해를 끼칠 정도로 매우 역기능적 관계에 머무르는 경우가 많습니다.

3. 배우자를 변화시키는 데 집중하면 당면한 문제에 집중하지 못합니다. 스스로에게 "나는 무엇을 성취하려고 하는가?"라고 물어보세요. 배우자에게 과격하게 말하지 말고, 배우자의 성격을 공격하지 마세요. 분노는 보통 상처, 두려움, 절망이 밑에 깔려 있을 때 나타나는 증상입니다. 상황을 전체적인 시각으로 바라보십시오. 배우자에 대한 방어적인

자세와 경멸적인 태도(조롱, 욕설, 빈정거림 등)를 피하십시오.

4. 배우자를 변화시키는 데 집중하면 상처가 곪습니다. 배우자의 행동이 부정적으로 인식될 때, 당신이 스스로를 망치는 신념이나 생각에 사로잡혀 있는 건 아닌지 점검하세요. 배우자의 입장을 먼저 들어보세요. 혹시 당신의 불만사항에 배우자가 충분히 해명했는데도 여전히 배우자를 불신하거나 상처받고 있지는 않나요?

5. 배우자를 변화시키려고 하면 당신은 앞으로 나아갈 수 없습니다. 부부는 같은 팀에 속해 있다는 것을 기억하세요. 배우자가 최선을 다한다는 사실을 받아들이고 더 이해하려고 노력하세요.(하지만 이것이 배우자의 해로운 행동까지 받아들인다는 의미는 아닙니다.) 이렇게 하면 당신은 더 현실적 관점을 갖게 되고 배우자의 행동에 덜 영향 받게 됩니다. 결국 우리 중 누구도 완벽하지 않습니다.

6. 배우자를 변화시키려고 하면 관계가 끝날 수도 있습니다. 《성공하는 결혼과 실패하는 결혼》에서 존 가트맨은 배우자를 비난하는 것이 이혼의 주요 원인 중 하나라고 지적합니다. 비난하는 것과 불만을 토로하는 것은 다릅니다. 후자는 특정 문제에 관한 것이지만 전자는 개인에 대한 공격입니다. 예를 들어, "당신이 연락 없이 늦으면 걱정돼요. 늦게 되면 전화해주기로 했잖아요." 이것은 불만입니다. 반면에 "당신은 나를 전

혀 생각하지 않는군요. 당신은 너무 이기적이에요!" 이것은 비난입니다.

설령 부부의 관계가 나쁜 방향으로 향한다 해도 다시 올바른 길로 이끌 전략이 있습니다. 배우자와의 부정적 관계패턴에 자신이 미친 영향을 자각하고 책임지는 것은 성공적인 재혼의 특징입니다. 부부처럼 친밀한 관계에서 갈등은 불가피하고, 또 모든 문제가 반드시 해결될 수는 없습니다. 이 점을 받아들인다면 부부는 갈등에서 더 빨리 벗어날 수 있고 좋은 관계를 지속할 수 있습니다.

변화는 나로부터 시작됩니다

당신은 자신의 말이나 행동을 점검하는 것보다 배우자의 말이나 행동의 이유를 묻는 데 더 많은 시간을 소비하지는 않나요? 배우자를 비난하는 것은 그 순간에는 잠시 후련할 수도 있겠지만 결국 분노와 적개심으로 이어집니다. 갈등이 부부의 관계에서 항상 파괴적이어야 하는 것은 아닙니다. 함께 지내는 부부와 이혼하는 부부의 차이는 갈등 후 회복하는 방식에 있습니다. 행복한 재혼의 열쇠는 갈등 중에도 계속 관계를 맺고 연결을 유지하는 것이며, 뒤로 물러나버리거나 무성의하게 잘못을 인정해버리지 않는 것입니다.

텍사스크리스천대학교의 폴 슈로트 교수는 1만 4,000명의 참여자를 연구한 결과 부부가 심각한 어려움을 겪는 가장 일반적인 이유를 발견했습니다. 이는 부부 중 한 명 또는 둘 다 상처, 화, 분노 때문에 뒤로 물러나 침묵하면서 상대방을 무시하는 모드로 들어가는 것이었습니다. 슈로트는 또한 아내는 대개 요구하고 추적하는 경향이, 남편은 뒤로 물러나거나 거리를 두는 경향이 있다는 사실을 발견했습니다.

《결혼 규칙》에서 해리엇 러너는 서로를 존중하며 상처받은 감정을 치유할 수 있다면 의견 차이를 통해 오히려 상황을 개선할 수 있다고 설명합니다. 러너는 다음과 같이 말합니다. "갈등은 극복할 수 있고, 심지어 그 과정에서 배울 점도 있습니다. 그러나 많은 부부들이 끝없는 싸움의 덫에 갇혀 서로에 대한 비난을 반복하고 있습니다. 싸움을 잘 점검하고 슬기롭게 회복하지 못한다면 결국 성공적 관계의 기반인 부부의 사랑과 존중이 무너질 것입니다."

친밀한 관계에서 갈등을 효과적으로 해결하기 위한 여덟 가지 팁

1. 상대를 비난하거나, 비판하거나, 경멸하지 마세요. 배우자를 공격하는 데 초점을 맞추지 말고 특정 '문제'에 집중해서 얘기하세요. 예를 들어, "당신이 나한테 옷 살 거라는 얘기도 없이 돈을 써서 화가 나네요.

지출에 대해 서로 공개하기로 합의했잖아요. 생활비도 빠듯한데요." 이것은 불평입니다. "당신은 나한테 절대 솔직하게 말하지 않아요. 내가 도대체 어떻게 당신을 믿으라는 거죠?" 이것은 비난입니다.

상대방에 대한 방어적 자세와 경멸적 태도(조롱, 욕설, 빈정거림 등)를 피하세요. 부드럽고 호기심 많은 어조로 대화를 시작하는 것, 예를 들어 "당신한테 뭐 하나 물어봐도 될까요?"같이 말하는 것은 배우자의 방어적 자세를 낮춥니다.

2. 인신공격을 피하세요. 배우자의 성격, 가치, 신념을 공격하지 마세요.
분노 밑에는 상처, 두려움, 좌절이 깔려 있을 수도 있습니다. 분노가 느껴지면 잠시 멈추고 자신의 감정을 돌아보세요. 먼저 배우자의 입장을 확인한 다음 당신의 입장을 상대와 공유하세요. 분노 때문에 배우자를 공격하고 싶은 마음이 든다면 "이것을 통해 내가 무엇을 성취하려고 하는가?"라고 자문해보세요.

3. 위협하거나 극단적인 말을 하지 마세요. 나중에 후회할 말은 삼가세요. 부부 사이의 심각한 관계 위반이 있는 경우가 아니라면 "상황이 개선되지 않으면 차라리 이혼하는 게 낫겠어요."와 같은 극단적 말은 하지 마세요. 대부분의 경우 "지금은 너무 화가 나서 대화가 힘드네요. 저녁식사 후에 얘기해도 될까요?"와 같이 긍정적 방식으로 요청하는 것이 더 효과적입니다. 이혼이라는 단어를 당신의 어휘 사전에서 빼놓으세

요. (학대가 없는 한) 부부가 함께하기로 한 약속을 지켜야 합니다. 과거에 배신당한 경험을 극복하고, 일상의 상처들을 치유하며 산다는 것이 쉽지만은 않습니다. 이 점을 수용하며 배우자를 바라보세요.

4. 문제 해결적인 태도로 갈등에 접근하세요. 당신의 주장을 증명하려 하지 마세요. 대신에 의견 차이가 있는 부분을 함께 검토하세요. 배우자의 요구가 이해되지 않는다면 설명을 부탁하세요. 입을 닫지 말고 배우자와 생산적 대화에 동참하세요. 부부 모두 자신의 요구사항이 전부는 아니더라도 일부라도 충족되면 관계가 유지됩니다.

5. 비난이 되기 쉬운 '너 대화법'보다는 '나 대화법'을 사용하세요. 예를 들어, "당신은 너무 이기적이에요. 당신은 나한테 뭐가 필요한지 전혀 생각하지 않아요."보다 "나는 당신이 나와 상의 없이 차를 사서 속이 상해요."라고 말하는 편이 좋습니다. 앞서 7장에서 '나 대화법'을 생산적으로 사용하는 방법을 다루었습니다.

6. 압도되는 느낌이 들면 잠시 휴식을 요청하세요. 두 사람 모두 마음을 가라앉히고 생각을 정리할 시간을 갖고 나면 보다 더 의미 있는 대화를 할 수 있습니다. 대부분의 사람들은 감정이 고조되었을 때 오래된 행동 패턴을 반복하는 경향이 있고 유연성이 떨어집니다. 재혼가정이 혼란스럽고 스트레스가 심한 시기에 있다면 최소한 24시간 동안 부부가 비난

을 금지하자고 합의해보세요.

7. 배우자를 '일단 믿어주기' 원칙을 적용하세요. 배우자의 결점에 초점을 맞추고 비난하는 대신 더 깊은 관계를 조성하는 데 에너지를 쓰세요. 배우자를 상대로 재판하듯 말하지 마세요. 대신 긍정적 감정과 사랑의 몸짓을 자주 표현하고, 말과 행동으로 수용과 감사를 표현하는 데 능숙해지세요.

8. 말다툼 후에 회복 대화를 나누는 연습을 하세요. 대니얼 B. 와일은 배우자의 입장을 경청하고, 서로 협력하고, 친밀감을 구축하고, 부부관계의 안전과 호의를 회복하는 데 초점을 둔 대화를 해야 한다고 말합니다. 회복 대화를 통해 부부는 관계에 대해 더 알게 되고, 싸움을 해결하고, 친밀해질 수 있습니다. 부부의 '관계'를 선생님이라고 생각하세요. 과거에 집중하는 대신 배우자와 더 깊은 '관계'를 조성하는 데 에너지를 쓰세요.

갈등을 효과적으로 관리하고 해결하는 방법을 배우면 다툼을 해결하고 원래 궤도로 돌아가는 것이 훨씬 쉬워집니다. 자신이 어려움을 겪고 있다면 배우자에게 당신의 마음을 표현하세요. 예를 들어, "나 지금 물에 잠긴 것 같은 기분이에요. 나를 안아주고 사랑한다고 말해줄래요? 당신한테 화도 나지만 그러고 싶지 않아요."라고 말해보세요. 대부분의 경우 갈등이나 괴로움이 심할 때 배우자에게 솔직하게 마음을 열면 친밀감이 회복됩니다. 그리고 이것은 시간과 인내가 필요합니다!

후속 인터뷰를 하려고 에린과 론을 만났을 때, 그들은 효과적으로 갈등을 처리하는 기술에 점점 더 능숙해지고 있었습니다. 연애 초기에 예기치 않은 만남에 설레며 바로 사랑에 빠졌던 두 사람은 재혼의 복잡성을 받아들이고 있고 성공적 재혼생활을 하려면 헌신과 노력이 필요하다는 것을 깨달았습니다.

론은 다음과 같이 말합니다. "에린과 저는 더 잘 지내는 법을 배우고 있어요. 저는 깔끔함에 대한 기준이 서로 다르다고 인정하고 있고, 토미와 콜이 겪었던 어려움에도 귀를 기울이려고 노력하고 있어요. 제가 언제나 옳다는 고집보다 에린에 대한 사랑이 더 강하니까요."

에린은 다음과 같이 말합니다. "론은 제가 아이들 방을 청소해줄 때 여전히 불만이 있는 것 같긴 해요. 하지만 남편은 조금씩 너그러워지는 법을 배우고 있어요. 남편은 자기 공간을 깨끗하게 유지하고 거기서 시간을 더 많이 보내고 있어요. 그리고 저는 제가 토미와 콜한테 미안한 마음이 있어서 그게 아이들이 책임감 있는 어른으로 성장하는 데 방해될 수도 있다는 걸 받아들였어요. 이젠 아이들이 어지럽힌 건 스스로 치우게 하고 있어요."

타협의 기술

대부분의 사람들은 갈등을 싫어합니다. 차이를 제대로 다루는 건강한 역할 모델을 보면서 자란 사람은 많지 않습니다. 그러나 기억해야 할 것은, 갈등이 관계에 파괴적 힘을 드러내기도 하지만 지속적 사랑을 성취하는 데 도움이 될 수도 있다는 것입니다. 사실, 차이는 흥미와 신선한 에너지의 원천이 되기도 합니다.

에린과 론은 오해에 맞서 싸우면서 타협의 기술을 배웠고 서로를 적이 아닌 같은 편으로 보기 시작했습니다. 방어적 태도를 취하지 않고 배우자의 관점을 경청하고 수용하는 것은 대부분의 사람들에게 익히기 어려운 기술입니다. 배우자의 말이 나의 아픈 곳을 건드릴 때는 더욱 그렇습니다.

에린은 말합니다. "우리가 서로 동의하지 않더라도 론의 관점을 받아들이는 법을 배우고 있어요. 마치 재정적 문제에 대해 남편한테 최종 결정권을 주는 것과 비슷해요. 저는 '차이'를 통해 사물을 바라보는 관점을 바꾸려 노력하고 있어요. 제가 주장을 꺾지 않고 완강하게 버티는 경향이 있다는 걸 알거든요. 의견 차이를 이렇게 새로운 방식으로 보니까 침착함을 유지하는 데 도움이 되는 것 같아요. 종종 남편이 토미와 콜의 지저분한 생활에 대해 불평하면 여전히 화도 나지만, 이게 저한테 민감한 주제라는 것을 기억하려고 노력해요."

부부 사이에 의견 차이가 있는 것은 당연한 일입니다. 그렇더라도 배우자와의 논쟁은 차이를 해결하는 방법과 상대를 더 깊이 사랑하는 방법에 대해 배울 기회라는 것을 기억해야 합니다. 사랑은 자신의 취약성을 드러내는 위험을 감수하게 하고, 의견 차이가 발생하더라도 자신의 감정, 생각, 욕구를 상대와 공유하게 합니다. 모든 친밀한 관계에는 친밀감과 적절한 경계라는 상충되는 요구가 존재합니다. 이 두 개의 요구사항 중 하나에 문제가 발생한다면, 배우자와 이에 대해 논의하고 타협할 창의적 방법을 찾는 것이 중요합니다.

타협이라는 단어의 의미는 무엇일까요? 서로가 양보하는 합의입니다. 낭만적으로 들리지는 않겠지만, 결혼생활을 유지하기로 결정했다면 타협의 본질인 협상하는 법을 배워야 합니다. 협상은 외교입니다. 이는 당신과 배우자가 같은 편에 서서 친밀하게 연결되기 위해 노력한다는 의미입니다. 생산적인 논쟁은 시간이 지남에 따라 부부가 함께 지내는 데 더 도움이 됩니다. 행복한 부부는 논쟁보다는 토론에 더 가까운 생산적 의견 교환을 하며, 분노나 적개심을 품지 않는 방법을 배워나갑니다.

의견 차이를 다루는 법

셰릴(60세)과 제이(66세)는 재혼 초기에 타협의 중요성을 깨달았습니다. 부부의 첫 번째 결혼기념일 직후, 셰릴이 첫 결혼에서 낳은 딸 알렉산드리아가 유년기 자녀 두 명을 데리고 이 부부의 집으로 들어왔을 때 결혼생활에 다소 위기가 있었습니다. 알렉산드리아는 일자리를 찾고 있었고 자립할 수 있는 상황이 아니었습니다. 그녀는 돈을 모아 6개월 후에 집을 얻어 나가겠다고 약속했습니다. 셰릴은 이 상황을 딸과 함께 시간을 보내고 손주들과 유대감을 형성할 좋은 기회로 보았지만, 제이는 이를 자신의 개인 공간과 결혼생활에 대한 침해로 여겼습니다.

제이는 자신의 입장을 다음과 같이 설명합니다. "이혼 후 지난 10년 동안 저는 혼자 사는 게 익숙해졌어요. 그런데 아이들이 들어온 후로 너무 시끄럽고 소란스러워졌어요. 특히 저녁식사 후에 아이들이 거실에서 TV 볼 때가 제일 시끄러워요. 원래는 제가 저녁 먹고 주로 거실에서 뉴스를 봤거든요. 게다가 아이들이 너무 늦게 잠을 자요. 친아빠 집에 가서 자는 날을 빼면 우리 집은 조용할 때가 없어요."

셰릴은 진지하게 대답합니다. "남편이 힘든 건 알지만 이건 일시적인 거고, 딸과 손주들은 지금 당장 도움이 필요한 상황이에요. 저는 사실 딸을 경제적으로 도울 수 있어 다행이라 생각해요. 딸에게 월세를 받을 생각도 없고요. 저는 남편이 너무 옹졸해 보여요."

나는 이 부부에게 부부상담사를 만나 타협하는 법을 배우라 권했고, 한 달 후 셰릴은 나에게 전화로 좋은 소식을 전했습니다. 그들은 전문 상담사와 함께 상담을 두 번 진행하면서 제이의 분노와 셰릴의 방어적 반응을 최소화할 몇 가지 솔루션을 얻었습니다.

셰릴이 설명합니다. "우리 부부가 요리할 때, 그러니까 저녁식사 전에 손주들이 TV를 보기로 했어요. 그리고 저녁식사 후에 놀이 시간과 목욕 시간을 한 시간 앞당기기로 했어요. 그렇게 하면서 어른들은 조용한 저녁 시간을 보내게 되었고, 손주들 수면도 좋아졌어요. 제 딸은 손주들이 일주일에 한 번 아빠 집에 가는 날 자기가 장을 봐서 저녁식사를 준비하기로 했어요."

타협하려는 의지를 발휘하여 셰릴과 제이는 '집'을 되찾았고, 일주일에 하루 알렉산드리아가 저녁을 준비하자 식비가 줄었습니다. 가장 중요한 것은 그들이 다시 정상 궤도로 돌아가 개인 시간과 부부 시간을 회복했다는 점입니다. 셰릴은 제이의 분노가 덜해졌다고 얘기했으며, 어느 날 저녁에는 제이가 뉴스를 보는 대신 손주들과 함께 놀아주는 것도 봤다고 말했습니다. 이들은 서로가 동의하는 타협점을 찾아내며 부부로서의 유대감을 더욱 돈독히 하고 사랑을 키워나갔습니다. 셰릴과 제이가 사용한 회복 도구(경청하고, 서로의 관점을 이해하려 노력하고 타협함)를 통해 두 사람은 정상으로 돌아갔고, 셰릴의 딸과 손주를 지원할 수 있었습니다. 그들의 이야기는 타협이 부부가 친밀감을 유지하는 데 어떻게 도움이 되는지 보여줍니다. 부부가 입을 닫아버리거나 상대방을 비난하면 문제는 은폐되고 해결되지 않아 더욱 분개하게 됩니다. 그러나 회복력 있는 사고방식으로 상처받은 감정을 치유하면 단절된 마음을 친밀감으로 바꿀 수 있습니다.

셰릴과 제이는 서로를 '고치려고' 노력하는 대신 이제 부부관계의 시야를 흐리는 안경을 닦는 데 집중합니다. 차이에는 항상 두 가지 타당한 관점이 있다는 사실을 수용하면 서로 옳다는 것을 증명하려는 논쟁이 사라집니다. 서로의 관점을 들어주고, 이해하려 노력하고, 비난이나 모욕보다 공감을 위해 에너지를 쓴다면 둘의 의견이 꼭 일치하지 않아도 된다는 것을 이 부부는 알게 되었습니다.

타협은 재혼생활을 유지하고 강화하는 중요한 도구입니다. 배우자와 시기적절하고 존중하는 방식으로 문제에 대해 논의하는 것은 부부의 회복기술을 향상시키는 데 도움이 될 것입니다. 행복한 재혼부부도 결혼생활에서 스트레스를 받고 의견 차이, 좌절감, 화를 경험합니다. 그러나 그들은 서로 헌신하겠다는 마음이 확고하기 때문에 화가 분노로 쌓이게 하지 않습니다. 재혼의 어려움을 극복하고 성공하려면 강력한 유대감을 위한 지식과 기술이 매우 중요합니다. 아래 실천 방안을 따르면 부부가 공감하고, 갈등을 관리·해결하고, 타협점에 도달하고, 긍정적인 참여를 경험할 수 있습니다. 일주일 동안 타협을 시도한 다음 좋아하는 레스토랑이나 카페에서 여유 있게 배우자와 진행상황에 대해 논의해보세요!

타협하는 법을 배우기 위한 네 가지 실천 방안

연습을 하기 전에 당신과 배우자가 해결해야 할 중요한 문제 하나를 적습니다. 두 배우자 모두 유연하게 대처할 수 있는 영역과 타협하기 어려운 영역을 식별하는 것이 중요합니다.

1. 당신과 배우자가 동의하는 공동의 목표를 세우세요. 논의 중인 문제에 대해 느끼는 감정이 있으면 반드시 공유하세요.

2. 당신이 배우자의 입장에 있다고 상상하면서 공감을 연습하세요. 어떻게 도울 수 있는지 배우자에게 물어보세요. 배우자가 개인적 목표나 꿈을 달성하도록 기꺼이 도와주겠다고 말해주세요.

3. 평가를 내리거나 너무 많이 질문하지 말고 적극적으로 경청하세요. 배우자의 방어적 태도를 피하려면 상대에게 '대응'하기보다 '대답'하세요. 배우자의 생각 중 경직된 부분이 있다면, 그것을 왜 중요하게 생각하는지 이해하기 위해 상대의 감정, 신념, 가치 등에 대해 더 자세히 설명

해달라고 요청하세요.

4. 부부의 요구, 소원, 꿈을 모두 존중하는 하나의 타협점을 적어보세요.

타협의 기술을 성공적으로 실천했다는 사실을 함께 축하하세요. 그리고 이런 타협은 앞으로도 계속 진행되어야 함을 기억하세요.

9장

새부모로서의 역할과 한계를 수용하고 재혼가정의 긍정적 추억을 쌓는 법

빅토리아와 마리사가 저를 편안하게 느끼는 데 시간이 오래 걸렸어요.
저와 가까워지면 친엄마를 배신하는 거라고 생각하는 것 같았어요.
친엄마도 재혼했는데 말이에요. 그래도 인내심을 갖고 기다리며 노력했고
지금은 상황이 많이 좋아졌어요.

_리사(47세)

　우리가 사귄 지 3개월쯤 됐을 때 크레이그는 "당신 아이들이 참 착한 것 같아요. 나는 새아빠가 될 마음의 준비가 끝났어요."라고 결연하게 말했습니다. 남편은 내가 이혼 후 만나본 두 번째 남자였는데, 자녀 없는 42세의 미혼 남성이 두 아이가 있는 이혼 여성에게 헌신하겠다는 열의를 보이는 것이 나에겐 놀라웠습니다. 우리가 두 번째 데이트를 할 때, 크레이그는 자신의 자녀(생물학적이든 입양이든)를 갖고 싶다고 했고, 내가 동의하지 않는다면 관계를 지속하기 어렵다고 말했습니다. 그는 이 생각을 굽힐 여지가 없어 보였습니다. 대가족에서 성장한 크레이그는 여섯 조카들과 놀아주거나 자기 친구의 아이들과 함께 시간 보내는 것을 좋아했습니다.

당시에 나는 40대 초반이었지만 셋째 아이를 갖는 것에 동의했고 다행스럽게도 꽤 빨리 임신했습니다. 그러나 크레이그가 새아빠로서 겪는 어려움이 결혼 직후 뚜렷이 나타나기 시작했습니다. 그는 나와 결혼한다고 해서 내 아이들의 존경을 바로 얻을 수 있는 게 아니라는 걸 금세 깨달았습니다. 그는 날마다 새자녀들의 신뢰와 존경을 얻기 위해 노력해야 했습니다. 남편이 예를 들어 "점퍼를 좀 걸어놓는 게 어떠니?"라며 아이들을 가르치려고 할 때, 아이들은 종종 "저한테 이래라저래라 하지 마세요."와 같이 도전적으로 대응하거나 그의 말을 무시하곤 했습니다. 그리고 딸 캐서린이 태어나면서 나는 아들들에게 시간을 거의 쓰지 못했기 때문에 여동생의 탄생은 아들들에게 위협으로 다가갔습니다. 재혼 후 첫 3년 동안 우리 가족은 캐서린의 출생을 포함한 새로운 형태의 가족을 형성하면서 깊은 성장통을 겪었습니다.

 재혼가족으로서 우리가 직면한 또 다른 어려움은 양육 스타일의 차이였습니다. 우리가 결혼했을 때 크레이크는 부모 경험이 없었기 때문에, 나는 양육과 관련해서 남편의 조언을 받아들이려고 하지 않았습니다. 게다가 나는 남편보다 양육방식이 더 관대한 편이었습니다. 우리의 이런 차이점이 아이들 앞에서 열띤 다툼으로 드러나곤 했습니다. 나는 종종 크레이그를 짜증나게 하는 아이들의 행동을 옹호했고, 그는 내가 아이들을 너무 봐준다고 불평했습니다. 크레이그가 아이들도 집안일을 도와야 한다고 말할 때 내가 자주 했던 말은 "애들이 아빠 집에 가서도 집안일을 돕는데 우리 집에서 또 시키는 건 불공평해요."라는 것이었습니다. 나는 크레이그가 부모이자 새부모로서 자신의 기반을 찾도록 지지하는 방법, 그리고 양육 스타일에 대한 대화에서 너무 방어적이 되지 않는 방법을 배워야 했습니다.

양육 스타일의 차이

많은 재혼부부들에게 가장 어려운 점은 '자녀 양육'입니다. 재혼부부는 서로 다른 양육 방식 때문에 갈등을 많이 겪습니다. 이전 결혼에서 얻은 자녀가 있는 대부분의 재혼부부는 재혼가정이 직면하는 복잡성에 대응할 준비가 되어 있지 않습니다. 또 어떤 부부는 재혼가족 안에서 이혼의 상처를 치유하리라 기대하는데, 이는 재혼가족의 현실을 수용하고 적응하는 데 영향을 미칩니다.

재혼가정의 가족구성원 모두는 함께 생활하는 데 적응할 시간이 필요합니다. 친부모인 배우자는 새부모인 배우자가 소외감과 양가감정을 느낄 수도 있음을 인식하고 배우자에게 지지와 고마움을 표현해야 합니다. 자녀양육에 있어서 부부의 역할과 방법에 대해 자주 상의할수록 부부는 상황을 잘 헤쳐나가게 됩니다.

새부모인 배우자에게는 친부모인 배우자의 지지가 꼭 필요합니다. 그렇지 않으면 부부 사이에 긴장, 분개, 상처가 생기고 상대로부터 무시 받는다고 느낄 가능성이 높습니다.

예를 들어 내가 데이드라를 만났을 때, 그녀는 밥과 이혼한 지 몇 년이 지난 상태였습니다. 그녀는 재혼생활 중 가장 큰 어려움은 밥이 첫 결혼에서 낳은 두 딸을 키우는 일이었다고 말했습니다. 데이드라는 재혼생활의 파탄에 대해 이야기하면서, 자신과 밥의 양육방식의 차이가 8년간의 재혼에 종지부를 찍게 이끈 것에 대한 회한과 슬픔을 드러냈습니다. 그들이 재혼했을 때 데이드라는 49세였고, 50세의 밥은 두 딸아이(당시 6세와 12세)의 양육권을 완전히 갖고 있었기 때문에 아이들은 전적으로 그들과 함께 살았습니다. 데이드라는 첫 결혼에서 자녀가 없었기 때문에 40대 후반에 전업 새엄마 역할을 배우는 데 많은 시간이 필요했습니다. 6세의 콜린은 데이드라에게 협조적인 편이어서 때로는 애정 표현도 하고 새엄마가 포옹할 때 긍정적으로 반응했습니다. 그러나 12세의 제시카는 달랐습니다. 데이드라가 제시카를 훈육하거나 부모의 권위를 드러내고자 하면 제시카는 꽁하고 있거나 심지어 적대적으로 반응했습니다.

데이드라는 이렇게 말합니다. "이번이 두 번째 결혼이었기 때문에 정말 잘 살고 싶었는데 처음부터 문제가 많았어요. 밥의 전부인은 엄마 역할을 포기하고 연예계 쪽 일자리를 구해서 다른 지역으로 이사했어요. 그래서 아이들은 크리스마스와 여름방학 때만 친엄마를 만났어요. 그런데 제시카는 계속 저를 친엄마와 비교하면서 나쁜 새엄마로 만들었어요. 남편은 소방관이라서 늦게까지 일했고 저는 간호사를 하다가 허리를 다쳐서 일찍 퇴직했어요. 그래서 방과 후에 아이들을 집에서 맞아주는 사람도 저였고, 밥하고 빨래하고 아이들을 챙기는 사람도 저였어요."

그녀는 계속해서 말합니다. "저의 아버지는 군인이셨어요. 어릴 적에 우리 집은 서로 존중하고 규칙을 준수하는 게 필수였어요. 그에 비하면 밥은 너무 관대했어요. 밥은 딸들이 잘못을 저지를 리가 없다고 믿는 사람이었고, 아이들은 집안일을 해서는 안 된다고 생각했어요. 아이들이 부모의 이혼을 겪은 게 안타까워서 잘 대해주려고 엄청 노력했고 자주 선물 공세를 했어요. 전부인이 연기자가 되겠다고 아이들이 어릴 적에 갑자기 떠나버렸기 때문에 밥은 늘 아이들에게 과대 보상을 하려고 했어요."

데이드라와 밥의 결혼생활을 파탄으로 이끈 가장 큰 문제는 제시카가 새엄마를 존중하지 않고 무례하게 행동할 때 밥이 개입하지 않고 모른 척했다는 것입니다. 이러한 패턴은 결국 많은 해결될 수 없는 논쟁으로 이어졌습니다. 밥은 갈등을 다루는 것을 불편해했고 미안함 때문에 매번 딸들 편을 들었습니다. 데이드라는 밥의 지지를 원했지만 그는 오히려 딸들에게 선물을 쏟아부으면서도 데이드라의 존재는 그냥 당연시 여겼습니다. 그녀가 상담실을 떠나면서 마지막으로 남긴 말은 "이건 승산 없는 싸움이었어요."였습니다.

또 다른 사례입니다. 앞서 만난 코너(49세)는 두 새자녀와의 삶에서 종종 외부인처럼 느꼈습니다. 타라(48세)는 재혼 후 남편이 가족 안에서 끈끈한 소속감을 느낄 수 있도록 노력했습니다. 결혼한 지 2년 만에 재혼친자녀인 마이클이 태어났을 때, 코너는 상황이 나아지리라 기대했지만 가족구성원 모두가 새 가족 형태에 익숙해지는 과정에서 상황은 더 악화되었습니다. 이 모든 어려움 속에서도 타라는 10대 친자녀인 섀너와 테리사가 새아빠를 좋아하게 될 것이라는 희망을 결코 포기하지 않았습니다. 하지만 타라의 딸들은 토요일마다 친아빠와 함께 시간을 보냈고, 여전히 부모의 이혼과 엄마의 재혼에 화가 나 있었습니다. 그래서 딸들과 새아빠의 관계가 빨리 좋아지기 어렵다는 것을 부부는 알고 있었습니다.

결혼한 지 3년이 지나고 마침내 이 재혼가족의 심리적 흐름이 조금씩 바뀌기 시작했습니다. 코너와 새자녀들의 유대감을 강화할 기회를 찾던 어느 날 타라가 근무하는 학교에서 오픈하우스가 열렸고, 코너는 이 기회를 포착해서 섀너의 농구 경기에 참석하기로 했습니다. 코너는 "경기가 끝난 후 섀너의 친구 몇 명을 초대해서 피자 파티를 열어줬어요. 섀너와 딸아이의 친구들과 함께 시간을 보내면서 너무 기분이 좋았어요. 행사 내내 타라는 너무 바빴기 때문에 제가 그 틈을 이용한 거죠. 재혼한 후로 제가 딸아이들의 인생에 침입자처럼 느껴지지 않은 게 처음이었어요. 마침 제가 고등학교 때 농구선수였기 때문에 초보인 딸아이에게 농구 팁도 많이 알려줬어요. 딸들이 저를 좋아하는 데 이렇게나 시간이 걸릴 줄 미리 알았으면 지난 몇 년이 그렇게 힘들진 않았을 거예요."

재혼가족:
가족이 되는 데는 시간이 필요합니다

타라와 코너 부부는 새부모와 새자녀 사이에 곧바로 사랑이 생기는 게 아니라는 것을 배웠습니다. 재혼가족이 꼭 알아야 할 것은 대부분의 자녀가 자연스럽게 부모에게 사랑과 신뢰를 주게 되지만 그러기 위해서는 시간이 필요하다는 점입니다. 하지만 많은 경우에 아이들은 새부모와의 관계에서 서서히 친해질 시간을 갖지 못하고 새부모와의 관계가 강요되거나 부자연스럽다고 느낍니다. 친부모인 배우자는 부부의 결혼생활이 견고하다는 것과 새부모에 대한 자녀의 무례한 행위를 용인하지 않는다는 것을 분명히 해야 합니다. 그렇게 하면 자녀가 새부모와 유대감을 형성하는 데 도움이 됩니다. 그리고 부부가 한 팀이 되어 가족이 다 함께할 즐거운 활동을 계획하면 가족 모두가 신뢰의 기반을 쌓고 긍정적인 재혼가족의 추억을 만드는 데 도움이 됩니다.

무엇보다 재혼가족은 결코 초혼가족과 같을 수 없다는 점을 인정하는 것이 중요합니다. 처음에 부부는 사랑에 빠져 결혼생활에 만족할 수도 있겠지만, 이전 결혼에서 얻은 자녀가 있는 재혼부부에게는 신혼 기간이 없습니다. 그리고 대부분의 경우에 부모와 새부모는 재혼가족 생활에 대해 비현실적 기대를 품고 있기도 합니다. 부부는 새부모의 역할과 권위가 어느 정도 모호할 수 있음을 인식해야 합니다. 또한 배우자를 사랑한다면 그 자녀도 즉시 사랑해야 한다는 신념은 실망과 분노를 경험하게도 합니다. 재혼부부는 서로의 감정에 대해 솔직하게 대화해야 하며, 이는 부부의 행복을 위해 매우 중요합니다. 설령 친부모는 배우자가 친자녀에 대해 실망하고 분노하더라도 절대로 배우자를 비난하거나 수치심을 불러일으켜서는 안 됩니다. 새부모와 새자녀가 서로 불편함을 느끼는 것은 지극히 정상적인 것입니다.

예를 들어, 앞서 만난 리사는 양육 경험 없이 재혼 후 마리사(13세)와 빅토리아(16세)의 새엄마가 되었습니다. 남편인 라이언이 두 딸의 양육권을 전적으로 갖고 있었고, 아이들은 한 달에 두 번 주말에만 친엄마 집에 갔기 때문에 리사는 열정적으로 새엄마의 역할에 뛰어들었습니다. 하지만 리사는 새자녀들의 존중을 받기 위해 끊임없는 장애물에 부딪치면서 상처를 많이 받았습니다.

리사는 다음과 같이 말합니다. "우리 부부의 관계는 정말로 견고해요. 그게 6년 넘게 마리사와 빅토리아를 키우면서 그 모든 어려움을 이겨내게 해 줬어요. 아이들이 더 어렸을 때는 제 말을 꽤 잘 듣고 저한테 애정도 보였어요. 그런데 10대가 되고 나니 설거지나 방청소를 시켜도 말을 잘 안 들어요. 심지어 얼마 전에 마리사가 저한테 그러더라고요. 자기 친엄마는 훨씬 더 착하다고요. 제가 별로 목소리를 높이지도 않았는데 자기한테 소리 지르지 말라면서요. 그동안 아이들을 학원에 데려다주고, 밥도 챙겨주고, 숙제도 다 도와줬는데 결국 돌아오는 게 이런 건가 싶어 정말 속으로 많이 울었어요."

앞서 예를 든 데이드라와 리사는 자신들이 집안일을 하면서 자녀들의 엄마 역할을 잘 해내면 새자녀들의 마음을 얻을 거라고 기대했습니다. 사실, 새부모는 결코 새자녀들의 친부모를 대신할 수 없으며, 새자녀와 유대감을 형성하는 데는 수년이 넘게 걸리기도 합니다. 특히 일주일에 며칠 혹은 주말에만 새자녀를 만나는 경우에는 유대감 형성이 더욱 어렵습니다.

리사는 "저와 가까워지는 게 친엄마를 배신하는 거라고 생각하는 것 같았어요. 제가 말실수한 것도 있어요. 언젠가 빅토리아가 말대꾸를 할 때 너무 화가 나서 '적어도 나는 네 친엄마와 달리 너희들과 매일 함께 있어.'라고 대응했어요. 제 말이 좀 심했다 생각해서 여러 번 사과했는데도 남편은 제 말을 몇 달간 곱씹었어요. 저도 인간이니까 실수할 수도 있는데, 그런 제 자신을 용서하고 현실적 기대를 갖는 게 참 쉽지 않았어요."

기대에 대한 논의

결혼에 대한 기대와 현실 사이의 격차가 큰 경우가 많지만, 배우자와 '기대'에 대해 대화할 시간, 장소, 방법을 찾는 것은 쉽지 않습니다. 앞서 언급했듯 결혼에 대한 우리의 기대는 대부분 우리를 키워준 가족으로부터 나옵니다. 혹은 당신의 결혼이 친구의 부모님이나 이웃의 모습과 같기를 원할 수도 있습니다. 왜냐하면 그들은 항상 행복하고 갈등이 없어 보였기 때문입니다. 또한 재혼부부는 이전 결혼생활에서 비롯된 기대도 가지고 있습니다. 이전 결혼생활이 힘들었다면 새 배우자 및 새자녀와의 삶이 당신이 항상 꿈꿔왔던 가족처럼 되기를 기대할 수도 있습니다. 종종 우리를 넘어지게 만드는 것은 이런 막연한 기대입니다.

결혼에 대한 어떤 환멸이 느껴질 때 많은 재혼부부는 비현실적 기대를 점검하지 않고 자신이나 관계 자체를 비난하는 잘못을 저지릅니다. 그렇게 되면 부부는 '비난 게임'을 하면서 서로에게 적대적이 될 수도 있습니다. 부부는 마음을 열고 서로의 기대에 관해 대화해야 합니다. 그러면 자신들의 걱정과 실망이 정상적이라는 것을 알게 되고, 그 원인을 배우자의 결점에서 찾지 않게 됩니다.

예를 들어, 대니엘(48세)은 톰(52세)과 데이트하는 주말마다 그의 10대 딸인 캐리와 서로 알아가는 것이 즐거웠습니다. 대니엘은 주로 아이들을 상대하는 물리치료사이기 때문에 캐리와 따뜻하고 친밀한 관계를 맺게 될 거라고 상상했습니다. 결혼한 지 1년이 지나 캐리의 열다섯 번째 생일파티를 겪고 나서야 대니엘은 자신이 재혼이라는 것에 대해 방심했다는 것을 깨달았습니다.

대니엘은 이렇게 말합니다. "캐리가 생일날 남자애들까지 초대해서 집에서 밤샘파티를 하고 싶다 했는데, 우리 부부가 허락하지 않으니까 거의 발작 반응을 보였어요. 돌이켜보면 저는 이런 일이 발생할 거라 예감했던 것 같아요. 톰이 토요일에 작은 상점에 매니저로 일하러 나가기 때문에 제가 혼자 호르몬이 치솟는 애들을 감당할 수 없을 것 같았어요. 캐리는 우리가 재혼한 후에 줄곧 반항적 모습을 보였기 때문에 생일파티에 남자애들까지 섞이면 문제가 생길까봐 너무 걱정됐어요. 제가 남자애들 초대는 안 된다니까 캐리는 엄청 화를 내면서 '당신은 제 엄마가 아니라고요!'라고 말했어요. 그 말이 제 마음에 비수로 꽂힌 것 같아요."

불행하게도 대니엘은 캐리가 자신을 좋아하지 않는 것 때문에 죄책감에 시달렸고, 부부는 수년간 우여곡절을 많이 겪었습니다. 대니엘과 마찬가지로 많은 새부모는 좋은 의도를 가지고 있습니다. 하지만 자기 자신과 새부모로서의 역할에 대한 비현실적 기대 때문에 '당위의 폭정'을 만들어 놓고 죄책감, 정서적 고통, 결혼생활의 불행을 겪습니다. 당위의 폭정이라는 용어는 1900년대 초

심리학자 카렌 호나이가 만들었습니다. 이는 일부 사람들이 이상적 자아와 실제 자아 사이에서 분열하는 경향이 있고 그 둘을 조화시키는 데 어려움을 겪는 것을 설명하는 용어입니다. 대니엘의 경우, '나는 캐리와 더 친밀해져야 한다'고 항상 되새겼습니다. 그리고 그녀는 '좋은 새엄마는 어떠어떠하게 느끼고 행동해야 한다'는 스스로의 기대에 비해 항상 자신이 부족하다고 느꼈습니다. 그로 인해 그녀는 캐리에게도 실망감을 느꼈습니다.

'어떠어떠해야만 한다'는 당위성을 믿을 때, 그 요구는 일련의 기대를 내포하며 대개 비현실적 기준을 설정하게 됩니다. 다음에 제시한 재혼가족에 대한 '당위성' 목록과 자신에 대한 '당위성' 목록을 검토해보세요. 그런 다음 배우자와 함께 그것에 대해 대화하는 시간을 갖기 바랍니다.

새부모에 대한 '당위성'

- 나는 배우자와 서로 사랑하기 때문에 재혼생활은 순탄해야만 한다.
- 나는 아이들의 부/모와 재혼했고, 아이들을 존중하므로 그 아이들도 나를 사랑하고 존중해야만 한다.
- 나는 재혼 전에 경험한 상실감과 정서적 짐을 이미 처리했으므로 그것은 재혼생활에 영향을 주지 않아야 한다. 그리고 재혼가족 안에서 이혼의 상처를 치유하게 될 것이다.
- 재혼가족의 구성원들은 협력하여 집안일에 대한 책임을 공유해야만

한다.
- 나와 배우자의 사랑이 충분히 견고하다면 배우자의 전남편/전아내나 친척들 같은 외부인들이 결코 우리 사이에 끼어들지 않아야 한다.

대니엘과 톰이 자신들의 기대에 대해 차분히 논의하기 시작하자 캐리를 키우는 데 따르는 격동을 더 잘 처리하게 되었습니다. 부부는 '당위성' 목록을 점검하며 자신들이 비록 결점이 있긴 하지만 캐리에게 '충분히 좋은 아빠'이자 '충분히 좋은 새엄마'라는 것을 깨달았고, 긴장과 갈등도 일부 덜어냈습니다. 그들은 아울러 사람은 누구나 실수를 하고 그 과정에서 비틀거릴 수 있다는 현실을 받아들이게 되었고, 실수로부터 배운다면 장기적으로 관계를 발전시킬 수 있음을 깨달았습니다. 다행히 아이들도 우리와 마찬가지로 회복탄력성이 있어서 넘어졌을 때 다시 일어섭니다. 최선을 다하고, 의사소통의 통로를 열어두고, 친절하게 사랑을 베풀고자 헌신한다면 여러분 모두는 결국 더 좋아질 가능성이 높습니다.

비현실적 기대와 '당위성' 목록을 검토하는 것 외에 흔히 저지르는 '실수' 목록을 살펴보는 것도 재혼가족 생활의 현실을 이해하는 데 도움이 됩니다. 당신은 다음에 제시된 목록 모두와 관련이 없을지도 모릅니다. 재혼가족의 유형은 정말 다양합니다. 하나의 신발이 모든 사람에게 맞을 수는 없지만 당신에게 좋은 참조가 될 것입니다.

새부모가 흔히 범하는 여섯 가지 실수

● **실수 1. 당신은 새자녀들에게 사랑받고 그들을 자기편으로 만들기 위해 지나치게 노력합니다.** 새자녀들의 점수를 따기 위해 그들의 비위를 맞춰주고 싶은 마음은 지극히 정상입니다. 그러나 그들의 모든 변덕을 받아준다면 불행한 관계 패턴을 만들 수도 있습니다. 새자녀들이 당신을 좋아하는 데 수년의 시간이 걸릴 수도 있다는 것, 그리고 선물이나 용돈이 이 어려운 과정을 앞당겨주지 않는다는 것을 안다면 새부모로서 현실적 기대를 갖고 현재에 단단히 발을 디딜 수 있습니다.

● **실수 2. 당신은 즉시 가족이 되거나 즉시 사랑을 받기를 기대합니다.** 《재혼가정에서 살아남기 Surviving and Thriving in Stepfamily Relationships》의 저자인 퍼트리샤 페이퍼나우는 재혼가족이 성공적으로 조화를 이루는 데 2~4년이 걸릴 수 있으며 즉각적인 사랑 같은 것은 없다고 설명합니다.

● **실수 3. 당신과 당신의 배우자는 자녀들의 무례함을 용인합니다.** 대부분의 경우에 자녀들은 새부모가 생기는 것을 좋아하지 않고, 종종 새부모를 친부모의 관심을 뺏어가는 경쟁자로 인식합니다. 이로 인해 예의 있고 행동이 올바른 아이인데도 새부모에게 무례하게 행동하는 상황이 발생하기도 합니다. 새자녀가 무례하게 행동했을 때 리사는 분노로

반응하기보다 잠시 멈추고 숨을 깊이 쉰 후 "나한테 불만이 있는 것 같구나. 하지만 나는 무례함을 용납하지는 않을 거야."와 같이 말하는 법을 배워나갔습니다. 리사는 또한 남편 라이언에게 딸들이 기분이 안 좋아 보이더라도 예의 없이 행동한다면 친아빠가 개입하는 것이 중요하다고 알려주었습니다.

● **실수 4. 당신은 너무 급하게 새자녀의 부모 역할을 하고 그들을 훈육하려 합니다.** 신뢰가 쌓이기 전에 새자녀를 훈육하려는 것은 재앙을 불러오는 지름길입니다. 대신에 그들을 돌봐주는 성인 친구가 되려고 먼저 노력하세요. 일단 새자녀의 존경을 얻게 되면 비판적이지 않은 방식으로 아이들의 잘못에 올바른 피드백을 줄 수 있습니다. 특히 친부모와 적극적으로 관계를 맺고 있는 어린이나 청소년의 경우에 신뢰를 먼저 쌓는 것은 더더욱 중요합니다. 최대한 가볍게 발을 내딛으세요. 아이들과 함께 즐길 수 있는 활동을 바탕으로 유대감을 먼저 형성하도록 노력하세요. 예를 들어, 당신과 새자녀가 둘 다 노래를 좋아한다면 함께 콘서트에 가서 즐기는 것도 서로의 연결에 도움이 될 것입니다.

● **실수 5. 당신은 새자녀가 당신을 곧바로 받아들여줄 것이라는 비현실적인 기대를 하고 있습니다.** 많은 새부모는 재혼가정에서 정당한 자리를 차지해야 한다는 큰 압박감을 느낍니다. 예를 들어, 조지(12세)의 새엄마로 10년 동안 지내온 34세 재나는 "아이들은 다섯 살이건 열다

섯 살이건 똑같더군요. 저는 아이들의 친엄마가 아니고, 제 역할은 아이에게 친구가 되어주는 거라 생각해요. 결코 제가 엄마가 될 수 없을 거예요."라고 말합니다. 새자녀들이 당신을 즉시 사랑하고 받아들일 것이라고 기대한다면 당신의 결혼생활은 잘 풀리지 않을 것입니다.

● **실수 6. 당신은 새자녀가 친부모를 더 좋아해서 기분이 나쁩니다.** 새부모의 역할은 까다롭지만 시간이 지나면서 점점 쉬워질 가능성이 높습니다. 성공의 열쇠는 새자녀가 친부모와 함께 시간을 보내고 싶어할 때 그것을 흔쾌히 받아들이는 것입니다. 수년에 걸쳐 성인 친구이자 멘토가 되고자 노력한다면 언젠가 결실을 맺는다는 걸 기억하세요. 이는 상처받은 감정을 극복하는 데 도움이 될 것입니다. 재나는 이렇게 말합니다. "제가 스타워즈 영화의 광팬인 걸 알면서도 조지가 친엄마랑 스타워즈를 보러 간다고 했을 때, 저는 기분 나쁘게 받아들이지 않으려고 노력했어요. 저는 성인이고 조지는 어린이니까요. 대신 우리는 아늑한 거실에서 팝콘 한 그릇을 끼고 넷플릭스 영화를 재밌게 봤어요."

사악한 계모의 신화를 깨기

심리학자이자 버지니아대학교에서 1,400명의 이혼 및 재혼가족을 대상으로 30년간 종단연구를 진행한 E. 마비스 헤더링턴에 따르면, 새엄마가 된다는 것은 큰 결실도 없이 극도로 어려운 일일 수 있습니다. 연구에 따르면, 대부분의 새자녀들이 새아빠를 비교적 감사하게 받아들이지만 새엄마에 대해서는 분노를 느끼는 경우가 많아서 새아빠에 비해 새엄마들의 상황이 더 어려웠습니다. 새자녀들은 대부분 새엄마가 참견하지 않고 조용하게 지내주기를 원하면서도 일상적 가사일을 도맡는 양육자 역할을 기대하고 있었습니다. 헤더링턴은 또한 남편이 아내의 양육 및 훈육 노력을 지지하지 않고 또 아이들의 친엄마가 새엄마를 라이벌로 대하는 상황이라면 새엄마가 쉽게 악마화된다는 사실을 발견했습니다. 아울러 헤더링턴은 자신이 인터뷰한 많은 어린이들이 새엄마를 사악한 인물로 묘사하고 심지어 '괴물'이라는 별명까지 붙인다는 사실에 놀랐습니다.

　　남편 릭과의 관계 초기부터 질리언은 새자녀인 카일리(16세)가 도전적이라고 생각했습니다. 카일리는 질리언에게 잔뜩 화가 나 있었고 새엄마를 가족으로부터 떼어놓으려고 애썼습니다. 고등학교 상담교사인 질리언은 카일리가 화가 나서 '우리 엄마와 아빠가 다시 합쳤으면 좋겠어요'라고 말했을 때 카일리에게 공감을 표현해주었습니다. 또한 질리언은 카일리와 대화를 나눌 때 "부모님이 이혼해서 상처를 많이 받았을 것 같아. 힘든 거 이해해."라고 여러 번 말해주었습니다. 이렇게 카일리에게 공감을 표현하고 분노를 달래주려 노력했지만, 질리언은 종종 자신이 통제력을 잃고 아이를 향해 분노를 표출하는 것을 깨달았습니다. 다행스럽게도 릭은 카일리가 새엄마에게 모욕과 비난 섞인 막말을 할 때 질리언을 지지하면서 상황에 개입하기 위해 최선을 다했습니다.

질리언은 이렇게 말합니다. "저는 카일리가 부모의 이혼으로 얼마나 힘들었을지 이해해요. 그래서 그 아이의 감정에 공감하려고 노력했어요. 하지만 카일리가 저를 심하게 비난했던 날 '네 아빠가 친엄마와 같이 살았을 때 나는 네 아빠와 전혀 모르는 사이였어!'라고 말했어요. 물론 그 대화가 별 효과는 없었고 그 후로도 몇 년 동안 카일리는 우리 삶에 때때로 문제를 일으키곤 했어요. 사실 카일리의 문제 행동 중 많은 부분은 관심을 끌려는 거였어요."

불행하게도 제가 이야기를 나눈 새엄마들의 공통된 주제는, 친절하고 도움을 주는 평화주의자가 되려 노력했지만 결국 새엄마로서의 역할에서 많은 어려움을 겪었다는 것입니다. 실제로 제가 인터뷰한 새엄마 중 75퍼센트는 자신의 행동과 감정은 '새자녀들이 새엄마를 수용하고 존중하는 것'에 일부분만 영향을 미친다고 말했습니다. 그리고 새엄마들은 아이들 친엄마의 욕설의 대상이 되거나 스스로 외부인으로 느끼곤 했습니다. 그러나 나의 연구와 새부모에 관한 많은 연구들에서 밝혀진 한 가지 보호요인은 새엄마가 직면하는 어려움에 대한 배우자의 이해와 지지였습니다. 이것은 새엄마의 재혼에 대한 전반적 행복감과 연관이 있었습니다.

새자녀인 카일리를 이해하고 부부의 삶에 통합시키려는 질리언의 시도는 끊임없는 투쟁과 같았습니다. 질리언의 두 아들들도 카일리가 엄청나게 분노하면서 돈을 뜯어내려고 연극하는 모습을 보면서 치솟는 화를 삭이곤 했습니다. 질리언은 카일리가 부모의 힘든 이혼을 겪었고, 아빠와 새엄마로부터 딸을 이간질시키는 친엄마 때문에 카일리도 어찌 보면 피해자라고 생각했습니다. 그래서 질리언은 카일리에게 질린 남편과 아들들이 그녀를 이해하도록 설득했습니다. 하지만 2년 동안 계속된 혼란 끝에 질리언과 릭은 딸아이와 회복하기 어려운 벽에 부딪히고 말았습니다. 질리언은 "우리 상황이 좀 나아졌다 생각했을 때 시어머니에게 이 이야기를 했어요. 그런데 시어머니는 카일리가 다른 친척들에게 저에 대한 끔찍한 소문을 퍼뜨리고 다닌다고 하셨어요. 그 얘길 듣고 저는 너무 큰 상처를 받았는데, 그래도 카일리한테 왜 그랬냐고 묻지는 않았어요. 이후에도 이런 형태의 문제들이 지속적으로 반복됐고, 지금 우리 부부는 카일리와 더 이상 연락하지 않아요. 카일리는 사실상 자기 아버지와 의절했고 우리와 관계 맺고 싶어하지 않아요."

　　새부모가 된다는 것은 누구에게나 쉽지 않지만 새엄마가 된다는 것은 더더욱 어려운 일입니다. 이는 새엄마가 남편의 친딸들을 양육하는 경우에 더 심합니다. 딸들은 새엄마와 잘 지내는 것이 친엄마와의 관계에 위협이 된다고 보거나 혹은 아빠의 시간과 관심을 새엄마에게 뺏긴다고 여길 수 있기 때문입니다. 새자녀들이 당신을 원망하거나 무시하는 상황에 처해 있다면 그것을 당신 개인의 문제로 받아들이지 마세요. 힘들겠지만 자녀들이 처한 상황에 공감해주고 그들이 마음을 돌릴 수 있도록 시간을 주세요.

새아빠의 상황은 어떨까?

새아빠가 합류하는 재혼가정은 새엄마가 합류하는 것보다 상황이 더 나은 것 같습니다. 부모가 이혼한 성인 173명을 대상으로 한 연구에서 심리학자 콘스턴스 아론스는 다음과 같은 사실을 알게 되었습니다. 재혼가족의 경우에 자녀의 30퍼센트 이하가 새엄마를 부모로 여긴 반면, 자녀의 50퍼센트 이상이 새아빠를 부모로 여깁니다. 엄마가 재혼한 경우에 자녀의 50퍼센트가 기뻐했지만, 아빠가 재혼했을 때 기뻐한 자녀는 30퍼센트 미만이었습니다. 또한 발레리 킹, 리사 M. 보이드, 매기 L. 토르센이 2,085명의 재혼가족을 대상으로 한 최근 연구에서는 재혼가정 청소년의 가족 소속감 조성에 새아빠가 중추적 역할을 한다는 사실을 발견했습니다. 여기서 시사하는 새아빠 역할의 특성에는 어떤 것이 있을까요? 더 많은 것을 알아내기 위해 나는 내 연구에 참여했던 새아빠

다섯 명을 대상으로 심층 인터뷰를 실시했습니다.

49세의 토미는 사만다와 메건의 새아빠가 된 것이 '선물'이라고 말합니다. 그가 첫 결혼에서 얻은 아들 스티븐(10세)은 토미의 재혼가족과 함께 약 50퍼센트의 시간을 보냅니다. 토미는 어려운 이혼을 견뎌냈고 재혼을 하게 될 것이라고 상상도 못했습니다. 그러나 그는 컨퍼런스에서 두 번째 아내인 캐럴라인을 만났고, 타인을 섬기는 것을 중요하게 여기는 가치관이 서로 비슷한 것에 반했습니다. 캐럴라인과 재혼한 지 4년 된 토미는 자신이 17세였을 때 만났던 새아버지로부터 새아빠의 역할을 보며 자랐고 그것이 성공적인 새아빠가 되는 데 결정적인 역할을 했다고 말했습니다.

토미는 이렇게 말합니다. "새아버지는 '내 방식을 따르든지 아니면 집을 나가라'라는 식의 규칙을 정하지 않으셨어요. 새아버지의 존재는 저에게 최고의 부모 수업이었습니다. 언제나 우리를 존중해주셨고 늘 친절하셨어요. 새아버지는 한 번도 저와 어머니에게 목소리를 높이지 않으셨어요. 저의 '새아빠 도구상자'에는 더 많은 깨달음이 필요할 거예요. 하지만 저는 딸들과 함께 살게 된 첫날에 어떤 강제적 규칙도 정하지 않았고, 규칙이 자연스레 생기도록 두었습니다. 아내에게는 19세와 14세 된 두 딸이 있었는데, 저는 세 여성들과 함께 어울리며 유대감을 형성하려고 노력했어요. 함께 아이스크림 사러 가는 기회를 만들려고 월요일은 제가 작은딸을 픽업하러 갔고, 딸아이들의 관심사에 대해 공부도 많이 했어요. 아내한테 프러포즈했을 때 제가 가장 먼저 허락을 구한 것도 아내의 첫째 딸이었어요."

또 다른 사례에서 레오(64세)는 아내 재닛(63세)과 재혼한 후 살면서 경험한 기쁨과 어려움과 대해 이야기했습니다. 그들이 처음 만났을 때, 재닛이 첫 결혼에서 낳은 아들 데이비드는 3세였습니다. 지금 레오와 재닛은 결혼한 지 32년이 되었으며, 그들은 데이비드와 함께 두 명의 재혼친자녀인 알리샤와 닉을 키웠습니다. 레오는 데이비드가 친아빠를 1년에 두 번밖에 만나지 않았기 때문에 자신은 데이비드의 친아빠와 경쟁할 필요가 없었고, 그래서 새아빠가 되는 과정이 더 수월했다고 했습니다.

레오는 다음과 같이 말합니다. "데이비드는 항상 저를 아빠라고 불렀어요. 그 아이는 정말 사랑이 많아요. 데이비드는 저와 아내, 그리고 자신의 친가, 외가 친척들과 모두 가깝게 잘 지내요. 데이비드가 나이가 좀 들었을 때 친아빠와 자주 연락하기 시작했는데, 그래도 여전히 저와 함께 시간 보내는 걸 좋아했어요. 데이비드가 친아빠가 아니라 저하고 월드시리즈 야구 경기에 가고 싶어했던 건 제게 큰 의미가 있었어요."

내부인과 외부인

내가 인터뷰한 많은 새부모들은 자신을 가족 내에서 외부인이라고 묘사했습니다. 이는 재혼가족 구조 속에서 부모와 새부모가 거리감과 친밀감이라는 연속선의 양끝에 위치하는 경우가 많기 때문입니다. 예를 들어, 자녀가 안방에 들어올 때나 부부의 대화에 끼어들 때 친부모는 스스로를 내부인으로, 새부모는 스스로를 외부인으로 인식할 수 있습니다. 아이들은 지지나 도움이 필요할 때 부모 중 더 편한 내부인에게 끌리기 마련이고, 이때 새부모가 자신을 외부인으로 느끼는 것은 자연스러운 현상입니다.

새부모가 때때로 소외되거나 무시당한다고 느끼는 것은 지극히 정상이고, 이로 인해 자신을 가족 안에서 외부인으로 느끼게 됩니다. 하지만 새부모가 어릴 적에 자신의 부모님과 안정 애착을 형성했고 자존감이 높다면 이런 감정에 대처하는 것이 좀 더 수월합니다. 그러나 어떤 새부모는 어릴 때 부모님과의 애착 형성이 불안정했거나 방치되고 버림받은 경험이 있을 수도 있습니다. 이런 경우에는 재혼 후 경험하는 불안, 슬픔, 외로움이 자신의 과거를 떠올리게 하기 때문에 외부인이라는 입장이 특히 고통스럽습니다. 배우자와 친자녀의 관계에서 소외된다는 것에 대한 불안, 질투, 고립감은 이를 자각하고 해결하지 못한다면 파괴적 힘을 지닙니다. 이러한 해결되지 않은 감정 때문에 자신의 역할이 불만족스럽고, 새자녀의 무례하고 양가적이고 냉담한 행동을 더 견디기 어려워집니다. 30년 넘게 재닛과 행복한 결혼생활을 하며 세 자녀를 키우고 있는 레오도 때때로 외부인 같은 느낌이 강렬해서 괴로웠다고 말합니다.

레오는 "저는 재닛의 아들 데이비드가 저를 신뢰하기를 바랐고, 문제가 있을 때마다 엄마에게 달려가지 않았으면 했어요. 데이비드는 유아 때 외조부모님과 함께 살았어요. 그래서 외조부모님과 너무 가까워서 저는 질투심까지 느꼈어요. 제가 어릴 적에 운동선수였던 형의 그늘에 항상 가려져서 느꼈던 불안감이 되살아나는 것 같았어요."

유명한 재혼가족 연구자인 퍼트리샤 페이퍼나우는 《재혼가정에서 살아남기》라는 책에서 다음과 같이 설명합니다. "내부인, 외부인의 문제는 재혼부부 관계의 아주 초기에 나타나는데, 대체로 잘 해결되지 않고 끝까지 남곤 합니다. 어느 정도 시간이 흘러 성숙하고 견고한 재혼가족의 형태를 갖춘 후에도 이 문제는 좀 부드러워진 형태로 여전히 남아 있곤 합니다."

재혼가족에서 내부인과 외부인 문제를 극복하는 네 가지 방법

1. 내부인이나 외부인이 되는 것이 어떤 느낌인지 공유하고 위로와 지지를 구하세요. 당신이 친부모이든 새부모이든 이러한 부정적 감정은

다루어지지 않으면 저절로 사라지지 않습니다. 7장에 설명한 적극적 경청 기술을 연습하면 이러한 문제를 해결하는 데 도움이 됩니다.

2. 과잉반응을 하지 말고 이 문제가 정상이라고 인정하세요. 이러한 문제는 재혼가족 내의 경계에 대한 것이므로 재혼부부는 이를 병적인 것이 아니라 전형적 문제로 바라봐야 합니다. 외부인이 소외감을 느끼는 것도 정상이고, 내부인이 사랑하는 사람들의 상이한 요구 사이에서 힘들어하는 것도 정상입니다. 친부모는 새부모보다 자녀의 강점과 취약성을 더 잘 알고 있으므로 그것들을 부부가 공유하여 배우자가 새자녀의 삶에 더 많이 연결되어 있다고 느끼도록 도와주면 좋습니다.

3. 가족과 일대일 시간을 많이 가지세요. 새아빠로서 코너는 이 원칙을 강력히 고수하며 적어도 한 달에 한 번씩은 새자녀들 및 친아들과 함께 일대일로 시간을 보내기 위해 노력합니다. 그는 아내 타라와도 매주 하루는 저녁에 함께 외식하거나 산책하면서 유대감 강화를 위해 노력합니다.

4. 관계를 풍요롭게 하는 가족의 루틴을 세우세요. 그러한 루틴에는 아이들과 대화 시간을 자주 갖거나 함께 피자를 먹으며 영화를 보는 것도 포함될 수 있습니다. 자녀와 새자녀에게 탁구, 테니스, 보드게임을 가르쳐주는 등 당신도 즐기면서 아이들에게 멘토가 될 수 있는 가족 활동을

찾아보세요!

일부 새부모는 외부인이라는 문제를 자각하고 자신의 감정을 확인하는 것만으로도 충분히 도움을 받습니다. 일부 친부모는 가족들의 필요를 충족시키고자 열심히 노력하고 있다는 것을 가족들에게 밝히고, 자신에게 여유를 달라고 요청함으로써 안도감을 얻을 수 있습니다. 그러나 오래된 상처가 있는 사람들의 경우에는 더 자주 취약성이 촉발될 수 있으므로 부부상담을 통해 이를 극복한다면 재혼생활에 더 잘 적응하고 현재에 집중하여 살아갈 수 있습니다.

배우자의 관점을 이해해주세요

재혼 전에 배우자와 새자녀가 어떤 경험을 하였는지 많이 알수록 새부모가 되는 데 도움이 됩니다. 그리고 배우자에게 공감과 배려를 표현하면 외부인인 당신이 가족의 내부인들과 더 가까워질 수 있습니다. 새아빠나 새엄마가 자신의 친부모에게 자비과 사랑의 마음을 표현하는 모습을 보면 자녀는 새부모를 더 잘 수용합니다. 왜 그럴까요? 자녀는 이혼 후에 함께 사는 친엄마 또는 친아빠에게 매우 강렬하고 방어적인 유대관계를 형성하는 경우가 많기 때문입니다. 배우자는 당신에게 중요한 사람이고 당신은 배우자에게 매우 중요한 사람입니다. 배우자, 자녀, 새자녀들에게 건강한 방법으로 당신의 감정을 표현하면 분노가 쌓이지 않고 자녀들을 어둠 속에 방치하지 않을 수 있습니다.

새부모인 배우자는 상대 배우자가 이혼을 겪으면서 어떤 경험을 했는지 이해하고, 배우자의 정서적 짐을 풀 수 있도록 노력해야 합니다. 친부모인 배우자는 상대 배우자가 소외감을 갖거나 외부인처럼 느낄 수도 있다는 것을 이해해야 합니다. 식사시간이나 가족모임 등에서 배우자가 긍정적 방식으로 생각과 감정을 표현하도록 격려하는 것은 귀중한 선물이 됩니다. 또한 친부모인 배우자는 상대 배우자와 자녀가 더 긴밀한 유대관계를 형성할 수 있도록 도와야 합니다. 배우자가 자녀의 학교행사나 스포츠 경기에 참석하도록 격려하는 것 같은 간단한 노력은 그들이 서로 연결되고 긍정적 경험을 만드는 데 도움이 됩니다.

새부모들에게:
친구가 되는 것과 부모가 되는 것의 다른 점

새부모가 된다는 사실에 마음 떨렸던 때를 떠올려보세요. 당신은 그때 아마 설렘을 느꼈을 것이며, 당신이 맡게 될 역할이 걱정도 됐을 것입니다. 혼란스러웠나요? 새부모가 될 때 누구도 그 역할에 대한 설명서를 제공해주지 않습니다. 당신은 어떤 새부모가 되고 싶은지 조기에 결정해야 합니다. 이는 아이들이 새부모를 자신들의 삶으로 받아들이고, 당신이 새자녀의 성장 과정 속에서 지속적 유대감을 형성하는 데 도움이 됩니다. 모든 부모가 그렇듯이 새부모도 부모나 친구의 역할을 맡는 데 있어서 융통성을 발휘해야 하며 적절한 경계도 유지해야 합니다. 두 역할의 차이점을 이해하고 현실적 기대를 갖고 천천히 나아간다면 두 역할을 모두 잘 수행할 수 있습니다.

부모 역할을 선택한 새부모

부모 역할을 맡고 싶은 새부모라면 큰 도전이 될 것입니다. 먼저 새자녀의 나이와 친부모와의 관계를 고려해야 합니다. 예를 들어, 새자녀가 10대 이전이거나 배우자의 전배우자와 접촉이 거의 없다면 당신과 더 쉽게 적응할 수 있습니다. 그렇지 않다면 서로 격렬한 갈등이 있거나 새자녀가 당신의 권위를 인정하지 않을 수도 있습니다. "당신은 제 아빠(또는 엄마)가 아니에요."와 같은 말은 재혼가정의 아이들이 부모의 이혼과 새부모와 함께 사는 것에 대한 분노를 표현하는 일반적인 방법입니다.

자녀 훈육을 비롯한 새부모의 역할을 할 때 사랑을 잘 표현하며 점진적으로 다가가야만 자녀들에게 필요한 돌봄을 제공할 수 있습니다. 함께 살기 시작한 후 너무 급하게 새자녀를 훈육하지 않도록 주의해야 합니다. 새자녀가 당신을 친부모의 배우자로 받아들이는 데는 시간이 걸릴 것이고, 어쩌면 당신의 권위를 시험하려 할지도 모릅니다. 10대 자녀의 경우에는 한계를 시험해보고 자율성을 주장하는 것이 자연스러운 일입니다. 최대한 가볍게 발걸음을 내딛으세요. 일반적으로 처음 몇 년 동안은 대화나 수용을 너무 기대하지 않는 것이 좋습니다. 함께 즐길 수 있는 활동을 함으로써 새자녀와 연결되는 것이 가장 좋습니다.

성인 친구 역할을 선택한 새부모

이상적인 새부모의 역할은 모범을 통해 가르침을 주고 언제나 아이들을 지지하는 다정한 멘토가 되는 것입니다. 이것을 실천하다 보면 시간이 지나면서 새자녀의 존중과 애정을 얻게 될 것입니다. 때때로 새자녀들에게 한계(예: 취침시간 또는 통금시간)를 설정해야 하는 경우도 있습니다. 당신이 새자녀와 좋은 관계를 구축하며 권위 있고 경청하는 어른의 모습을 보여줬다면 아이들은 이런 한계 설정을 더 잘 받아들일 것입니다. 물론 이것은 당신이 새부모의 역할을 항상 잘해왔다거나 또는 새자녀가 당신의 권위에 도전하지 않을 거라는 의미는 아닙니다. 그러나 당신이 자기편이라고 느끼면 새자녀들은 덜 화내고 덜 반항적일 가능성이 높습니다.

새아빠와 친아빠 혹은 새엄마와 친엄마 사이에서 새자녀가 충성심 갈등을 심하게 겪고 있다면 아이를 이해하고 있음을 보여주세요. 두 집에서 생활하느라 아이들도 어려움이 클 것입니다. 혹시 비양육 부모의 방문이 일관성 없고 신뢰하기 어렵다면 새자녀가 느끼는 불안한 마음에도 공감해주세요. 아이에게 관심을 보이고 함께 자전거를 타거나 산책을 하며 불안한 감정을 분산시켜주세요. 자애로운 마음을 보여주고, 옆에 있어 주고, 함께 TV를 보거나 게임을 하는 것 등이 아마 새자녀와 가장 효과적으로 유대감을 형성하는 방법일 것입니다.

새자녀에 대한 이해

친아빠 라이언이 새엄마 리사와 재혼했을 때 빅토리아는 10세였습니다. 아이의 관점에서 본다면, 얼마 전 친엄마가 갑자기 재혼했고, 이제 친아빠마저 재혼해서 자신이 아빠의 재혼가정에서 살게 된 것은 자기 삶의 모든 부분에서 통제력을 상실한 상황이었습니다. 비록 새엄마 리사가 괜찮은 사람 같았고 아빠를 사랑하는 것도 확실해 보였지만 빅토리아는 자기 삶이 그렇게 급격하게 바뀌는 것이 여전히 공평하지 않다고 느꼈습니다.

인터뷰를 위해 만났을 때 빅토리아는 새자녀로서 자신의 입장에 대해 이야기했습니다. 그녀는 부모님이 헤어진 후 모든 상황이 달라졌고, 새자녀가 된다는 곤혹스러움을 부모님이 더 잘 이해해주어야 한다고 말했습니다. "부모님이 이혼한 날이 1월 18일이에요. 그날 옷장 문에 '1월 18일은 내 인생 최악의 날'이라고 썼어요. 부모님의 이혼은 제가 사는 곳, 다니는 학교, 함께 어울리는 친구들이 모두 바뀐다는 의미였어요. 그리고 낯선 어른들과 시간을 보내야 한다는 의미였고요. 아무도 저한테 그런 일이 일어나기 원하는지 묻지 않았어요. 어른들은 제 동의도 없이, 심지어 예고도 없이 그런 일을 저질렀어요."

심층 인터뷰에서 빅토리아는 부모님이 비슷한 시기에 재혼한 것에 대한 괴로움을 이렇게 토로했습니다. "학교 선생님께서 제가 부모님을 사랑한다면 부모님의 새 배우자를 받아들여야 한다고 하셨어요. 제가 부모님의 행복을 바랄 거라면서 말이에요. 저는 속으로 외쳤어요. '내 행복은 어쩌라고!'"

이는 어려운 문제이며 쉽게 해결할 방법은 없습니다. 하지만 다음 팁을 따르면 어려운 시기를 헤쳐나가고 아이를 지지하는 새 부모가 될 수 있습니다.

재혼가족의 긍정적 추억을 쌓고 새자녀들과 유대감을 형성하는 여덟 가지 팁

1. 조급함을 내려놓고 마음의 여유를 가지세요. 시간을 내어 새자녀에 대해 알아가세요. 관계를 서두르면 새자녀에게 호감을 사려는 욕구가 당장은 충족되더라도 오히려 역효과를 낳을 수 있습니다. 당신이 새자녀의 친부모를 대체하는 것이 아니라는 점을 인식해야 합니다. 당신의 역할은 그보다 멘토에 가깝습니다. 새자녀에게 친부모와 당신 중 어느 한쪽을 선택하라는 느낌을 주지 마세요. 조급해하지 마세요. 시간이 지남에 따라 재혼가족 모두가 함께 긍정적 문화를 만들 수 있습니다.

2. 배우자와 새자녀의 관계를 존중해주세요. 그들의 친밀한 관계를 위협으로 받아들이지 마세요. 배우자가 친자녀와 함께 특별한 시간을 보내고 싶은 게 당연하므로 그들로부터 소외감을 느끼지 않도록 노력하세요. 자비로운 마음으로 그들만의 시간을 인정해주고, 당신도 친구나 자녀들과 함께 할 시간을 계획해보세요.

3. 일상 활동, 취미, 공통 관심사를 통해 긍정적 추억을 만들어 새자녀와의 관계를 발전시키세요. 가족이 다함께 참여할 활동을 계획해서 모든 가족이 연결될 기회를 가져보세요. 스포츠나 놀이, 예술에 대한 관심 공유는 유대감 형성에 좋습니다. 밥을 먹거나 영화를 보면서 시간을 함께 보내는 것은 더 강한 재혼가족 관계를 형성하는 데 도움이 됩니다.

4. 새자녀의 입장을 이해하고 현실적인 기대를 가지세요. 새자녀는 당신과 함께 살기 전부터 배우자와 부모-자식 관계를 맺고 있었습니다. 따라서 새자녀는 당신을 친부모에 대한 라이벌로 볼 가능성이 높습니다. 비록 새자녀가 당신을 충분히 좋아하는 것처럼 보일지라도 때때로 당신이 가족관계에 없는 상황을 더 좋아할 수도 있고, 당신을 무시하거나 당신에게 무관심하고 무례하게 행동함으로써 이를 표현할 수도 있습니다. 재혼은 친부모가 재결합하리라는 희망을 사실상 종결시키는 것이어서 새자녀의 상실감을 불러일으키게 됩니다.

5. 배우자와 함께 양육에 관한 감정과 역할을 반드시 논의하세요. 때때로 친부모는 새부모가 느끼는 거부감을 이해하지 못할 수도 있습니다. 배우자는 당신을 어떻게 지지하고 도와줄 수 있는지 알고 싶을 것입니다. 반면에 친부모는 새부모가 양육에 관해 조언할 때 비난받는다고 느끼며 방어적 입장을 취할 수도 있습니다. 서로 다른 양육 스타일을 잘 혼합하고 공통점에 집중하면 모든 가족구성원에게 도움이 되므로 반드시 서로 논의하세요.

6. 친자녀와 새자녀의 '다른 부모'를 존중하세요. 이전 배우자들이 자녀와 함께 살고 싶었을 수 있다는 점을 간과하지 마세요. 친부모 둘은 가족 일정을 계획할 때 서로 협력해야 합니다. 휴일이나 휴가 등 친부모가 새자녀와의 일정을 상의할 때 새부모는 일정한 거리를 두는 것이 좋습니다.

7. 사랑은 종종 천천히 따라온다는 것을 인식하세요. 새자녀와 유대감 형성이 쉽지 않더라도 당신은 존중을 바탕으로 관계를 발전시킬 수 있습니다. 새자녀가 즉시 당신을 좋아하지 않는다 해서 당신이 실패한 것은 아닙니다. 현실적인 기대를 가지면 어려운 시기를 극복할 수 있습니다. 새자녀가 다소 냉담하거나 예의 없더라도 인내심을 갖고 즉시 화를 내지 않도록 노력하세요.

8. 배우자와 협력하고 계속 대화하세요. 대부분의 부부 대화는 자녀들이 없을 때 이루어지지만 가족 규칙, 역할, 집안일 등에 대해서는 자녀와 함께 화기애애하고 격식 없는 대화를 자주 시도해보세요.

재혼친자녀

많은 재혼부부는 '우리' 아이를 갖는 것을 '옳은 일'로 인식하기도 합니다. 친부모 모두와 함께 사는 아이를 가질 기회이기 때문입니다. 가족연구원인 케이 파슬리에 따르면 전체 재혼부부 중 약 절반이 그들 사이에 아이를 낳습니다. 재혼친자녀의 탄생으로 모든 가족이 불안을 경험할 수도 있지만, 가족들이 다함께 '우리' 가족인 아기를 사랑하면서 새부모와 새자녀 사이에 연결고리가 생기기도 합니다. 새 배우자와 아이를 갖는 것이 기존 자녀에게 상실감을 줄까봐 걱정하는 부모들도 있습니다. 하지만 이런 부모들 중 일부마저도 재혼친자녀의 탄생을 통해 기존 자녀들이 재혼가족의 안정적 지속을 믿게 되었다고 느꼈습니다. 재혼가족 연구자인 로런스 가농과 메릴린 콜먼에 따르면, 기존 자녀들은 동생이 생김으로써 여러 도움을 받았다고 합니다.

《당신의 것, 나의 것, 그리고 우리의 것》에서 앤 번스타인은 다음과 같이 설명합니다. "재산을 합치거나 소득을 공유하는 것과 마찬가지로 자녀를 갖는 것은 하나로 합친다는 문화적 행위이자, 결합에 대한 헌신의 선언이자, 가족 결속의 표현입니다." 그녀는 재혼부부가 낳은 자녀가 재혼가족 구성원의 경험을 풍요롭게 한다는 상당한 증거를 발견했습니다. 일부 어려움도 있겠지만, 새로 태어난 아기는 대부분의 부부와 기존 자녀들에게 '우리' 가족의 가치를 느끼게 합니다. 그리고 시간이 지나면서 가족들에게 활기를 불어넣어줍니다.

그러나 일부 새자녀들은 아기의 탄생으로 장난감 같은 개인 소유물이나 가족 자산이 공유되는 것을 꺼리기도 합니다. 가족에 자녀가 추가됨으로써 부모로부터 물품 구입이나 학비 같은 경제적 지원이 줄어들 수 있는데, 이럴 때 청소년 또는 청년 시기의 자녀들이 실망감이나 약간의 분노를 느끼는 것도 자연스러운 일입니다. 이런 문제가 있을 수 있음을 인식하고 그에 잘 대비해야 합니다. 재혼친자녀의 탄생이 재혼가정의 어려움을 해결할 것이라는 과도한 기대는 하지 마세요. 물론 이혼한 배우자의 출산에 자극받아 경쟁심으로 자녀를 갖겠다는 것도 좋은 생각이 아닙니다.

자녀들과 경계를 설정하고, 배우자와 특별한 관계 유지하기

퍼트리샤 페이퍼나우에 따르면, 부부가 어려운 상황에서도 서로를 돌보는 소소한 순간들을 가지면 가족구성원들의 긴장, 스트레스, 정서적 고통을 최소화할 수 있습니다. 이는 새부모가 새자녀와 둘만의 시간을 갖는 것, 그리고 재혼부부가 둘만의 시간을 보내는 것의 가치를 이해할 때 성취됩니다.

앞에서 보았던 재나는 새자녀인 조지와 떨어져 있는 시간이 필요하다고 상담에서 호소했습니다. 그녀는 엄마이자 새엄마가 되는 것을 좋아했지만, 남편과 나누는 대화의 대부분이 학교에서 어려움을 겪는 새자녀 조지에 대한 것이라며 불편한 마음을 솔직하게 드러냈습니다. 재나와 나는 모든 가족, 특히 재혼가족에서 '경계'가 얼마나 중요한지에 대해 논의했고, 이후 몇 번의 상담을 거치며 재나와 남편 스티브는 침실을 다시 정하기로 했습니다. 아들들의 방은 위층에 배치하고 부부의 방은 1층에 두었습니다. 그리고 다가오는 연휴 때 재나의 부모님께 아이들을 돌봐달라고 부탁하고, 부부는 이틀 동안 팬션에서 낭만적인 휴가를 보내기로 했습니다.

재나는 다음과 같이 말합니다. "조지는 제가 자기를 사랑한다는 걸 알아요. 하지만 제가 조지와 남동생을 돌보고 아버지를 챙기는 새엄마이기 전에 한 명의 사람이라는 것도 깨달아야 해요. 저는 조지가 소외감을 느끼거나 저한테 아버지를 뺏겼다고 분개하는 걸 절대 원치 않아요. 하지만 조지는 부부의 관계가 구별되고 중요하다는 것도 배워야 해요. 우리 가족들은 서로의 입장을 이해하지 못해서 몇 년 동안 정말 어려움을 많이 겪었지만 이제 우리 삶은 자리를 잡아가는 과정에 있어요."

가족회의

가족회의가 독창적 개념은 아니지만 재혼가정에서는 새로운 의미가 될 수 있습니다. 온 가족이 한 공간에 모이기 위해 어느 정도 노력이 필요하겠지만 그래도 그럴 만한 가치가 있습니다. 가족 모임이 항상 평탄하게 진행되거나 갈등이 없지는 않을 것입니다. 그렇더라도 가족회의에서 중요한 것은 가족들이 평등하게 발언 기회를 갖고, 유연하게 대처하고, 적극적으로 경청하고, 회의 결과를 기록하는 것입니다.

가족회의는 가족행사를 계획하거나 가족구성원들의 새로운 역할, 규칙, 문제 등을 정리하는 데 유용합니다. 그리고 서로의 취약성을 개방하고, 안전한 분위기에서 가족들에게 자신의 감정, 생각, 필요사항을 말할 수 있는 좋은 기회이기도 합니다. 서로의 생각을 비난하지 않는다면 토론, 경청, 타협을 통해 가족들이 당면한 문제들의 해결점도 마련할 수 있습니다.

효과적인 가족회의를 위한 규칙

- 모든 가족구성원의 생각과 감정은 나이나 위치에 관계없이 동일하게 간주됩니다. 감정은 수용되고 인정받아야 하며, 옳고 그름이나 합리/불합리한 것으로 판단되지 않습니다.

- 평소에 가족들은 쪽지에 불만, 제안, 고충을 써서 회의 상자에 넣습니다. 회의 상자에 쪽지가 여러 장 모였을 때나 일주일에 한 번씩 정기적으로 회의를 열 수 있습니다.

- 회의에서는 비난이나 욕설이 허용되지 않습니다. 이를 피하는 가장 좋은 방법은 7장에서 배운 대로 '너 대화법'이 아니라 '나 대화법'을 사용하는 것입니다.

- 문제를 해결하려는 방식으로 회의가 실행되어야 합니다. 가족 문제

에 대해 브레인스토밍한 후 해결책을 찾기 위해 타협할 때, 경험 많은 어른들이 리더가 되어야 합니다. 하지만 때때로 아이들이 창의적인 해결책을 떠올리기도 하고, 비판 없이 자기 생각을 공유할 때 힘을 발휘한다는 점도 기억하세요. 대부분의 가족구성원이 해결책을 받아들이면 모두가 볼 수 있도록 게시판을 마련하여 붙여두세요.

● 긍정적 피드백과 격려로 모임을 기분 좋게 마무리하여 가족들이 또다시 모임에 참석하고 싶도록 만드세요. 누구든 최소 하루이틀 전에 가족들에게 통지하면 회의가 열리는 구조를 만들어보세요.

브루스 페일러는 《행복한 가족의 비밀$^{\text{The Secrets of Happy Families}}$》에서 또 다른 가족모임 방법을 권장하고 있는데, 바로 '효과가 있는 것과 효과가 없는 것'입니다(다음의 박스 참조). 어떤 방법을 사용하든 가족회의는 모든 가족들에게 유익할 수 있습니다. 자녀가 없는 부부(또는 자녀가 둥지를 떠난 부부)여도 서로 존중하는 분위기에서 우려사항을 털어놓는 가족회의는 언제나 유익합니다.

효과가 있는 것과 효과가 없는 것

일부 재혼부부와 재혼가정은 상황이 변함에 따라 발생하는 문제를 논의하고 실천 방안을 세우는 것이 유익하다고 생각합니다. 가족모임은 개인의 불만보다는 '가족 전체가 어떻게 지내는지'에 초점을 맞춰야 합니다. 그럴 때 모든 구성원이 인정받고 서로 감사하는 수용의 문화가 만들어집니다.

효과가 있는 것과 효과가 없는 것. 이 방법은 '두 개의 상자 시스템'으로도 불리는데, 가족구성원은 무엇이 효과가 있고 무엇이 효과가 없는지 메모를 적어 두 개의 상자에 넣은 후 돌아가면서 큰 소리로 읽습니다. 첫 상자에는 잘 진행되지 않아 문제해결 전략을 통해 다루어야 할 사항에 대한 메모를 넣습니다. 두 번째 상자에는 현재 잘 진행되는 사항에 대한 메모를 넣습니다. 이러한 방법을 통해 다른 가족에게 감사를 전할 수 있고, 자신이 다른 가족의 행복에 어떻게 기여했는지도 알게 됩니다.

가족회의에서는 아래의 네 가지 실천 방안을 따라야 합니다. 어떤 유형의 가족회의를 선택하든, 참석을 원하는 가족 구성원들에게 편안한 시간과 장소를 정해서 모임을 열도록 하세요.

효과적인 가족회의를 위한 네 가지 실천 방안

1. 가족 구성원의 발언을 적극적으로 경청하고, 이해가 안 되는 부분이 있다면 설명을 요청하세요. 가족구성원 사이에 갈등이 심해지면 20분간 휴식을 취하거나 소규모 회의를 계획해보세요. 그렇게 하면 가족들이 자신의 생각이나 감정을 인정받고 타협점을 찾는 데 도움이 됩니다.

2. 모든 가족 구성원에게 동등한 발언 기회를 주세요. 누구든 방해 없이 말할 수 있어야 합니다.

3. 가족들에게 회의 중에는 휴대폰 등 전자기기를 끄도록 제안하세요.

4. 가족 구성원 중 한 명에게 회의 내용 기록과 다음 회의의 안건 정리를 요청하세요. 그리고 집 안의 게시판에 안건을 붙여놓으세요. 모든 구성원은 회의 날짜와 시간을 협의하고 선택할 수 있어야 합니다. 회의 후 상황이 어떻게 진행되고 있는지 평가하기 위해 정기적으로 만나고, 회의 총 진행시간도 정해놓으세요.

무엇보다 가족이 함께 즐거운 시간을 보내도록 노력하세요! 여러분의 목표는 시간이 지나도 기억에 남는 긍정적인 재혼가족의 추억을 만드는 것입니다.

10장

부부 사이에 진심으로 사과하고 용서하는 법

남편이 저한테 말도 안 하고 자기 신용카드를 딸한테 준 걸 알고
정말 너무 화가 났어요. 저한테 상처 주려고 일부러 그런 게 아닌 건 알아요.
하지만 남편과 딸이 저만 쏙 빼고 돈 문제를 상의했다는 게
너무 배신감이 느껴지더라고요.

_리사(47세)

　부부가 만족스러운 결혼생활과 평생의 사랑을 유지하려면 용서를 구하는 능력과 용서를 하는 능력이 필요합니다. 하지만 대부분의 사람들은 배우자가 거절하거나 모욕하거나 상처를 주는 말과 행동을 하면 바로 공격 태세를 취하곤 합니다. 그렇게 되면 자신의 고통에만 너무 집중하게 되고 결국 수년 동안 그 고통 안에 갇힐 수도 있습니다.

　누군가를 용서하는 것은 낡은 짐을 내려놓고 당신의 삶을 치유하며 앞으로 나아가는 것과 같습니다. 용서는 용서하는 사람과 가해자가 과거의 원한을 떠나보내게 하기 때문에 결국 모두에게 유익합니다. 그렇지만 누군가를 용서한다는 것은 그가 당신을 함부로 대하도록 허용한다거나 이미 벌어진 일을 단순히 봐주거나 최소화한다는 것을 의미하지는 않습니다. 오히려 용서는 당신이 원하는 것을 지지하는 힘을 지닙니다. 이는 당신이 지나간 투쟁을 내려놓고 선의를 가지고 앞으로 나아갈 준비가 되었음을 의미합니다.

관계의 복잡성이 커지는 재혼에서는 용서가 특히 더 중요합니다. 재혼부부가 적절한 타이밍에 서로 사과하고 용서를 베푼다면 감정적 연결과 친밀감을 방해하는 해로운 상처와 수치심을 스스로 제거할 수 있습니다. 예를 들어, 이전에 만났던 대니엘과 톰은 9년의 재혼 기간 동안 톰의 딸인 캐리(23세) 문제로 스트레스를 많이 받았습니다. 캐리는 대니엘을 새엄마로 받아들인 적이 없고 심지어 가족들 앞에서도 대니엘에게 무례하고 버릇없이 행동했습니다. 캐리는 몇 달 동안 톰과 대니엘에게 연락도 없이 지내다가 갑자기 예고도 없이 나타나 돈을 달라는 등 이런저런 요구를 하곤 했습니다. 캐리의 무례한 행동은 대니엘의 인내심을 자주 시험했지만, 대니엘은 톰이 수년 동안 홀아버지로 지내면서 딸을 관대하게 키운 걸 알기 때문에 캐리를 용서하기 위해 노력했습니다.

대니엘은 다음과 같이 말합니다. "캐리가 저를 모욕하고 끔찍하게 대하는데도 다 큰 딸이라고 남편이 아무 말도 못하는 거예요. 저는 그것 때문에 오랫동안 정말 마음속에 분노가 쌓였어요. 그리고 최악은 남편이 저한테 말도 없이 자기 신용카드를 캐리한테 준 걸 제가 몰랐다는 거예요. 그러다가 어느 날 남편이 저한테 진심으로 사과한 일이 있었어요. 캐리가 저한테 버릇없이 말하는 데도 자기가 한계를 정해놓지 않아 미안하다고 그러더라고요. 그때 남편은 캐리가 신용카드로 5천 달러나 긁은 걸 알고 속이 뒤집어진 상태였어요. 제가 신용카드 청구서를 본 걸 알고는 바로 사과하더라고요. 그때 남편은 변명도 하지 않았고 제가 그동안 얼마나 고통스러웠는지 진심으로 이해하는 것 같았어요. 물론 저는 남편을 용서해줬어요. 저는 남편을 너무 사랑하고 사람은 누구나 실수를 하니까요."

많은 재혼부부는 부부 사이에 사과가 꼭 필요하냐는 생각을 고집스럽게 고수하곤 합니다. 특히 상처를 주는 말이나 행동이 고의가 아니었을 경우에는 더욱 그런 경향이 있습니다. 어떤 사람들은 용서라는 것이 범죄를 눈감아주거나 그냥 받아들이거나 묵인하는 것이라고 믿습니다. 그래서 용서를 하려면 누군가 자신을 공격해도 봐줘야 한다고 생각합니다. 또 다른 사람들은 누군가를 용서하는 것은 나약함의 표시라고 믿으며, 가해자를 용서하면 그가 자신에게 다시 상처 입히는 것을 허용하게 될까봐 두려워합니다. 이러한 부정적 믿음을 고려할 때 일부 부부들이 용서를 꺼리는 것은 이해가 됩니다.

불행하게도 많은 재혼부부가 자존심 때문에 자신의 잘못을 인정하지 않거나 또는 용서를 이끄는 방식으로 의사소통할 줄 몰라서 같은 논쟁을 계속 반복하며 살아갑니다. 그러나 올바른 방법으로 사과하고 용서하기를 배우면 크고 작은 잘못이나 실수를 흘려보내고 부정적 감정에서 벗어날 수 있습니다.

예를 들어, 대니엘은 톰의 재정적 배신을 알았을 때 극심한 불신과 분노를 느꼈고 이로 인해 혼란에 빠졌습니다. 몇 년 동안 그녀는 남편이 저지른 일 때문에 기분이 나빴고 남편이 자신을 존중하지 않고 동등하게 여기지 않는다고 믿었습니다. 상담을 받으면서 톰은 자신이 저지른 재정적 배신이 결혼생활을 파탄으로 이끌 수 있다는 것을 알게 되었고 그 심각성을 이해했습니다. 그는 대니엘에게 사과하고 앞으로 재정에 대해 전적으로 공개하겠다고 약속했습니다. 톰이 기꺼이 자신의 행동을 고치겠다는 의지를 보이며 사과하자 대니엘은 그를 용서하고 다시 신뢰하게 되었습니다. 톰은 자신이 대니엘에게 어떻게 상처를 주었고 앞으로 어떻게 행동을 고칠 것인지 매우 구체적으로 설명해주었습니다. 그리고 자신이 스스로의 행동을 책임지지 않았다면 몇 년 전에 부부가 분명히 헤어졌을 것이라고 말했습니다. 대니엘은 여전히 딸 캐리와 관련한 톰의 행동에 불신을 느낄 때도 있지만 그것에 과잉반응하지 않고 용서하는 마음가짐을 가지려 노력하고 있습니다.

전문 상담사의 도움으로 대니엘은 톰과 자신의 결혼에 대한 캐리의 저항이 어린 나이에 어머니를 잃은 것에 대한 지연된 반응임을 알게 됐고, 캐리를 더 공감할 수 있었습니다. 상담을 통해 대니엘은 캐리가 아버지의 재혼을 원하지 않았다는 것도 깨달았습니다. 재혼은 더 이상 아버지가 자신의 소유가 아니라는 것을 의미하기 때문입니다. 대니엘과 결혼함으로써 톰은 전부인에 대한 20년간의 애도를 끝냈습니다. 캐리의 엄마가 죽은 후 빈 자리를 메우는 것은 쉬운 일이 아니었습니다. 대니엘은 더 깊은 자각과 공감의 과정을 거치면서 캐리와 남편의 행동에 전보다 마음이 덜 상했고, 캐리에게 조금씩 자비로운 마음을 베풀 수 있었습니다. 그리고 남편을 딸을 키우기 위해 최선을 다한 슬픔에 잠긴 홀아버지로 보기 시작하면서 그녀는 두 사람 모두를 용서할 마음의 여유를 찾았습니다. 대니엘은 그동안 자신이 취했던 피해자 역할에서 빠져나오면서 스스로의 힘을 되찾기 시작했고 더 이상 과거에 연연하지 않고 현재를 살 수 있었습니다.

용서는 선택이다

누군가를 용서하는 것은 분노, 비통함, 슬픔과 같은 감정을 치유하고 흘려보내는 데 도움이 되는 의식적이고 의도적인 과정입니다. 당신이 배우자나 다른 사람들을 진심으로 용서한다면, 당신은 기쁨과 사랑의 삶을 향해 자유롭게 나아가게 됩니다. 가족연구소의 연구원인 프랭크 D. 핀첨은 배우자에게 사과하고 용서를 구하는 것이 건강한 관계의 중요한 요소라는 것을 발견했습니다. 적절한 시점에 배우자에게 사과하는 것은 배우자의 감정을 인정하는 것이며 이를 통해 상황을 개선하고 두 사람 모두 실수로부터 빠져나올 수 있습니다.

40대 후반의 데보라와 스티븐은 고등학교 시절에 데이트를 했었고 30년 후 동창회에서 우연히 재회했습니다. 스티븐은 아직도 버몬트의 작은 마을에서 살면서 딸 알리샤(15세)의 엄마가 집을 나간 후 10년 넘게 홀로 딸을 키우고 있었습니다. 스티븐은 동창회에서 데보라를 다시 만나 기뻤고 잃어버린 시간을 만회하고 싶어했습니다. 데보라는 이혼한 지 9년이 지났고 아들 네이선(18세)과 함께 살고 있었습니다. 그녀는 노모와 함께 시간을 보내기 위해 고향으로 돌아왔고, 인터넷 사업을 하면서 싱글 라이프를 즐기고 있었습니다. 그러나 스티븐과 다시 만났을 때 데보라는 어릴 적 감정이 되살아나는 것을 느꼈고, 성공적인 중소기업 대표이자 사랑이 많은 아버지가 된 옛 애인에게 금세 마음을 빼앗겼습니다. 첫 데이트 이후 두 사람은 서로에게 강하게 끌렸고 한 달도 안 되어 약혼했습니다.

그러나 스티븐의 딸인 알리샤는 아버지가 데보라와 그녀의 아들을 좋아하는 게 탐탁지 않았습니다. 알리샤는 아버지의 생일 파티 때 부부 침실에 몰래 들어가 데보라의 보석을 훔치는 등 부부의 관계를 망치려고 온갖 짓을 다 했습니다. 또 알리샤는 뇌전

증을 앓고 있는 네이선이 중학교에서 괴롭힘을 당해 매우 취약한 상태에 있을 때 모욕적인 말을 자주 했습니다. 몇 년 동안 알리샤와 함께 마치 살얼음판을 걷는 듯한 긴장과 끔찍한 기분 속에 살았지만, 데보라는 알리샤의 충성심 갈등, 분노, 새엄마에 대한 증오를 이해하고 무례한 말과 행동에 기분 나빠하지 않기로 결심했습니다.

데보라는 다음과 같이 말합니다. "저는 알리샤가 자기 아빠를 사랑하고, 소유하고 싶고, 그래서 제 존재를 위협으로 여긴다는 걸 알아요. 하지만 그럴수록 남편이 알리샤에게 우리 부부 사이가 견고하다는 것과 제가 절대 떠나지 않을 거라는 걸 알려줘야 한다 생각해요. 그리고 저는 알리샤가 저를 싫어한다는 이유로 네이선을 놀리는 걸 허용하지 않을 거예요. 한동안 스티븐은 마치 딸의 사랑을 잃을까봐 두려워하는 것처럼 보였어요. 저는 그 모습을 보며 상처받고 소외감을 느꼈고요. 하지만 남편은 자신이 부부 사이에 알리샤의 분노와 질투가 끼어들게 방치했다는 걸 깨달았고, 딸의 행동에 대해 한계를 설정하지 않은 것이 미안하다고 사과했어요. 저는 스티븐이 진실된 사람이란 걸 알기 때문에 그를 용서했어요. 저는 남편이 언제나 최선을 다하고 있다고 믿고 있어요."

용서는 의도적인 과정이다

용서를 실천하려면 사고방식을 바꿀 필요가 있고, 이는 단일 행동이 아니라 일련의 과정입니다. 여기에는 배우자에게 사과하고 배우자를 용서하겠다는 의도적 결정이 포함됩니다. 재혼부부는 특히 이러한 관점을 채택하는 것이 어려울 수 있습니다. 왜냐하면 그들은 과거의 짐 때문에 지금의 배우자에게 받은 상처에 종종 더 격렬하게 반응하기 때문입니다. 배우자와 새자녀의 말과 행동이 이전 관계에서의 미해결 과제를 촉발할 수 있다는 점을 부부 모두 인식하는 것은 너무나 중요합니다.

작가 게이 헨드릭스와 캐슬린 헨드릭스가 지적했듯이, 대부분의 사람들은 오래된 상처, 두려움, 분노가 쌓인 채 성인이 되고 관계를 맺기 시작합니다. 그들은 종종 상처의 근원을 잊어버리기 때문에 현재의 배우자가 상처를 입히고 있다고 착각합니다. 3장에서 보았듯이, 과거의 관계는 현재의 관계에 큰 그림자를 드리웁니다. 그리고 남녀가 사랑에 빠져 친밀한 상태가 되면 과거의 문제가 촉발되기 쉽습니다. 이를 자각하지 못한 상태에서 둘 사이에 정서적 고통이 느껴지면 현재의 배우자를 비난하는 것이 일반적입니다.

이러한 장애물에 더해 첫 결혼에서 실망하거나 거절당했다면 당신은 스스로 취약하다고 느끼거나 또는 해로운 패턴이 반복

될까봐 두려울 수 있습니다. 이와 같은 과정은 당신의 의식 너머에서 벌어지곤 합니다. 이때 당신은 두려움 또는 배우자의 의도에 대한 의심 때문에 자신의 생각 및 감정의 개방을 꺼리게 되고, 이는 일상적 의사소통을 어렵게 합니다. 촉발 요인에 더 주의를 기울이면 배우자에 대한 부정적 감정이나 오해가 줄어듭니다. 그리고 방어적 또는 논쟁적 반응이 아니라 진심으로 듣고 공유하는 건강한 의사소통 패턴이 더 쉽게 만들어집니다.

예를 들어, 재혼 초기에 크레이그가 우리의 재정 상태에 대해 질문했을 때 나는 곧바로 방어적 자세를 취하곤 했습니다. 첫 결혼에서 돈 문제가 '핫버튼'이었기 때문입니다. 이로 인해 부부 사이에 지속적 긴장과 갈등, 정서적 거리감, 상호 불만이 커졌습니다. 시간이 지나면서 우리는 행복한 재혼을 위해 비록 실망하더라도 서로 사과하고 용서하기로 약속해야 한다는 것을 깨달았습니다.

사과가 중요한 이유

종종 사람들은 사과를 나약함과 동일시하고 누군가에게 사과하는 것은 자신을 취약한 사람으로 만든다고 생각합니다. 그러나 부부 사이의 사과는 배우자에게 자신의 선의를 보여줄 힘이 있다는 뜻이므로 나약함보다는 오히려 강함의 표시입니다. 그리고 용서는 사랑과 이해를 촉진합니다. 연구에 따르면, 누군가를 용서하면 마음의 짐을 흘려보내고 과거의 상처를 치유하며 더 나은 삶의 질을 누리게 된다고 합니다. 사과와 용서를 실천하는 것은 자신과 배우자가 마땅히 누려야 할 미래를 선물로 주는 것과 같습니다.

《신뢰의 과학》에서 존 가트맨은 정서적으로 조화를 이룬 부부는 부정적이고 감정적인 사건을 충분히 잘 처리하고 극복하고 용서하면서 궁극적으로 더 강한 관계를 만든다고 설명합니다. 진심 어린 사과를 하는 부부는 둘의 연결감과 정서적 조화를 방해하는 해로운 상처와 수치심을 없앨 수 있습니다.

용서가 꺼려질 때

용서를 구하거나 용서하는 것이 때때로 결혼 생활에서 불가능하거나 해롭다고 느낄 수도 있습니다. 당신은 배우자가 원한을 품거나 서로에게 입힌 상처를 극복하지 못할까봐 두려울지도 모릅니다. 아니면 당신은 너무 성급하고 성의 없이 사과하는 사람일 수도 있고, 상대방의 사과를 이해하지도 않은 채 쉽게 받아주는 사람일 수도 있습니다.

사랑하는 친밀한 관계 속에서 때때로 우리는 과거에 받았던 상처를 다시 마주하곤 합니다. 그리고 어떤 사람들은 고통, 수치심, 비난에 초점을 맞춘 '삶의 이야기'를 가지고 있습니다. 그러나 자기 인식을 높이고 강렬하고 부정적인 정서가 촉발될 때 잘 대처하는 방법을 배운다면, 점점 더 자신을 신뢰하게 되고 과거 상처의 치유에 필요한 안전함을 배우자에게도 충분히 제공하게 될 것입니다.

받아들이기 어려운 사과

어떤 경우에는 사과를 받아들이기 어려울 수도 있습니다. 아마 당신은 가해자가 진심이라고 믿지 않거나, 아직도 고통이 극심해서 사과를 받아들이기 위해 시간이 더 필요할 수도 있습니다. 예를 들어, 앞에서 만난 새엄마들인 대니엘과 데보라는 새자녀들이 무례하고 파괴적으로 행동할 때 극심한 상처와 배신감을 느꼈습니다. 하지만 대니엘과 데보라는 새자녀들의 행동에 대해 분노를 품지 않으려 애썼습니다. 딸들이 새엄마에게 경쟁심을 느끼는 것이 흔한 일이라고 이해하면서 무례한 행동을 마음에 새기지 않으려 노력했던 것입니다. 잘잘못을 따지면서 배우자와 서로 비난하는 대신, 두 새엄마 모두 딸들이 사과하지 않더라도 배우자의 사과를 받아들이는 쪽을 선택했습니다.

남편들이 자신들에게 고통을 주었던 말과 행동에 대해 세세하게 설명하고 인정했을 때 이들의 결혼생활은 더 견고해졌습니다. 혹시 배우자에게 고통을 주면서까지 당신이 '옳음'을 증명하려 했다면 이제는 그것을 멈춰야 합니다.

사안을 너무 개인적 이슈로 받아들이지 마세요

배우자가 우리를 배신하거나 잘못된 행동을 했을 때 상처받는 것은 자연스러운 일입니다. 하지만 배우자의 행동을 나의 개인적 이슈로 받아들이는 것은 치유를 지연시킬뿐더러 비참함과 슬픔을 과도하게 만듭니다. 재혼 후 나에게도 이런 경험이 있었습니다. 그때 크레이그는 4시간 거리의 메인 주에 계신 시부모님 댁에서 2주 동안 가족 휴가를 보내기로 결정했는데, 그 당시 나는 2주 내내 가족들과 함께할 수 없는 상황이었습니다. 8월 첫 2주 동안 형제들과 모여 지내는 일정이 남편에게 중요하다는 것을 알지만, 나는 지난 20년간 매년 8월 둘째 주에 시작하는 대학수업을 해왔기 때문입니다. 즉 나는 가족 휴가 중간에 혼자 집으로 돌아와야 했습니다. 그래서 나는 15년 동안 2주간의 가족휴가 도중에 메인 주에서 집으로 오는 버스에 혼자 몸을 실어야 했고, 크레이그가 나보다 다른 가족을 우선으로 생각하는 것 같아 속에서 화가 치밀었습니다. 반면에 그의 관점에서는, 호숫가 집에서 8월 첫 2주 동안 가족이 모이는 것이 신성하고 깨뜨릴 수 없는 오랜 전통이었습니다. 그는 나를 소외시키려 했던 것이 아니라 단지 60년 넘게 이어져온 가족 의식을 지키고자 했던 것입니다.

나는 그동안 크레이그의 행동을 너무 나의 개인적 이슈로 받아들였고, 내 삶에 대한 힘을 잃고 스스로 소외감을 느끼고 있다는 것을 깨달았습니다. 이런 깨달음 후에 재정 상황도 좋아져서 나는 더 이상 여름에 수업을 할 필요가 없다고 느꼈고, 호숫가의 여름휴가가 자녀들을 포함한 우리 모두에게 의미 있는 전통이라고 받아들였습니다. 결국 나는 크레이그의 가족들과 보내는 여름휴가가 여름에 수업하는 것보다 이점이 많다는 것을 알게 되었습니다.

앞서 예를 들었듯이, 대니엘은 피해자의 역할에서 빠져나와 자신의 불행에 대해 남편 톰과 새자녀 캐리를 비난하는 것을 멈추었습니다. 그러자 그녀는 자기 삶에 대한 힘을 되찾고 현재의 삶을 온전히 살아가게 되었습니다. 첫 인터뷰 후 약 3개월 만에 다시 만났을 때 대니엘은 어깨에 짊어졌던 짐을 내려놓은 것 같다면서 이제 과거에 연연하지 않고 더 행복한 재혼생활을 하고 있다고 말했습니다. 그녀는 딸 캐리와의 관계에서 여전히 극심한 긴장의 순간이 찾아오기도 하고, 톰이 딸과 돈 얘기 하는 것을 듣다 보면 아직도 화가 난다고 했습니다. 하지만 예전에 톰이 자기에게 말도 안 하고 캐리에게 카드를 주었을 때처럼 큰 분노와 배신감은 더 이상 느끼지 않는다고 했습니다.

　대니엘은 사안을 너무 자기의 이슈로 받아들이면 기분만 더 나빠지고, 인생에서 중요한 두 사람인 톰과 캐리와의 관계에서 치유가 더뎌진다는 것을 깨달았습니다. 마지막으로 만났을 때 대니엘은 캐리와의 관계가 계속 좋아지고 있고, 캐리에게 두 살 난 딸이 생겼다고도 말했습니다. 캐리가 미혼모이기 때문에 종종 대니엘이 아기를 봐주기도 하는데, 캐리의 친엄마가 어릴 적에 세상을 떠났기 때문에 자신이 캐리에게 이렇게 도움이 되어 좋고 아기도 너무 예쁘다고 말했습니다. 톰과 캐리에 대한 불만을 내려놓으면서 대니엘은 결혼생활에서 힘을 되찾았을 뿐 아니라 캐리의 새엄마이자 어린 손녀의 할머니 역할에도 활력을 얻었습니다.

불만의 스토리

　용서는 현재의 삶에 존재하면서 타인을 더 이해하는 평화로운 상태에 있는 것입니다. 불만은 정반대입니다. 불만은 누군가에게 실제로 불공평한 대우를 받았거나 혹은 그렇다고 믿을 때 그

원인에 대해 느끼는 저항입니다. 그러나 불만은 주로는 자신이 부당한 대우를 받았다고 '믿을 때' 느끼는 분노에 의해 발생합니다.

불만의 스토리는 당신이 다른 사람을 용서할 수 없어 자신을 피해자 역할에 가둬놓을 때 일어납니다. 불만의 스토리가 가진 가장 큰 문제는 상대방에게 책임을 전가함으로써 자신이 가진 힘을 포기한다는 것입니다. 예를 들어, 앞서 만났던 레오와 재닛이 재혼가정에서의 세 자녀(지금은 성인임) 양육에 대해 논의하려고 나와 만났을 때, 재닛은 몇 년 전에 그들이 별거했던 것을 얘기해도 괜찮은지 남편에게 물었습니다. 남편이 동의하자 그녀는 친아들 데이비드가 위기를 겪던 시기에 남편이 아들에게 너무 비판적이고 가혹하게 대했고 자신은 그런 남편을 비난했기 때문에 재혼생활에서 어려움을 많이 겪었다고 말했습니다. 이때 남편은 6개월 동안 집을 나가 있었고 그들은 이혼을 심각하게 고민했다고 합니다.

재닛은 이렇게 말합니다. "저는 남편이 데이비드를 자기 친자녀들과 다르게 대하는 것 같아 참을 수 없었어요. 그리고 데이비드와 남편이 논쟁을 벌일 때 저는 데이비드가 분노하는 이유에 너무 공감이 됐어요. 결국 남편이 집을 나갔을 때 정말 심하게 충격 받았고 남편한테 다른 여자가 생겼다고 생각했어요. 지난 몇 년 동안 제가 살이 많이 쪄서 불안한 마음이 있었거든요. 제 불만과 분노가 결국엔 남편을 집에서 나가게 했고, 저는 이 일을 저의 개인적 문제 때문이라고 생각하고 있었어요. 딸이 꼬집어주기 전까지는 제가 스스로를 희생자로 만들고 있다는 걸 깨닫지 못했어요. 그러다 데이비드가 남편한테 전화를 걸어 다시 가족이 다 같이 살았으면 좋겠다고 말하는 걸 보고 저는 남편을 용서해야 할 때라고 생각했어요."

용서 전문가인 심리학자 프레드 러스킨에 따르면 불만은 두 가지 요소가 만날 때 발생합니다. 첫 번째 요소는 우리가 원하지 않는 일이 우리 삶에서 일어나는 것입니다. 두 번째 요소는 그것을 해결하기 위해 너무 많이 생각하면서 결국 마음의 커다란 공간을 그것에 써버리는 것입니다. 러스킨은 이 딜레마에 다르게 접근하려면 우리가 어떻게 상처받고 어떻게 지독한 불만을 끝내지 않고 있는지 자문해보라고 합니다. 이 세상의 모든 사람은 상처받거나 더러는 학대당한 경험이 있습니다. 어떤 사람들은 자신의 고통에 대해 이야기하면서 그것을 곱씹어 생각하지만, 또 다른 사람들은 그것에 대해 이야기하고는 그냥 흘려보냅니다.

나는 재혼 후 수년 동안 지속되는 불만의 스토리를 만들었습니다. 크레이그가 여자친구들과 친하게 지내는 것 때문이었습니다. 나는 남편이 매우 정직하고 믿을 만하다 생각했고, 그는 친구들과의 전화 통화 내용까지 내게 알려주었습니다. 하지만 내 불만은 수년간 지속됐고 결국 남편은 그 친구들과 연락을 끊게 되었습니다. 나는 남편을 전적으로 신뢰하지 못했습니다. 마침내 나는 이런 불만의 스토리가 우리 결혼에 미치는 부정적 영향을 자각하게 되었고, 불만을 내려놓기 시작하자 남편에 대한 괴로움과 원망이 덜 느껴졌습니다.

배우자를 용서해야 할 때

배신감이나 거부감을 느낄 때 신체적 부상이나 상처를 입은 것과 유사한 고통을 느끼는 것은 지극히 정상입니다. 우리는 깊은 상실감을 느낄 수 있으며, 그것을 수용하고 앞으로 나아가기 위해서는 '상실과 슬픔의 단계'를 거쳐야만 합니다. 배우자를 너무 급하게 용서하면 '분노를 경험하는 능력'이 생기지 않습니다. 분노를 경험하는 능력은 변화와 화해를 위해 꼭 필요합니다. 앞서 만났던 로라와 케빈을 예로 들어보겠습니다. 그들은 혼합가정에서 다섯 자녀를 키우고 있는 40대 초반의 매력적인 부부입니다. 재혼 초기에 그들은 케빈이 사업과 관련된 빚을 로라에게 숨겼던 것 때문에 자주 다퉜습니다. 로라는 케빈이 첫 결혼에서 10만 달러가 넘는 빚을 진 상태라는 것을 모르고 결혼했습니다. 케빈이 전부인과 함께 운영하던 레스토랑이 여러 어려움을 겪으면서 부실한 관리와 잘못된 사업 운영으로 파산했기 때문입니다. 배신 후 느끼는 극심한 감정적 고통으로 인해 로라는 치유할 시간이 필요했고 이것은 지난한 과정이었습니다.

로라는 "케빈이 빚이 많다는 걸 알았을 때 너무 배신감을 느꼈어요. 진지하게 연애를 시작할 때부터 그 사실을 털어놨더라면 제가 대처하기 더 쉬웠을 것 같아요. 남편도 지금 당황스럽다는 걸 알아요. 우리 둘 다 다시 잘해보려 노력하고 있지만 여전히 마음이 너무 힘들어요."라고 말했습니다.

진심으로 사과하세요

재혼부부가 재정적 또는 성적 배신과 관련된 정보를 숨기고 비밀로 하면서 부부 사이의 상처는 깊어집니다. 잘못을 고백하거나 사과를 요청할 때는 투명성을 확보하기 위해 현재와 과거를 구체적으로 다뤄야 합니다. 만약 배우자가 배신하거나 상처주고 나서도 사과를 꺼린다면 당신이 상황을 극복하고 수용하는 데 큰 방해가 될 것입니다. 사과에는 대부분 공통적인 요소가 들어 있어야 합니다. 이것은 이 장의 뒷부분에서 배울 것입니다.

심리학자 해리엇 러너에 따르면 대부분의 경우 진심 어린 사과의 치유력은 즉각적으로 나타납니다. 러너는 진심 어린 사과를 받으면 마음이 편해지고 잔잔해진다고 설명합니다. 배우자가 당신의 고통을 인정해주고, 취약성을 개방해도 될 만큼 당신을 배려해주고, 사랑과 치유의 언어를 말해준다면 당신은 안도감을 느낄 것입니다. 배우자를 향한 분노와 원망이 그 자리에서 눈 녹듯 사라질 수도 있습니다. 진심 어린 사과는 즉각적인 이해와 평화, 그리고 화합을 가능하게 합니다. 반면에 잘 듣지도 않고 무성의하게 사과하는 것은 관계를 망가뜨립니다.

마찬가지로, 당신이 사과할 때 배우자가 그것을 받아들인다면 당신은 거의 즉각적으로 안도와 감사함을 느낄 것입니다. 나는 아이들의 대학 등록금을 납부하기 위해 친정엄마에게 돈을 빌린 것을 비밀로 한 적이 있습니다. 이것에 대해 사과했을 때 남편은 즉시 받아주지 않았습니다. 그에게는 시간이 필요했습니다. 제가 변명하지 않고 진심으로 다시 사과했을 때 남편은 저를 용서했고 우리는 앞으로 나아갈 수 있었습니다. 나는 "당신한테 말하지 않아서 미안해요. 아이들 대학등록금이 부족할까봐 걱정됐어요. 당신을 좀 더 신뢰했어야 했어요. 이런 일이 다시는 일어나지 않을 거예요. 내 불신 문제를 해결하기 위해 노력할게요. 미안해요."라고 말했습니다.

왜 용서해야 하나

배우자와 자신을 용서하는 것은 한없이 겁나는 일일 수도 있지만 건강한 관계를 달성하기 위해 꼭 필요합니다. 용서는 당신이 상처 입을 수도 있고 자기 개방의 위험을 감수할 수도 있다는 것을 인정하는 것입니다. 그것은 또한 당신이 피해자의 역할에서 벗어나 스스로의 삶을 책임진다는 것을 의미합니다. 서로 사과하고 용서함으로써 크고 작은 잘못에 대해 화해하고, 예전에 누렸던 사랑과 신뢰를 다시 찾게 됩니다.

재닛과 레오의 이야기가 보여주듯이, 좋은 사과의 치유력은 매우 심오합니다. 재닛이 남편이 집을 나간 것에 대한 원망을 내려놓고 그의 입장을 이해하기로 결심하면서, 남편이 아들 데이비드를 가혹하게 대해서 수년간 곪아왔던 상처가 치유되기 시작했습니다. 데이비드의 잦은 직업 변경에 대해 남편이 가혹하게 반응할 때마다 재닛이 강한 불안과 불만을 느꼈다는 것을 남편도 알게 되었고, 그는 데이비드를 그렇게 대한 것과 화가 나서 집을 나간 것에 대해 아내에게 진심으로 사과했습니다. 남편은 자신의 해로운 행동이 재닛에게 미친 영향에 대해 구체적으로 얘기하며 상처 회복을 위해 노력하겠다고 약속했습니다. 이로써 재닛은 불만의 스토리에서 벗어나 집에 돌아온 레오에게 다시 마음을 열 수 있었습니다.

용서를 실천하는 것의 중요성은 재혼에서 새로운 의미를 갖습니다. 왜냐하면 배우자에게 사과하고 용서하는 것은 오래된 상처를 치유하고 자유롭게 다시 사랑하게 해주기 때문입니다. 내 경우에는 이혼에 원인을 제공한 전남편에 대해 몇 년 동안 원한을 품었습니다. 나는 그 사람을 용서할 수 없었습니다. 용서하면 내 자신이 취약해질 것 같았고, 다시 상처받을까봐 두려웠기 때문입니다. 하지만 나에게 잘못한 사람을 용서하려면 용기가 필요하다는 것, 그리고 용서가 그들의 행동을 받아들이거나 묵인하거나 봐주는 것이 아니라는 점을 이해하고 나자, 나는 전남편과의 결혼 기간 동안 서로에게 끼친 고통을 용서하게 되었고 자유로워졌습니다. 불만의 스토리를 떠나보내고 용서를 실천하면서 나는 재혼 생활에서 크레이그와 더 깊이 사랑하고 더 많이 행복해졌습니다.

용서할 수 없다면…

많은 전문가들은 용서가 대인관계의 고통에서 회복하는 데 중요하지만 아직 용서할 준비가 되지 않은 경우에는 '수용'이 가치 있는 선택이라고 합니다. 《어떻게 당신을 용서해요? How Can I Forgive You?》에서 임상심리학자 재니스 에이브럼스 스프링은 가해자가 사과하면서 치유 과정에 참여하지 않는 경우에 수용이 대인관계 상처를 처리하기 위한 책임감 있고 확실한 선택이라고 설명합니다.

스프링은 독자들이 자신에게 잘못한 사람을 용서할 용기를 갖도록 격려하면서도 진실하지 않은 용서는 '값싼' 것이며 그다지

가치가 없다고 말합니다. '값싼 용서'는 배우자가 당신을 화나게 하고 당신의 고통을 무시하는데도 결혼생활 유지를 위해 지푸라기를 잡는 심정으로 억지 용서를 할 때 발생합니다. 스프링은 값싼 용서란 감정을 처리하거나 상처를 받아들이는 데 시간을 들이지 않고 빠르고 쉽게 하는 용서라고 설명합니다. 그리고 값싼 용서는 가해자와 상처받은 사람 사이에 친밀감이 있다는 착각을 불러일으키기 때문에 역기능적이라고 합니다.

대신에 스프링은 수용이 값싼 용서와 진정한 용서 사이에서 대안이 된다고 제안합니다. 수용은 가해자가 치유 과정에 참여하기를 꺼리거나 또는 상처가 너무 커서 피해자가 용서할 수 없을 때 실행 가능한 옵션입니다. 스프링은 진정한 용서가 가치 있는 목표이긴 하지만, 수용은 용서할 수 없는 상처와 값싼 용서 사이에 놓일 수 있다고 제안합니다. 이를 통해 당신은 상처에 연연하지 않고 배우자는 진정한 용서를 위해 노력할 기회를 갖게 됩니다.

사람들이 과거를 청산하고 이전 삶의 고통스러운 결과를 되돌리는 데 어려움을 겪는 것에는 여러 가지 이유가 있다고 프레드 러스킨은 그의 저서 《용서 Forgive for Good》에서 썼습니다. 러스킨은 타인의 잘못이나 실수를 너무 사적으로 받아들일 때 고통을 더 유발할 수 있다고 지적합니다. 그는 자신에게 상처준 사건을 마치 가까운 친구에게 일어난 일처럼 바라볼 때 가장 잘 치유된다고 믿습니다. 그리고 사람들이 자신의 고통에 지나치게 초점을 맞추고 누군가를 비난하는 불만의 스토리를 만들면 그 고통이 더욱 확대된다고 합니다.

러스킨은 다음과 같이 말합니다. "용서는 과거에 일어난 일에 초점을 두지 않으며, 분노를 유지하거나 원한을 품지 않는 것입니다. 상처는 과거에 일어난 것이고 화는 오늘 일어나는 것입니다. 용서나 불만은 모두 당신이 현재 경험하는 것입니다."

그러나 배우자가 오랜 배신 후에 사과한다면 이런 상처가 치유되는 데도 더 많은 시간이 필요합니다. 배우자의 사과를 즉각 받아들이지 못하고, 시간이 더 필요하며, 두 번 이상의 사과가 필요하더라도 스스로를 가혹하게 판단하지 마세요. 어떤 상처는 그 정도가 심해서 육체적 부상과 비슷한 통증을 느낄 수도 있습니다. 이럴 때 배우자를 너무 급하게 용서하면 오히려 변화와 화해에 필요한 '분노를 경험하는 능력'을 얻지 못합니다. 그러나 원한을 너무 오래 품고 배우자를 용서하지 못한다면 결국 지속적 분노로 이어질 것입니다.

분노가 정서적 거리감으로 이어질 때

앞서 만난 제러미(45세)는 수잔(44세)의 비밀통장에 대해 알고부터 아내에 대한 분노와 원망을 품고 있었습니다. 수잔은 남편에게 사과했고 자신의 행동에 대한 책임을 받아들였지만 제러미가 몇 달 동안 아내를 용서하려고 하지 않자 그들의 정서적, 성적 친밀감은 손상되었습니다. 제러미는 마음의 문을 닫았고 실제로 두 달 동안 소파에서 잠을 잤습니다. 그는 또한 자신이 결혼을 지킬 수 있을지 모르겠다고 반복해서 말했습니다. 배우자에 대한 분노를 붙잡아두는 것은 부부 사이의 거리감과 단절로 이어집니다. 감정을 억누르거나 무시하는 것 역시 문제의 근원을 찾는 데 도움되지 않고, 시간이 지남에 따라 부부의 신뢰를 약화시킬 것입니다. 제러미의 경우에도 한동안 분노와 원망을 억누르고 있었으며 수잔을 신뢰할 수 없었습니다.

수잔은 "남편이 저를 냉담하게 대했는데, 그는 분노의 감정을 이기지 못하는 것 같았어요. 결혼기간 동안 우리는 힘든 일정이나 전 배우자와의 관계 같은 많은 장애물을 극복했어요. 하지만 이번 일은 너무 큰 것 같았어요. 둘 다 한동안 상처를 받았고, 우리의 미래가 불확실하다고 느꼈어요."라고 말했습니다.

자기방어를 하며 제러미는 수잔과 신속하게 문제를 바로잡으려는 시도를 꺼렸고, 이 부부는 부정적 상호작용 패턴에 갇혔습니다. 수잔은 성공적 재혼의 필수 요소인 선의를 가지고 제러미를 대하지 않았습니다. 그러나 두 번째 부부상담이 끝난 후 수잔은 돈을 숨긴 행동을 남편에게 진심으로 사과했고, 제러미의 수잔에 대한 긍정적 감정과 선의가 서서히 회복되기 시작했습니다.

수잔은 계속해서 이렇게 말합니다. "제러미는 제 비밀 계좌에 대해 느꼈던 분노를 극복한 것 같아요. 저는 돈에 대한 불안감이 있어서 수입 중 일부를 별도로 저축하고 싶었어요. 그런데 남편이 동의하지 않을 거라 생각했어요. 그랬던 제 마음을 남편이 어느 정도 이해한 것 같아요. 제가 얼마나 미안한 마음인지 자세하게 얘기했고, 다시는 그런 일을 벌이지 않겠다고 수차례 다짐한 게 큰 변화를 가져온 것 같아요. 우리는 정서적으로 성적으로 다시 정상 궤도로 돌아오기 시작했어요. 제러미는 더 이상 원한을 품지 않고 나를 용서했고, 이제 잠도 같이 자요."

점차적으로 제러미는 자기방어의 욕구보다 수잔과의 관계를 우선순위로 생각하게 되었고, 아내의 행동을 용인하지는 않더라도 사과를 기꺼이 받아들였습니다. 제러미는 현명했습니다. 그는 아내를 더욱 신뢰하고 최악의 상황을 가정하지 않으려 노력했습니다. 시간이 지나면서 부부는 자신의 행위와 반응에 대해 책임지고 서로 무조건 믿어줌으로써 불신의 사고방식을 신뢰로 바꾸게 되었습니다. 제러미는 수잔이 과거의 아픔으로 인해 수입에 대한 통제권이 필요하다는 것을 깨달았습니다. 그래서 부부는 아내가 수입의 일부를 계속해서 따로 저축하도록 예산을 짰습니다. 제러미는 또한 지나치게 자신의 고통에 초점을 맞추는 걸 멈췄고, 그 결과 분노와 상처를 덜 느꼈습니다.

용서의 마음을 품었을 때 제러미는 수잔이 단순한 판단 오류로 비밀 계좌를 만들었을 수 있다는 생각이 들었습니다. 아내가 일부러 상처주려고 그런 것이 아니고 이전에 자신이 아내의 지출에 대해 우려했던 것 때문에 수잔이 두려운 마음이 생겨 정직하게 공개하지 못했을 거라고 생각하게 됐습니다. 수잔이 잘못을 고백하고 용서를 구했을 때 이는 신뢰를 회복하는 긍정적 효과를 낳았고 부부 사이에 치유 효과가 있었습니다. 수잔은 재정적 비밀을 숨기지 않겠다고 약속했고, 제러미는 아내의 행동을 용인하지는 않더라도 용서할 수는 있다고 생각했습니다. 그녀의 사과를 받아들이기 위해 제러미는 자신의 정당성을 입증하고 싶은 독선을 버려야 했습니다. 그리고 무엇이 옳은지 증명하는 것보다 수잔과 자신의 행복이 더 중요하다는 것을 깨달았습니다. 그 결과 제러미는 상처받은 신뢰와 감정을 효과적으로 처리했고 수잔에 대한 사랑을 회복했습니다.

《감정이라는 무기$^{\text{Emotional Agility}}$》의 저자인 심리학자 수잔 데이비드는 부부가 용서를 실천하지 않을 때 어떤 일이 일어나는지 설명합니다. 그녀는 "대의명분을 입증하거나 부당한 처우를 확인할 필요성이 지속되면 인생에서 수년을 잃어버릴 수 있습니다."라고 말합니다. 그녀는 세계의 많은 가정과 국가에서 불화가 오랫동안 지속됐지만 누구도 오해가 어디에서 시작됐는지 기억하지 못한다는 점을 상기시킵니다. 그녀는 "아이러니하게도 이것은 가족이나 친구 같은 소중한 것을 빼앗으면서 단순히 불화만 연장시키고 있습니다."라고 덧붙였습니다.

사실, 대다수의 실수는 의도적이지 않으므로 확대하지 않는 것이 좋습니다. 배우자의 이야기에 귀를 기울이고 서로 의견이 다르더라도 비난하거나 비판하지 마세요. 재혼생활에서의 지속적 분노는 종종 단절과 의사소통 부족으로 이어집니다. 그리고 분노, 슬픔, 실망 같은 감정을 자주 억누르면 이는 원망으로 이어질 수 있습니다.

배우자에 대한 원망을 흘려보내기 위한 다섯 가지 팁

1. 상처받은 감정이 당신의 삶에 어떤 영향을 주는지(또는 주었는지) 세 가지 정도 적어보세요. 과거의 상처로 인해 어떤 감정을 경험하는지 자각하세요. 가까운 친구나 상담사와 대화하면 이 과정에 도움이 됩니다.

2. 부정적인 감정에서 벗어나는 방법을 찾으세요. 상담, 명상, 운동을 한다거나 생각, 감정, 소망을 정중하게 표현하는 연습도 그 예가 되겠습니다. 분노를 회피하고 숨겨두면 쌓일 수 있습니다. 자신의 취약성을 개방하는 태도를 취하고, 부정적 감정을 묻어두지 마세요.

3. 원망이나 불만을 내려놓을 방법을 찾으세요. 상처받은 감정을 어루만질 방법을 찾고 손상된 정서를 회복하세요. 예를 들어, 직접 전달하지 않

더라도 상처 준 사람에게 편지를 쓸 수도 있습니다. 편지에 '우리가 다 퉜을 때 내게 고통을 준 당신을 용서하겠습니다'라고 써보는 겁니다.

4. 상처가 곪아 터지게 두지 마세요. 상처받은 감정을 붙잡아두는 당신의 신념과 부정적인 생각을 점검하세요. 발생한 일을 심플하게 처리하면 분노를 놓아주고 더 건강한 관계로 나아갈 수 있습니다.

5. 사람들이 최선을 다하고 있다는 것을 수용하고 더 이해하려고 노력하세요. 이는 다른 사람의 해로운 행동까지 용납한다는 의미가 아닙니다. 이런 수용과 노력을 통해 당신은 과거를 더 현실적으로 바라보고, 모든 사람이 자기 이익이나 기본적 욕구로 인해 행동한다는 것을 깨닫게 될 것입니다.

사과의 잘못된 방법

당신은 사과할 것이 아무것도 없다고 고집부릴지도 모릅니다. 특히 상처를 주는 행동이나 말이 고의가 아니었을 경우에는 더욱 그렇습니다. 그러는 동안 배우자는 고통받고 당신은 치유와 화해의 기회를 막고 있을 수도 있습니다. 앞서 만났던 제나와 커트 부부는 제나의 '소외감'에 대해 논쟁할 때마다 싸움이 격렬해지면서 거친 말들을 주고받곤 했습니다. 몇 년 동안 부부는 상처의 회복이 중요하다는 생각을 못했고, 그들의 대화에 사과라고는 없었습니다. 어느 날 커트가 출근하려 할 때 부부는 또 말다툼을 시작했고, 제나는 남편이 자신을 무시한다고 비난하면서 욕을 내뱉었습니다. 그 후 제나는 이틀을 망설이다가 사과하기로 마음먹고 "내 말에 당신이 과민반응해서 속상해요."라고 말했지만 커트는 그 말이 진심을 담은 사과로 보이지 않아 더욱 화가 났습니다. 그 결과 커트는 며칠 동안 억울함을 느끼며 입을 다물어버렸고 모든 대화를 거부했습니다.

이 상황을 보면, 제나의 사과는 효과가 없었고 오히려 상황을 더욱 악화시켰습니다. 배우자에게 사과할 때는 자신의 말이나 행동에 대해 변명하지 않아야 합니다. 모든 사과가 동일하지는 않겠지만 일반적으로 사과에는 몇 가지 중요한 요소가 포함되어야 하는데, 이는 아래에서 다루겠습니다. 사과는 당신의 생각을 증명하는 것이 아닙니다. 부부관계가 좋아지기를 원한다면 결혼생활에 대해 좀 더 자비롭고 현실적인 기대를 가져야 합니다. 자신이 결점 있는 인간임을 인정할 때 거절이나 실패에 대한 두려움에 압도당하지 않고 배우자에게 취약성을 개방할 수 있습니다. 해리엇 러너에 따르면 사과를 망치는 다섯 가지 방법이 있습니다. 러너는 《당신, 왜 사과하지 않나요?$^{Why\ Won't\ You\ Apologize?}$》에서 다음과 같이 말합니다.

사과를 망치는 다섯 가지 방법

1. **'그런데'라는 태그를 붙입니다.** "퇴근하고 집에 왔을 때 저녁식사가 준비되어 있지 않다고 화내서 미안해요. 그런데 오늘 정말 기분 나쁜 하루를 보내긴 했어요."와 같이 말하는 것은 사과를 퇴색시키고 변명으로 만듭니다.

2. **'그렇게 느꼈다면 미안해요'라고 말합니다.** 이 문구는 당신의 사과를 퇴색시키고 진심이 아닌 것처럼 들리게 만듭니다. 진정한 사과는 상대방의 반응보다 자신의 행동에 초점을 맞추는 것입니다. 그것은 당신이 책임을 지는 것이기 때문에 상처받은 사람이 사과를 더 쉽게 받아들이게 됩니다.

3. **원치 않는 사과를 받으라고 강요합니다.** 당신의 배우자가 입을 닫고, 행동이나 말을 통해 지금 당신의 얘기를 듣고 싶지 않다고 표현한다면, 한발 물러섰다가 배우자가 수용할 수 있을 때 다시 대화를 시도하세요. 즉, 배우자에게 사과를 받으라고 강요하지 마세요. 배우자에게 회복할 시간을 주어야 합니다.

4. **과장되거나 인위적인 사과를 합니다.** "여보, 내가 이렇게나 끔찍한

사람이라는 걸 용서해줄 수 있나요?" 또는 "내가 가장 무서운 건 당신을 잃는 거예요. 나를 용서해줄 수 있나요?"와 같이 말하는 것은 과장되고 인위적인 것처럼 보입니다. 인위적 사과에는 "만약 내가 말한 것을 당신이 잘못 이해했다면 사과할게요."와 같이 '만약'이라는 표현이 포함되는 경우가 많습니다.

5. 용서를 요구합니다. 대부분의 사람들이 상처받은 감정을 처리하고 마음으로 사과를 받아들이는 데는 시간이 걸립니다. 만약 당신이 배우자의 입장이라면 어떤 느낌일지 스스로 물어보세요. 그러면 배우자를 더 공감할 수 있고, 배우자의 마음이 열릴 때까지 기다릴 수 있습니다.

어떻게 사과하나요?

용서를 실천하면 피해자라는 느낌에서 벗어나고 재혼에 더 힘을 불어넣게 됩니다. 전문가들은 배우자에게 사과하고 용서하는 것이 고통의 악순환을 끊고, 삶을 이어가며, 더 건강한 관계를 맺게 한다고 믿습니다. 그러나 용서에는 시간이 걸리며 당신이 통제할 수 없는 것들을 흘려보내려면 많은 노력이 필요합니다. 아마도 첫 번째 단계는 배우자에게 진심 어린 사과를 하는 것, 즉 미안하다고 말하고 진심을 전하는 것입니다.

재혼생활 동안 우리 부부에게 용서를 실천하는 것은 결코 쉬운 일이 아니었습니다. 왜냐하면 우리 둘 다 독선적 경향이 있고, 자기가 '옳다'는 것을 늘 증명하고자 했기 때문입니다. 그러나 우리는 서로에 대해 더 알아가고 우리의 불완전함을 받아들이기 시작했습니다. 그러면서 만족스러운 결혼생활을 위해 매일 용서를 실천하려 했고 용서의 아름다움과 가치를 보게 되었습니다.

배우자에게 사과하는 일곱 가지 효과적 방법

1. 배우자에게 상처를 준 행동과 말에 대해서 당신이 미안하다고 느끼는 이유 두 가지를 같이 말하세요. 자신이 과거의 상처로 인해 경험한 감정을 자각하면 배우자에게 공감하는 데 도움이 됩니다. "나는 어떤 이유로 배우자에게 고통을 주고 화나게 만들었을까? 나는 어떤 의도로 그런 행동을 했을까?"라고 자문해보세요.

2. 상처를 주는 행동이나 말 그리고 결과에 대한 책임을 받아들이세요. "상처 줘서 미안해요. 모두 내 책임이에요."라고 말하며 자신이 실수했다는 사실을 인정하세요. 한 배우자가 실수를 인정하고 책임지려 하면 부부관계의 패턴이 변화되고 회복과 치유가 촉진됩니다.

3. 사과할 때 '미안해요'와 '내가 잘못했어요'라는 말을 사용하세요. 이러

한 단어를 사용하면 사과가 더 잘 받아들여질 가능성이 높습니다. 당신이 배우자에게 상처, 굴욕감, 당혹스러움을 준 말과 행동이 무엇이었는지도 구체적으로 설명하세요. 예를 들어, "당신에게 상처주고 신뢰를 깨뜨려 미안해요. 친구 앞에서 당신을 비난해서 당황하게 만든 건 내가 정말 잘못했어요. 불친절하게 말해서 정말 미안해요."라고 말할 수 있습니다.

4. (가능한 경우) 상황을 어떻게 회복시킬 계획인지 배우자에게 설명하세요. 예를 들어, 배우자 어머니의 감정을 상하게 했다면 식사를 하면서 사과하거나 편지를 써서 사과하겠다고 제안할 수 있습니다.

5. 변명하거나 다른 사람을 탓하지 말고, 당신의 말이나 행동에 대해 구체적으로 설명하세요. '너 대화법'보다 '나 대화법'을 사용하면 비난을 피하는 데 도움이 됩니다. 예를 들어, "평소에 저녁식사가 준비되지 않았을 때 내가 너무 짜증내서 미안해요."라고 말할 수 있습니다. 이런 식으로 말하는 것이 "당신이 오후 6시까지 저녁을 준비하기로 했는데, 약속을 지키지 않았잖아요. 배가 너무 고팠고, 당신이 나를 배려하지 않아 화가 났어요."라고 말하는 것보다 더 효과적입니다.

6. 배우자에게 용서를 구하세요. 용서받고 싶은 당신의 행동과 말을 구체적으로 설명하세요. 용서를 구할 때 대화에 도움이 되는 환경인지 방해 요소(TV, 휴대폰, 자녀들 등)가 없는지 확인하세요.

7. 당신의 상처가 배우자에 대한 사랑을 오염시키지 않도록 하세요. 당신의 취약성을 기꺼이 개방하고, 자존심을 세우며 당신이 '옳다'는 고집을 부리지 마세요. 배우자와 함께 무슨 일이 있었는지 점검하고 자신이 영향을 준 것에 책임을 진다면 원망을 떨쳐내고 관계의 질을 향상시킬 수 있습니다.

마음에서 우러나오는 사과는 견고하고 건강한 재혼의 필수 요소입니다. 당신과 배우자가 최선을 다하고 있다고 인정하는 것은 서로를 받아들이는 데 도움이 됩니다. 그리고 자신의 결점을 인정하는 것은 거절이나 실패에 대한 두려움과 불만의 스토리에 압도당하지 않고, 배우자와 함께 취약성 개방을 선택하게 합니다.

배우자에게 용서를 베푼다는 것이 배우자가 마음대로 하도록 두거나 잘못된 행동을 용납한다는 의미는 아닙니다. 그러나 배우자가 당신에게 잘못했을 때 자비로움을 베풀면 자신의 분노, 비통함, 원망을 흘려보내게 됩니다. 그렇게 함으로써 배우자가 당신에게 행사하는 영향력을 약화시킬 수 있습니다. 배우자에게 부부의 관계가 무엇보다 중요하다는 것을 알려주고 배우자를 일단 믿어주세요. 그리고 당신이 실수를 했다면 당신의 행동이나 말이 배우자에게 상처를 입혔다는 것을 자각하고, 용서를 구하고, 진심으로 사과하는 모습을 보여주세요.

이 책 전체에 걸쳐 실려 있는 타라와 코너의 이야기는 재혼의 지속적인 어려움과 기쁨, 그리고 용서의 힘을 보여줍니다. 재혼가족을 일구며 일과 세 아이의 육아를 병행하는 이 부부는 10년간의 재혼 기간 동안 많은 장애물을 극복하면서 사과하고 용서하는 기술을 익혔습니다. 마지막 부부상담에서 코너는 남편이자 새아빠, 그리고 세 살 난 마이클의 아빠로서 자신이 거둔 성과를 커다란 승리라고 표현했습니다.

코너는 다음과 같이 말합니다. "우리는 여전히 논쟁을 할 때가 있어요. 그래도 더 이상 서로를 바꾸려고 노력하지는 않아요. 타라와 저는 서로를 받아들인 이후로 더 견고한 결혼생활을 하고 있어요. 우리는 사소한 문제는 넘겨버리려 노력해요. 그러면서 저는 세상에 완벽한 사람은 없다는 것과 제가 남편, 새아빠, 아빠로서 실수할 수도 있다는 것도 받아들이게 됐어요. 그렇다고 해서 노력을 중단해야 한다는 의미는 아닙니다. 우리 둘 다 각자에게 영향을 미치는 과거가 있다는 걸 잊지 않으려 노력해요. 우리는 지금 여기에서 삶을 살아가고 있습니다."

타라와 코너의 이야기는 내가 이 책을 집필하는 동안 배운 교훈을 다시 일깨워줍니다. 배우자에게 주는 가장 큰 선물은 사과하고 용서할 수 있을 만큼 충분히 사랑하는 것입니다. 그리고 자신의 취약성을 개방하는 위험을 감수할 수 있다면 건강하고 오래 함께하는 재혼이 가능합니다. 왜냐하면 취약해지는 것은 친밀감을 유지하기 위해 지불하는 대가이기 때문입니다. 관대한 마음으로 미안하다고 말하는 것은 당신과 배우자가 겪을지도 모를 매일의 좌절을 넘어서게 할 것이고, 과거의 관계와 일상의 상처 그리고 실망으로 인한 부침을 극복하게 해줄 것입니다.

다음의 실천 방안은 당신을 사랑과 치유의 여정으로 안내할 것입니다!

용서를 실천하기 위한 네 가지 실천 방안

1. 당신과 배우자가 실수할 수 있다는 사실을 받아들이세요. 중요한 것은 사과하고 용서함으로써 실수로부터 회복하는 것입니다.

2. 잘못된 의사소통, 논쟁, 결혼생활의 어려움이 누군가의 탓이라는 선입견을 버리세요.

3. 당신이 실수로부터 배울 것이라는 것, 그리고 기꺼이 취약해지기로 결심하고 당신의 생각과 감정과 욕구를 개방하려고 노력하는 것을 배우자에게 말과 행동으로 보여주세요.

4. 사과하는 것과 배우자의 사과를 받아들이는 것을 모두 연습하세요. 익숙하지 않으면 부자연스럽게 느껴질 수도 있지만 시간이 지날수록 편해집니다.

상처, 분노로부터 방해받지 않고 사과하고 용서하는 것은 당신과 배우자에게 마땅히 누려야 할 미래를 선물하는 것입니다. 그것은 타인이 당신을 지배하지 못하는 삶을 선택하는 것이고, 해결되지 않은 분노, 비통함, 원망의 지배를 받지 않는 삶을 선택하는 것입니다. 관계에서 갈등은 일방적으로 나쁜 것이 아니며 서로의 다름이 이별로 이어질 필요는 없습니다. 성공적인 재혼부부는 서로를 우선 믿어줘야 한다는 것을 기억합니다. 그리고 부부는 과거의 상처를 현재에서 치유하면서 상처받은 감정을 회복하는 효과적 방법을 배워나가야 합니다.

이 책에 나오는 재혼부부들의 이야기처럼 더 나은 재혼생활을 원한다면 상대방을 있는 그대로 받아들이고, 관대한 마음으로 경청하고, 사랑하고 존중하는 방식으로 당신의 마음을 전하는 것부터 시작하세요. 배우자를 바꾸려고 노력하는 대신에 당신이 먼저 변화해야 합니다. 매일 서로를 소중히 여기겠다는 약속을 견고히 하고 열린 마음으로 배우자의 영향력을 받아들이세요. 그리고 진심으로 미안하다고 말하는 지혜를 가진다면 세월의 시험을 이겨내는 행복한 재혼의 여정을 걷게 될 것입니다!

감사의 말

　많은 분들의 지지가 없었다면 이 책의 집필은 불가능했을 것입니다. 먼저, 20년 전 나에게 프러포즈하고 또 다른 행복의 기회를 준 남편 크레이그에게 감사를 전합니다. 그는 내가 재혼부부를 위한 책을 쓸 수 있다고 흔들림 없는 확신을 주었습니다.

　나에게 경험을 공유해준 모든 재혼부부에게도 깊은 감사를 드립니다. 그들의 마음에서 우러난 목소리는 더 나은 결혼을 위한 그들의 용기와 비전에 대한 간증입니다.

　이 책은 나의 에이전트 조엘 델부르고 어소시에이츠의 재클린 플린의 변함없는 지원이 없었다면 존재하지 않았을 것입니다. 재혼의 기쁨과 어려움에 대한 긴 대화를 나누면서 플린은 나에게 이 책을 쓰도록 영감을 주었습니다. 많은 재혼부부들이 지속적 사랑을 찾도록 돕고자 하는 내 꿈을 믿어준 그녀의 인내와 믿음에 끝없는 감사를 보냅니다.

나에게 많은 격려의 이메일을 보내주고 시간을 내어 소셜미디어에 수십 개의 기사를 공유해준 조엘 델부르고에게도 감사드립니다. 지난 10년 동안 그녀는 나를 굳건하게 믿어주었습니다.

그리고 원고를 수정하면서 참을성 있게 격려해준 사운즈트루 출판사의 사려 깊고 재능 있는 편집자 캐럴라인 핑커스에게도 감사드립니다.

이 책을 집필하는 동안 함께 커피를 마시며 격려해준 나의 사랑하는 친구 베치 디스, 대일 로우, 바버라 라마냐, 재닛 오클리, 캐시 레이스지에게도 감사드립니다.

브리스톨커뮤니티칼리지에서 재혼 매뉴얼을 연구하는 동안 나에게 셀 수 없는 도움을 준 사서 제임스 에먼드에게도 감사드립니다.

이 책을 집필하는 3년 동안 편안한 공간과 여러 지원을 제공해준 포츠머스공공도서관의 모든 친구들에게도 감사드립니다. 사서인 수 루소의 친절함, 지혜, 기술적 지원에도 특별한 감사를 드립니다.

그리고 내가 연구할 수 있도록 열정을 북돋아주고 첫 번째 책 《이혼의 딸들 Daughters of Divorce》을 집필할 능력을 믿어준 로드아일랜드대학교 사회학 교수이자 동료이자 멘토인 로저 클라크 박사에게도 감사드립니다.

    마지막으로 무엇보다 가족들의 사랑과 지지에 감사드립니다. 집필 과정 내내 절대 포기하지 않고 꼭 붙잡아준 남편 크레이그에게 다시 한 번 감사드립니다. 그리고 나에 대한 사랑과 믿음을 변함없이 지켜준 재능 있고 사랑스러운 세 자녀 숀, 트레이시, 캐서린에게도 감사드립니다!